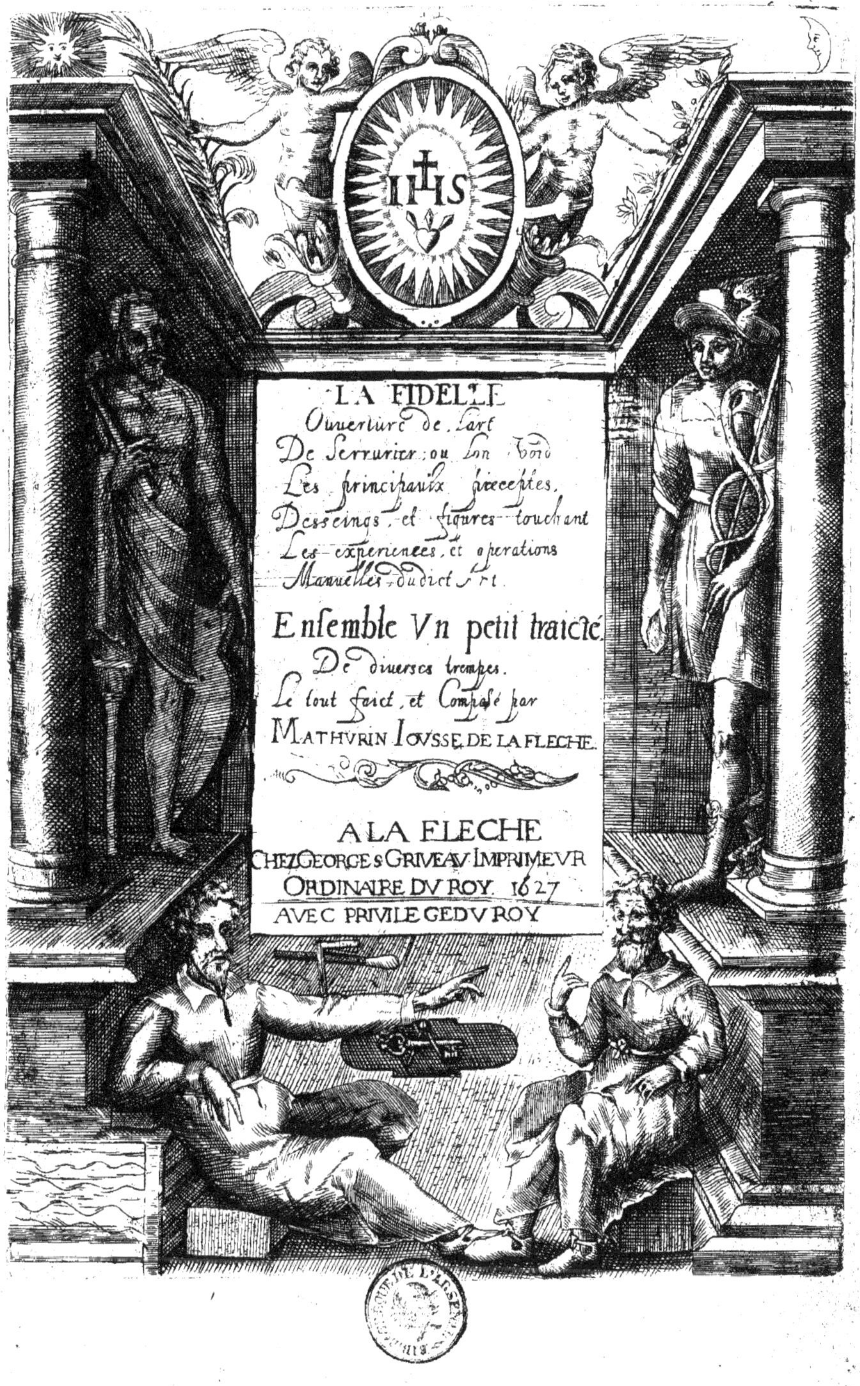
IHS
LA FIDELLE
Ouuerture de l'art
De Serrurier: ou l'on veoid
Les principaulx preceptes,
Desseings, et figures touchant
Les experiences, et operations
Manuelles dudict Art.
Ensemble Vn petit traicté
De diuerses trempes.
Le tout faict, et Composé par
MATHVRIN IOVSSE, DE LA FLECHE.
A LA FLECHE
CHEZ GEORGES GRIVEAV IMPRIMEVR
ORDINAIRE DV ROY. 1627
AVEC PRIVILEGE DV ROY

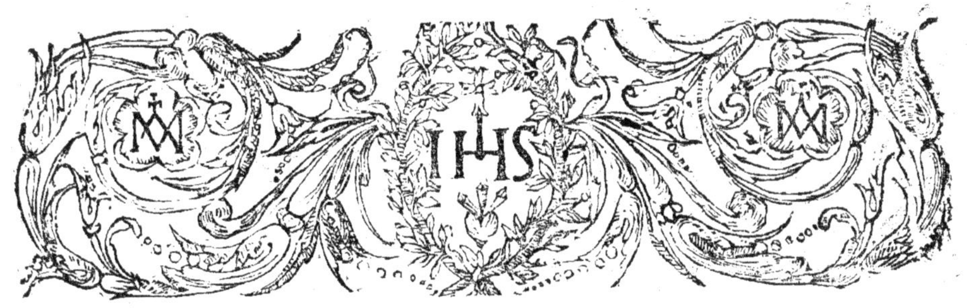

A MESSIEVRS,

MESSIEVRS LES REVERENDS PERES DE LA COMPAGNIE DE IESVS.

MESSIEVRS,

Le lustre & esclat incomparable de la doctrine & vertu que vous professez, & enseignez auec vne admiration singuliere de tout l'Vniuers, sembleroit me deuoir rendre timide, & craintif d'approcher de vous, pour vous presenter & consacrer ce rude & mal-poly mien petit labeur : mais au contraire, c'est ce qui m'encourage d'auoir recours a vous, & de vous supplier de permettre que ie le face sortir au iour, sous l'authorité de vostre nom; comme estant seul, qui peut estouffer toute enuie, & clorre la bouche à la mesdisance. Car bien que ie sçache que la bassesse de mon Art n'ayt rien de commun auec la sublimité des Sciences qui vous sont familieres : neantmoins cognoissant combien inseparablement vous auez ioinct à la pieté & vertu, le bien & profit du public, & d'vn chacun en particulier, i'ay iugé que le desir que i'ay d'y contribuer selon mon petit pouuoir, feroit trouuer acces aupres de vous à ce petit ouurage, pour le munir & armer du bouclier de vostre protection. C'est pourquoy voyant combien necessaire est à tout le commun cest Art, & ayant experimenté par vn long & assiduel exercice que i'en ay faict, depuis vn assez bon nombre d'années, tant en diuerses sortes de besongnes & ouurages où m'auez faict l'honneur de m'employer, qu'en plusieurs autres particuliers, combien grande est la difficulté d'en auoir vne cognoissance & practique asseurée : I'ay cherché tous les moyens qui m'ont esté possibles d'apporter soulagement, & faciliter le chemin à ceux qui le voudront embrasser. Et ay pris la hardiesse de vous offrir & dedier ce que i'en ay faict, comme estant ceux ausquels, le desir de seruir m'a tousiours inuité à en rechercher, & faire les principales experiences. Et comme les essays diligens, & curieuses recherches que i'en ay faictes, n'ont tendu à autre fin, qu'à correspondre à l'honneur que m'auez tousiours faict de m'employer, aussi ay-ie iugé que si peu de practique asseurée qu'en ay peu auoir, ne pouuoit estre mieux consacré à personne, qu'à ceux ausquels i'estois totallement dedié. Ie vous supplie, Messieurs, luy donner vn aussi fauorable accueil, que ie le fay de bon cœur partir de mes mains, pour vous aller tesmoigner le desir que i'ay d'estre à iamais,

MESSIEVRS,

Vostre tres-humble & obeissant seruiteur, M. IOVSSE.

L'AVTHEVR A SON LIVRE.

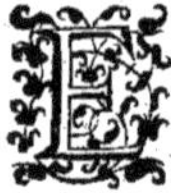

Nfant de mon esprit qui vas voir la lumiere,
Pourquoy t'aduances-tu d'vn pas audacieux
De t'en aller tout nud ainsi de chez ton Pere,
Tu pourras rencontrer le Zoile enuieux:

Toutesfois ton dessein se monstrant charitable,
Puis que tu veux donner aux apprentifs secours,
Te doit gaigner vn œil propice & fauorable,
Qui benisse à iamais le bon-heur de ton cours.

AVX ENVIEVX.

MOme pourquoy remply de calomnie,
Vas-tu rongeant ce liure officieux?
Va, ie ne crains de ta dent ennemie,
Ny le venim, ny le croc furieux.

Que si de plus, le mal-talent anime
Le feu nuisant de ton Zele maudit,
Souuienne toy de ce qu'AEsope dit
Que le serpent en vain ronge la lime.

EXTRAICT DV PRIVILEGE DV ROY.

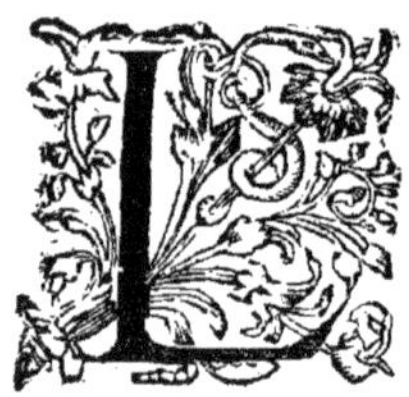

OVIS par la grace de Dieu Roy de France & de Nauarre, A nos amez & feaux Conseillers, les gens tenant nos Cours de Parlement à Paris, Roüen, Tholose, Bourdeaux, Dijon, Aix, Grenoble, Rennes, Maistres des Requestes, Ordinaires de nostre Hostel, Baillifs, Seneschaux, Preuosts, ou leurs Lieutenans & autres nos Iusticiers & Officiers qu'il appartiendra, Salut. Nostre bien amé Mathurin Iousse marchand, & maistre Serrurier en nostre ville de la Fleche, nous a fait remostrer qu'il auoit grandement & longuement trauaillé à mettre & rediger par escrit la Methode & Art de Serrurier, comme aussi celuy de Charpentier en deux liures & deux volumes. Le premier intitulé *La Fidelle ouuerture de l'Art de Serrurier*, où se voyent les principaux preceptes, desseins, & Figures, touchant les experiences dudit Art, auec vn petit traicté de diuerses trempes. Le second intitulé *Le Theatre de l'Art de Charpentier*, enrichy de diuerses figures, auec interpretation d'icelles: le tout fait & dressé par ledit Iousse, auec grand nombre de planches grauées, tant en taille douce qu'autrement, qu'il a adiointes au discours, pour l'intelligence de son instruction: lesquels traictez ledit exposant desireroit volontiers faire imprimer & mettre en lumiere en ladite forme & maniere. Et craignant qu'apres auoir long temps trauaillé, & fait les despens qu'il luy conuient faire en l'impression d'iceux, sans auoir nos lettres de priuilege, quelques autres entreprinssent de les faire imprimer & exposer en vente, qui seroit le frustrer entierement des fruicts de son labeur: il nous a tres-humblement supplié le luy vouloir octroyer. A ces causes, desirant faire iouyr ledit exposant des fruicts de son trauail, veilles, & recouurement de frais qu'il luy conuient faire en la taille desdites figures, & impression, Auons à iceluy exposant permis & octroyé, permettons & octroyons par ces presentes, de faire imprimer, vendre & distribuer par telles personnes que bon luy semblera, tant lesdits liures, desseins, & figures, conioincts ou separez, en tels caracteres & volumes, & tant de fois que bon luy semblera, & d'exposer lesdits traictez en vente, les vendre & distribuer par tous les lieux & endroits de nostre Royaume: & ce pour le temps & terme de dix ans entiers & accomplis, à compter du iour que lesdits liures seront acheuez d'imprimer: sans que pendant ledit temps, aucuns Graueurs en taille douce, Libraires, Imprimeurs, Imagers ou autres puissent grauer, imprimer, ou faire imprimer lesdits traictez, ny iceux vendre ny distribuer, dont nous leur faisons expresses inhibitions & deffences sur peine de mille liures d'amende, applicable moitié à nous, & moitié à la partie interressée, despens, dommages, & interests dudit exposant, & de confiscation desdits exemplaires qui se trouueront d'autre taille ou impression: à la charge toutesfois d'en mettre deux exemplaires en nostre bibliotheque, à peine d'estre decheu de l'effect de nostre present priuilege. SI VOVLONS, & vous mandons, & à chacun de vous ainsi qu'il appartiendra, expressement enioignons, que du contenu cy-dessus vous faciez, souffriez, & laissiez iouyr & vser pleinement & paisiblement ledit exposant, cessant & faisant cesser tous troubles & empeschemens: au contraire contraignant à ce faire, souffrir, & obeïr tous ceux qu'il appartiendra, par toutes voyes deuës & raisonnables, nonobstant oppositions ou appellations quelconques: pour lesquelles & sans preiudice d'icelles, ne voulons estre differé, nonobstant clameur de Haro, Chartre Normande prise à partie, & lettres à ce contraires. Et pource que des presentes on pourra auoir affaire en plusieurs & diuers lieux, nous voulons qu'au vidimus d'icelles, deuëment collationné par l'vn de nos amez & feaux Conseillers & Secretaires, ou fait sous le seel Royal foy y soit adioustée comme au present original, car tel est nostre plaisir. Donné à Paris le .o iour de Mars, l'an de grace 1626. & de nostre regne le seiziesme. Par le Roy en son conseil, signé LE COQ. Et seellé du grand seel de cire iaune.

Acheué d'imprimer le dernier iour de Mars mil six cens vingt-sept.

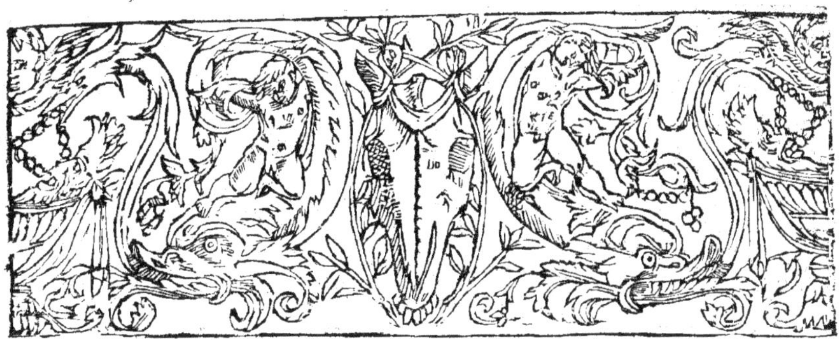

TABLE
DES CHAPITRES ET PRINCIPALES MATIERES
CONTENVES EN CE LIVRE.

Fin de la Table.

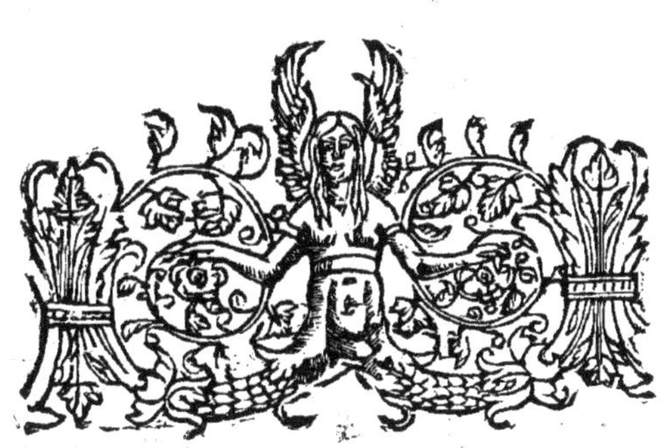

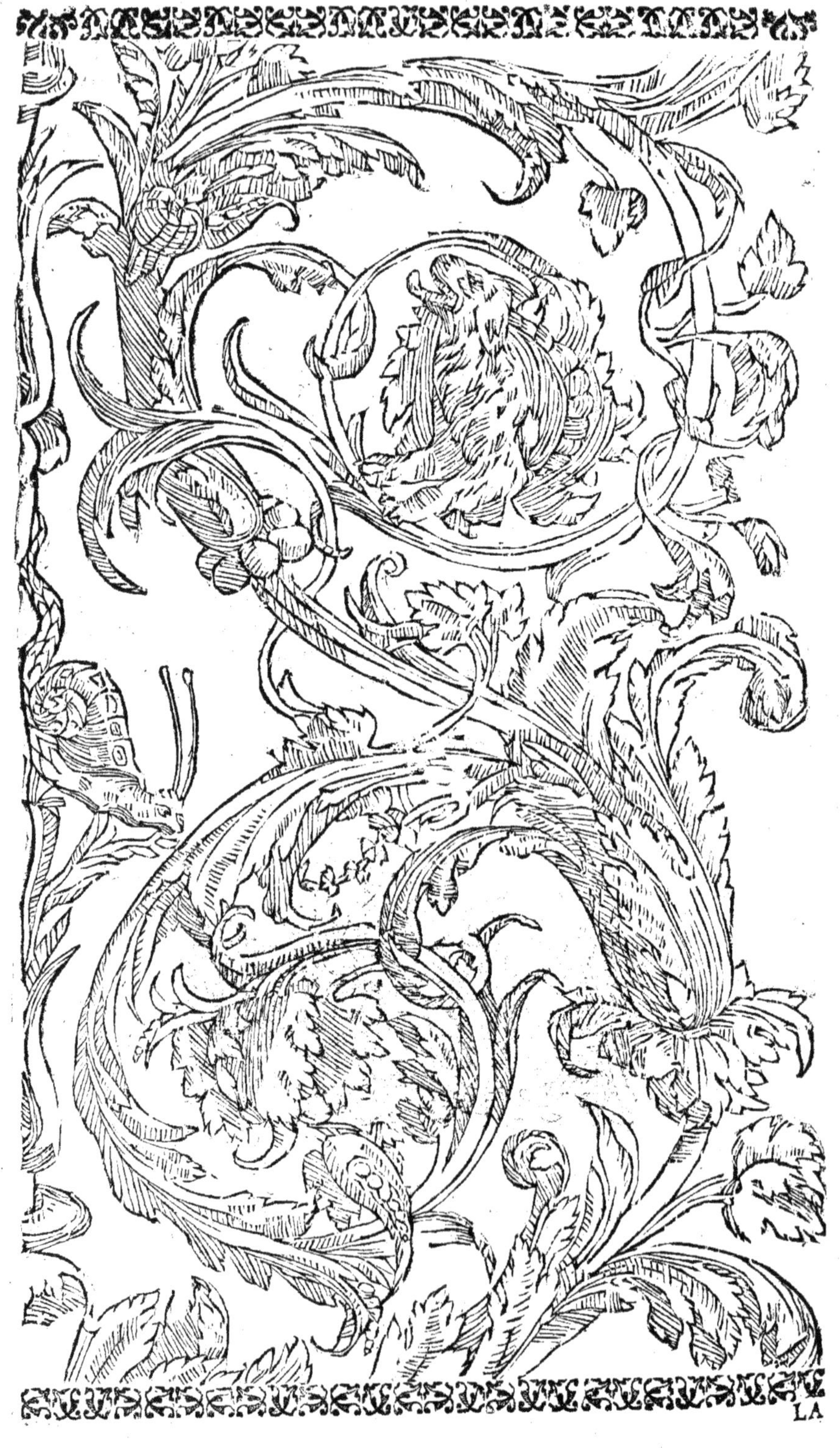

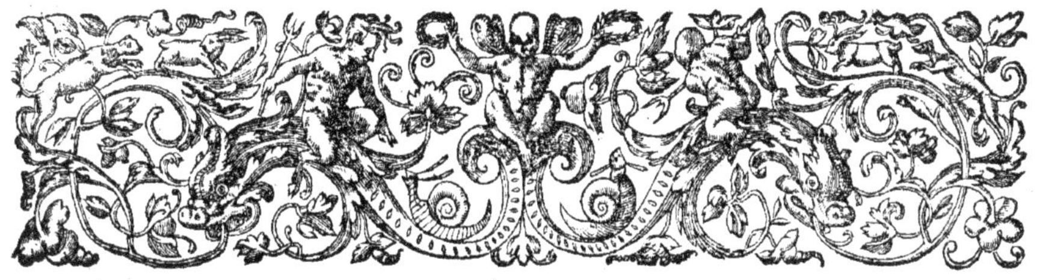

LA FIDELLE OVVERTVRE DE L'ART DE SERRVRIER

De l'antiquité & vtilité de l'art de Serrurier.

CHAPITRE I.

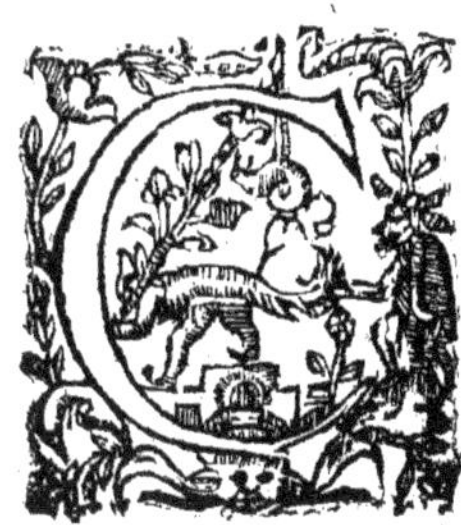

C'Est vne chose asseurée que la necessité de quelque art que ce soit, se voit & cognoist par son antiquité: Car puis que ainsi est que l'inuention des arts à esté causée, par le besoing qui à contrainct nos premiers peres a s'employer à la recherche d'iceux, comme d'vn appuy & soulagement de la vie: il n'ya point de doute qu'ils se sont particulierement occupez à rechercher ceux dont la vie humaine, se pouuoit plus difficilement passer. Ce que ainsi estant, ie peux veritablement dire qu'entre tous les arts mechaniques, il n'y en à aucun qui se puisse parangonner à celuy du Serrurier, pour nous estre vtille & necessaire, l'inuention d'iceluy estant s'y vieille & antique qu'il semble auoir prins naissance auec c'est vniuers mesme. Car pour en trouuer la premiere origine, laissant a part ce que les fables en disent, il faudra au rapport de la Saincte escriture mesme parcourir tous les siecles passés pour en venir iusques à Tubalcain la naissance duquel à esté contemporaine auec celle du mõde, & qui a obligé toute la posterité, par l'inuention de c'est art, que s'y nous voulons passer & examiner le fruict & vtilité que iournellement le public & particulier en reçoit, nous trouuerons que c'est art est d'autant plus profitable a tout autre qui les surpasse tous en cecy estans tres certain qu'il n'y à maison famille chasteaux villes ou lieu de deffense qui ne tienne toute son asseurance de la Forge & du fer. Et ou particulierement reluist & esclatte la dignité de c'est art, c'est a l'industrie requise à le dignement exercer: Car outre la difficulté qu'il y à a en auoir vne experimentée cognoissance qui en tesmoigne assez la subtilité, la varieté des serreures, enrichissement d'icelles, & autres pieces infinies qu'il faut que iournellement l'industrieux Serrurier inuente, monstre manifestement qu'il n'y à art manuel auquel cestuy-cy doiue ceder, car ie ne suiuray iamais le party de ceux qui pensent que l'excellence des arts se doiuent mesurer par la dignité de la matiere, en laquelle ils se pratiquent, veu quelle n'est nullement l'effect de l'art, ains le subiect de la forme artificielle qui est son vray effect, & de la seule excellence de laquelle l'art emprunte toute la sienne: Car si on ne veut dire contre toute raison que faire vn clou dor où d'argent est vne chose plus releuée que forger limer, & grauer les plus excellentes pieces qui se facent en fer ce que personne n'aduouëra.

Et c'est en quoy ie m'estonne que veu le besoing que l'utilité publicque en à: Personne que ie sçache, ne s'est encores iusques à present ingeré d'en mettre aucune chose par escrit, ains au contraire ceux qui en ont eu la plus grande cognoissance se sont contentez d'vne practicque mercenaire, sans se soucier d'en decouurir aucune chose à la posterité; enseuelissant auec eux tant de belles & rares experiences qu'un assiduel trauail leur auoit faict descouurir. Chose veritablement qui ne se peut assez regretter & déplorer, & qui à faict que i'ay osé le premier donner ouuerture, & inciter chacun à y contribuer, ce que l'art & experience luy en aura peu fournir.

C'est donc ceste consideration qui me faict mettre au iour ce traicté, tant pour facilliter en tout mon possible, le chemin a ceux qui embrassent l'apprentissage de c'est art. Afin qu'apres en auoir reçeu par ce moyen quelque soulagement ils soient pareillement inuitez à faire le mesme à l'endroict de ceux qui leur succederont, & ainsi augmenter de plus en plus le lustre de c'est art auquel nous auons vne particuliere obligation. Et par ce que pour s'adonner à quelque art que se soit. Le premier esgard qui se doit auoir, c'est de voir si on y est propre & idoine, ie commenceray par les conditions requises en celuy qui veut embrasser cestuy-cy.

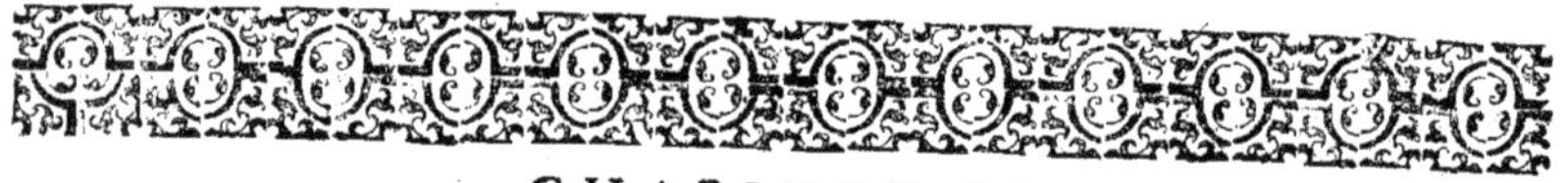

CHAPITRE II.

Des conditions requises à l'apprentif.

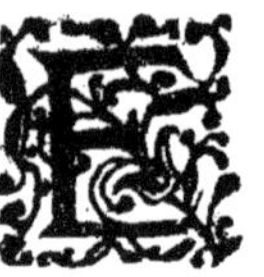

ENtre toutes les conditions requises à quiconque desire faire apprentissage de quelque art que se soit, il est certain & euident que la principale, c'est le desir d'apprẽdre, & se rendre expert en iceluy. Mais s'il y a art ou mestier ou soit particulierement requise vne singuliere affection à qui en veut acquerir vne asseurée cognoissance & practicque. C'est en celuy du Serrurier où autrement la difficulté qui se r'encontre à l'exercice d'iceluy le desgouteront bien tost, & quittera tout incontinent ce que froidement, il auroit embrassé: Mais cõme en vain se propose on vne fin si quant & quãt on nest appareillé de moyẽs pour y paruenir, auant que de s'engager plus auãt & rechercher plus affectueusemẽt l'experience de c'est art, il faut qu'il prenne garde à voir diligemment, s'y les force de son corps correspondront à son desir : car s'il n'est allaigre sain de corps robuste & de bonne complexion pour supporter la peine & le trauail continuel, requis à la praticque de c'est art, il sera subiect à plusieurs maladies comme douleurs des yeux mal de teste douleurs de iambes, causées pour estre tousiours debout aupres du feu, & par vn labeur assidu. Que s'il se sent assez muny contre ses incommoditez Il faudra lors qu'il face choix de quelque bon & experimenté maistre, duquel bien soigneusement conduict instruict & dirigé, il pourra s'asseurer de faire vn progres tel qu'il desire.

CHAPITRE III.

Le deuoir du maistre à l'endroict de l'apprentif.

PVis que ainsi est que nous sommes aueuglés en ce que nous aymons, & ne iugons pas facilemẽt des choses ou nous sommes portez, ce n'est pas assez que l'apprentif suiuant son affection, & desir se laisse incontinent aller & sans autre consideration embrasse cet art autant laborieux que difficile. Mais il faut que le sage & experimenté maistre regarde s'il est pour subsister & perseuerer à la continuation du trauail, pourquoy faire il ne sera hors de propos auant que de le receuoir soubs sa discipline, l'experimẽter deux ou trois mois, & l'ayant recogneu propre & desireux d'aprendre, il l'admettra commençant à luy montrer fidellement & metodiquement chose la plus requise en matiere d'enseigner.

Et pour commancer.

LA premiere chose qu'il luy montrera c'est de cognoistre les outils les plus necessaires, de les mettre & dresser en leur place & de les tenir nets sans poussiere, & se prendre garde qu'ils ne contractent ou amassent aucune rouille quand ils ne seruiront pas souuent, de nettoyer & frotter auec equailles qui sortent du fer en forgeant, l'enclume, bigorne, estaux, gros marteaux, fleaux de balẽces s'il y en à dãs la boutique, Tasseaux, & petites bigornes qui sõt sur l'establie. Mais il est necessaire pour les pouuoir plus facilement remettre en leur propre place & lieu, & sçauoir à quoy ils sont destinés de retenir en memoire les nõs qu'on leur à dõnnez suyuant leur vsage, ie les estalle icy par ordre sinon tout'au moins les plus vtiles & ceux desquels on se sert communement.

CHAPITRE IV.

Les noms des principaux & plus necessaires outils qui seruent au Serrurier. Premierement.

L'enclume qui sert à battre le fer à chaut & à froid, cinq ou six gros marteaux à frapper deuant les vns à pane droicte pour eslargir le fer, les autres à pane de trauers pour le tirer.

Marteaux à main, à pane de trauers & pane droicte.

Marteaux à teste platte, pour dresser & planir le fer.

Marteaux a teste ronde, pour emboutir les pieces rõdes & demyes rõdes.

La bigorne, pour tourner les grosses pieces en rond, & pour bigorner les anneaux des clefs, & autres pieces quelquesfois icelles bigornes tiennẽt au bout de L'enclume.

Le tranchet, pour couper les petites pieces de fer à chaut que l'on met pour l'ordinaire au costé de L'enclume ou sur le pillier d'icelle.

Les soufflaicts, pour chaufer le fer, simples ou doubles.

La tuyere de la forge, par ou passe le vent des soufflaicts.

Les tenailles droictes, pour tenir les petites pieces de fer dans le feu.

Tenailles crochés, pour tenir les grosses pieces de fer dans le feu.

Tysonnier & pallette de fer, pour ouurir le feu & pour sablonner le fer.

Lauge de pierre ou de bois, pour mettre l'eau de laforge.

Le ballay ou escouuette, pour arrouser le feu, & pour reserrer le charbon.

Sizeaux ou tranches, pour fendre les barres de fer à chaut.

Sizeaux ou tranches percées, pour couper les fiches, ou couplets, & autres petites pieces de fer à chaut.

Poinçons ronds, pour percer les pieces en ront.

Poinçons Carrez, pour percer les pieces carrées.

Poinçons plats, pour percer les trous plats.

Poinçons en oualles, pour faire trous de ceste figure.

Mandrins ronds, pour tourner canons bandes & autres pieces.

Mandrins carrés. pour accroistre les trous faicts auec le poinçon.

Mandrins en oualle, pour faire semblable chose.

Mandrins en louzange, pour faire les grilles de ceste façon.

Mandrins en triangle, & autres figures que l'on à affaire pour reserrer & enformer les trous apres qu'ils sont commencés auec les poinçons.

Broches rondes de plusieurs grosseurs, pour faire couplets, fiches, & pour tourner plusieurs pieces à chaud & a froid.

Broches carrées de plusieurs grosseurs; pour tourner les pieces dessus.

Perçoueres rondes, pour percer les pieces à chaut.

Perçoueres carrées, pour semblable chose.

Perçoueres ou les trous sont berlons ou plats, pour percer les trous plats ou carrés.

Reigle de fer, pour dresser les pieces lors qu'elles sont chaudes.

Esquierre, pour mettre les pieces à l'esquierre à chaut.

Compas, pour prendre les mesures.

Clouieres rondes, pour rabattre les testes des avis, & autres pieces.

Clouieres carrées & berlongnes, pour semblable chose.

Fourchette de fer, pour tourner les brequins, terrieres, canons, & autre pieces que l'on tourne en rond où en demy rond a chaut.

Estau, pour plier & limer les pieces a chaut.

Chasses carrées, pour entailler les pieces carement sur le carre de l'enclume.

Chasses rondes & demyes rondes, pour enleuer & entailler les pieces de ceste façon.

Suage, pour forger, & enleuer les barbes des pélles, & autre pieces semblables.

Autres suage, pour forger les pieces en demy rond, trianguler, & pieces semblable.

Fers, pour plyer les coques des ferreures de coffre.

Les outils qui seruent a trauailler au fer, á froid.

Estau, pour limer le fer á froid.

Tasseaux qu'on met sur l'establie, pour percer, couper, riuer, & dresser le fer à froid.

Petites bigornes, qui ont vn bout rond, & l'autre carré pour tourner les rouets & autres petites pieces dessus.

Petis tasceaux plats, pour riuer des pieces aux ferreures.

LIMES.

Gros carreaux taillés rudes, pour ebaucher, & limer les pieces de fer a froid.

Gros demys Carreaux, qui seruent a semblable chose.

Grosses carrelettes, pour limer & dresser les grosses pieces apres que le carreau ou demy carreau y aura passé.

Limes carrées, pour ouurir des trous, carres & autres.

Limes à fendre de plusieurs grosseurs, pour fendre les clefs & autres pieces sur lesquelles il faut mettre vn dossier que ie diray s'y apres.

Limes trianguler, pour faire vis taraux, & autres pieces semblables.

Limes rondes, pour écroiste les trous.

Limes demyes rondes qui seruent, pour limer les grosses pieces en demyes rondes,& pour limer les sies,& plusieurs autres choses.

Limes à bouter, pour dresser les pannetons des clefs,& sies à refendre au long.

PETITES LIMES.

Limes carrées ou à potence.
Limes demies rondes.
Limes carrelettes.
Limes coutelles.
Limes en oualle.
Limes rondes ou queue de rat.
Limes triangulaires.
Limes en cœur,& autres figures.

Toutes ces petites limes seruent,pour vuider anneaux de clefs, escussons couronnemẽts, & autres pieces semblables.

Limes qui sont fendues par le milieu, pour limer embasses,& pour espargner vn filet dessus les mouleures vazes, ballustres, ou autre ornement qu'on faict aux clefs,&autres chosessemblables.

Limes qui ne sont taillées que d'vn costé pour semblable chose.

Limes à fendre de plusieurs grosseurs qui sont faictes en dos de carpe, pour fendre des compas.

Limes à fendre qui ne sont point taillées par sur les costez, pour fendre & dresser les rateaux des clefs.

De toutes les petites limes, cy-dessus il faut de chasque sorte 5. ou six, encores ne sera, pour gueres de temps,si se faict beaucoup d'ouurage dans la boutique.

LIMES DOVCES.

Carreaux doux,
Demis carreaux.
Carrelettes.
Demye rondes.
Limes à bouttes.
Limes triangulaires.
Limes en louzange.

OVTRE LES LIMES.

Il faut auoir les outils qui ensuiuent.

Petis marteaux, pour porter en ville, pour poser & ferrer la besongne, & pour seruir à la boutique.

Perçoueres rondes & plattes,pour percer les pieces a froid.

Perçoueres rondes de cinq ou six grosseurs,pour faire les trous ronds.

Poinçons plats de 5. ou six sortes, pour picquer les rouets des serreures, & autres pieces lesquelles sont limés en demy rond.

Poinçons berlongs de 3 ou 4. grosseurs, pour percer les trous des pieds,des ressorts, coques & autres pieces de ceste façon.

Poinçons carrés,pour percer trous de ceste façon.

Poinçons à emboutir; & releuer rouzettes, & autres pieces sur du plomb,ou autre chose.

Contre poinçons ronds pour contrepercer les trous, pour riuer les pieces.

Contrepoinçons berlongs & carrés, pour contrepercer les trous de ceste façon.
Forretz de plusieurs grosseurs 8. *ou* 10. *auec leurs boestes*, pour forer, & percer les pieces (de fer.
Forretz carrés, pour dresser les trous des clefs, & foreures.
Frayses rondes & carrées, pour contrepercer les pieces.
Le cheuallet, pour tenir les foretz &, frases lors que l'õ fore, ou frase quelques pieces.
La pallette de bois sur laquelle on met vne petite piece dacier trempé, & percé à demy, pour poser le bout du foret, lors que l'on fore quelque piece tout seul.
L'archet auec sa corde de boyau, pour tourner les foretz.
Callibre, pour voir si les foretz vont droict, & pour arrondir les clefs.
Tenailles a vis, pour tenir les pieces auec la main.
Tenailles a vis de bois, pour tenir les pieces pollies.
Tenailles de bois, pour mettre dans lestau, pour pollir les grosses pieces.
Tenailles a chanfraindre que l'on met dans l'estau, pour chanfraindre les pieces.
Filieres de plusieurs grosseurs, pour faire les vis.
Tarraux de plusieurs grosseurs, auec lesquels serõt faictes les filieres, & escroues des vis.
Tourne à gauche, pour tourner les vis, & taraux, & démonter les serreures, & quelquefois pour redresser les rouets.
Suages, pour enleuer des pelles des serreures.
Autre suages, pour forger les pieces en demy rond triangulaire, & autres semblables.
Fers à bouter les tiges, & anneaux des clefs.
Fers à bouter les pannentons des clefs, lors qu'on les fend.
Fers à bouter le fer à rouet, pour faire les pieds des rouets.
Fers à limer les plaines, croix, faucillons, & autres rouets.
Petis compas, pour prendre les mesures des rouets, & autres pieces.
Pointes à tracer, pour portraire sur le fer, & tracer les rouets, & autres pieces.
Griffes à tracer les pannetons, des clefs.
Burins plats, pour fendre les pannetons des clefs.
Burins coulans, carrez, & en louzange à grauer.
Onglettes, pour mesme chose.
Echoppes, pour echopper, lors que l'on graue quelque grossiere chose en relief.
Cizelets de plusieurs sortes, pour releuer escussons targettes, & autres pieces semblables sur du plomb.
Gratoueres rondes, & demye rondes, & d'autres figures, pour dresser, & arondir les anneaux des clefs, & autres pieces que l'on faict de relief.
Riflouëres, & limes à recul'er de diuerses façons, ce sont limes taillées douces par le bout, pour dresser, & atteindre, & n'ettoyer les figures, & autres pieces de relief.
Crochets, pour tenir le fer plat sur le plomb comme ie diray ci apres.
Vne plaque de plomb, pour mettre dessoubs.
Varlets, pour blanchir les targettes écussons & autres pieces.
Bois à limer que l'on met dans l'estau, pour arondir, & dresser les pieces.
Bois, pour tourner les clefs, & autres pieces auec emeryl detrampé auec huille d'olif que l'on serre dans l'estau.
Reigle, pour dresser la besongne à froid.
Esquierre, pour equarrer les pallastres, & autres pieces.
Cizailles, pour coupper le fer terue
Cizeaux a froid, pour coupper les petites pieces de fer à froid sur tasseaux ou autres (lieux.
Cizeaux à tailler des limes.
Gros burins plats, pour coupper & emporter le fer à froid lors qu'il s'y trouue des (grains.
Burins à picquer les rappes.
Grosses rappes carrées, & plattes, & demys rondes, pour dresser les pieces de bois.

Petites rappes rondes, & demys rondes, pour faire les entrées des clefs, & autres ouuertures semblables.

Vn rochouer auec du borax, pour souder & brazer facilement les petites pieces comme ie diray en son lieu.

Fers à plyer les cramponnets des targettes.

Fers à limer lesdits cramponnets.

Callibres, pour limer les verrouils des targettes.

Estampes, pour riuer les boutons.

Brunissouers droicts, pour pollir le fer.

Brenissouers croches, pour pollir les aneaux des clefs.

Brunissouers demys ronds, pour estamer auec la feueille destain.

Vne poille, à estamer garnie de 20. ou 25. liures, pour le moins destain fin, pour estamer les targettes, & autres pieces comme ie diray ci apres.

OVTILS PROPRES A FERRER LA BESONGNE.

P*Etis marteaux*, pour ferrer la besongne dans la pierre, & dans le bois, & pour frapper le clou.

Cizeaux en pierre de, plusieurs grosseurs, & longueurs.

Brequins en pierre, pour faire les trous dans le tuffeau ou pierre tendre.

Grains dorge, ou fer carré, pour faire trous en pierre dure lors que les cizeaux ny peuuent entrer.

Plastrouer, pour pousser la brique ardoyse ou pierre dans les trous lors que l'on plastre quelque piece de fer dans de la pierre.

Brequins de 7. ou 8. grosseurs.

Sye à guichet, pour faire les entrées des serreures.

Syot, pour couper quelque piece de bois.

Bedannes croches, pour ferrer les fiches dans le bois.

Cizeaux à fiches fort terues, pour ferrer les fiches dans le bois.

Cherche fiche qui est comme vn poinçon pointu & aceré par le bout qui sert, pour trouuer le trou des fiches que l'on faict crochu, & recourbé par le haut qui sert pour le retirer du bois plus facillement.

Limes coudées, pour couper, & dresser les clous à fiche.

Vne establie, pour ferrer la besongne de menuyserie.

Vn crochet, pour mettre sur ladicte establie pour tenir les pieces.

Vne varloppe, pour dresser les bois à limer, & autres pieces.

Vn valet, pour tenir pareillement les pieces sur l'establie.

Vn rabot, pour planir le fer, & pour pousser des filletz, & mouleures.

Vn petit Guillaume, pour oster du bois des croysés, & fenestres lors que les guichets sont par trop iustes.

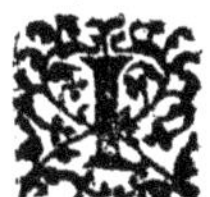

IVsques icy i'ay à plus pres couché par ordre les noms des principaux outils dont se sert coustumierement le Serrurier, d'esquels apres que l'apprentif aura diligemment appris, & retenu le nom, Il doit auoir vn soing particulier de les serrer dresser, & mettre en leur place, prenant vn singulier egard aux limes, & sur tout aux douces à ce quelles ne soyent chargées de graisse, poussiere, ordure, & salletez: c'est pourquoy les ayant soigneusement essuyées & nettoyées auec vn linge sec, il les reserrer a en leur lieu destiné, affin que tant luy, que le maistre, & les compagnons le puissent sans aucun retardement trouuer à leur besoing. Auec cela, il n'oubliera d'oster les machefers de la forge garnir l'auge d'eau, & de son ballay tenant le charbonnier garny de charbon : Au costé de la forge sera du sable sec pour sablonner le fer quand il est presque chaut pour souder, & doit on pareillement auoir de la terre franche vn peu sablonneuse detrampée auec eau, qui doit estre au costé, ou au bout de lauge, ceste terre sert pour terrasser le fer, lors qu'on faict des fiches, couplets, ou chose semblable, ou que l'on veut souder plusieurs petites pieces ensemble ou acerer quelque chose, la terre y est necessaire: car autrement on ne sçauroit rien faire qui vaille.

Auec cela, il nettoyera les establies, reserrera la limaille qui tombe dessus & au pied des estaux, pour estre vtile en quelques medecines, & aux teinturiers de draps, de linge, ou toille: que tous les outils soient tousiours nets & qu'il ne tombe eau dessus, ce qu'auenant faudra promptemenr les essuyer auec vn linge sec & les faire seicher, autrement ils seront incontinant chargés, & gastés de rouille, ce qui arriue pareillement, si on les laisse trainer dans la poussiere, c'est pourquoy les establis doiuent estre tenues nettes, comme toute la boutique affin que l'on puisse trouuer facilement les petites pieces, qui tombent le plus souuent sous les establies, toutes ces choses se doiuent faire vne ou deux fois la sepmaine.

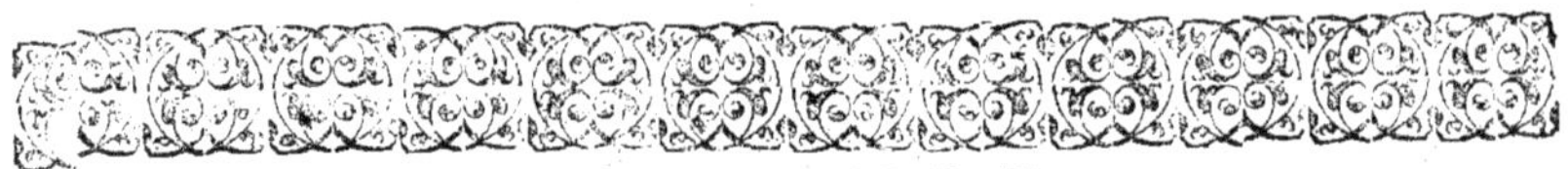

CHAPITRE V.

Le moyen de cognoistre quand le fer est chaud.

L'Apprentif ayant appris, & retenu le nom, & la place des outils se doit par apres appliquer à la forge, & à la lime, de telle façon que conioignant tousiours le progres de l'vn & de l'autre ensemble, il puisse en peu de temps, venir à bout de son desir, & contenter son maistre, & comme chasque ouurage de Serrurier, se doit commencer par feu, il me sẽble que pour methodiquemẽt proceder: La chose qui se doit la premiere apprendre, C'est de chaufer, & faire rougir son fer de mesure, & sans le bruler, d'autant qu'en vain se force il de manier le fer sur l'enclume si ne le sçait gouuerner dans le feu. Dont pour ce faire, il faut premierement auoir égard à la grosseur du fer, & suiuant icelle le laisser dans le feu, & l'ayant chaufé de mesure, faut le retirer doucement du feu en le suportant de peur qu'il ne touche au fraizil de la forge, affin de le tenir net, & prendre garde de ne l'enfoncer au fond du feu, que la tuyere par ou passe le vent des soufflets soit vn peu plus basse que le fer qui chauffe affin que le vent passant par dessous, le charbon s'enflamme au tour du fer: car si vous le mettez au droict de la tuyere, le vent le refroydira, & chaufera en deux endroicts & ne le pourrés cõmodement chaufer, Il est bien plus facile de cognoistre si le fer est chaut auec le charbon de bois, qu'auec celuy de terre, par ce que celuy de terre chaufe beaucoup plustost qnand il est bon, que celuy de bois, & aussi quãd il est chauffé auec celuy de bois, il iette de petites estincelles de feu, en façon de petites estoiles qui sortẽt auec vn petit bruict, qui demõtre que le fer sera chaud en peu de tẽps. Si c'est quelque piece de fer, qu'õ ne se puisse tourner dans le feu, apres l'auoir chaufé quelque espace de temps, iusques à ce que iugiés à peu pres qu'il soit chaud, ce que vous cognoistrés en cessant de soufler, & escoutãt s'il boult dãs le feu, & faict vn petit bruict, l'ayãt tiré doucemẽt, & porté sur l'enclume vous frapperés au cõmencemẽt à petis coups: mais le plus diligẽment que faire se pourra durãt quil est chaut: Car si vous mãqués à le biẽ ioindre, & souder à la premiere chaude, empeschant sur tout qu'il n'entre du fraizil entredeux, ou qu'il ne prenne équaille car il sera apres impossible de le souder, que si vous voyez qui ne soit soudé, & qu'il ait entré quelque équaille entre-deux, faudra ouurir l'endroict pailleux auec le sizeau, poinçon, ou autre chose, afin de faire sortir les équailles, ou crace, & mettre quelque taillant, ou piece, terue d'assier, ou de fer entre-deux, puis le terrasser auec de la terre franche detrampée auec eau, & le rechauferez iusques à ce qu'estant presque chaud vous veniés a le descouurir doucement de son charbon, & ietter auec la pallette, ou tizonnier de la forge du sable d'elié & sec, ou terre franche en poudre dessus le lieu que voudrés souder, & le chaufer le mieux qui sera possible, si la piece est menue il faut hausser & baisser doucement les soufflaits estant tout certain que si vous chaufés vne petite piece rudement, auec des soufflaits ayant le vent fort, la piece sera plustost brulée que vous n'aurés recogneu quand vostre fer sera chaud, c'est pourquoy pour s'en prendre garde, il faut diligément regarder de quelle qu'alité sera le fer : car s'il est cassant, y ne le faut pas tant chaufer, que celuy qui est doux & pliant, d'autant qu'il n'endure pas tant le feu, & se brulle plustost, & encores d'auantage auec le charbon de terre par ce qu'il se fait vne croute par le dessus, auec vne flamme clere qui empesche de recognoistre les estincelles qui en sortent, lors qu'il est chaut, & le plus souuent, celuy qui n'y est expert, y est trompe, le gros sable qn'on iette dessus pour le souder, rend le fer reuesche à la lime, la terre y vaut mieux lors qu'on le veut limer.

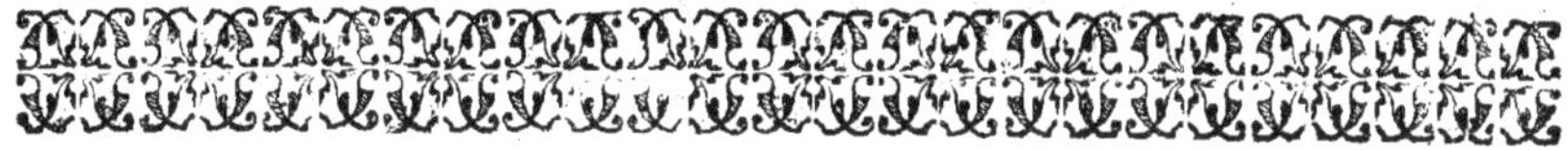

CHAPITRE VI.

Pour forger vn clou.

EN tout art, la cognoissance duquel on desire faire quelque progrés, il ne faut mespriser les choses pour petites qu'elles soiét, ains au cõtraire, s'estudier aux plus faciles, pour par apres se rendre plus expert aux plus difficiles, aussi sera il á propos que lapprentif de c'est art, s'exerce premierement à bien forger vn clou, par ainsi procedant de degré en degré, il viendra facilement à la cognoissance & pratique des plus difficiles, Or donc pour forger vn petit clou, prenés vne petite verge ou autre morceau de fer qui ne soit, ny doux, ny cassant, par ce que s'il est cassant, il en brulera la moytié auant qu'il en puisse faire vn, encores ne vaudra il gueres estant faict : car il cassera au moindre effort, si le bois ou il doit seruir est dur : & si le fer est doux, y les fera presque tous pailleux, ou fourchus & ne vaudront rien du tout, en sorte qu'ils ployerons tous en les mettant en besongne sans pouuoir aucunement entrer dans le bois s'il est dur, qu'il prẽne dõc du fer propre qui soit mellé, doux & cassant, il faut le chaufer doucement par le bout, tant qu'il soit suant, & le tirer promptement du feu sans le trainer dans le fraisil : car autrement, il ne se soudra cõme il faut en le tirãt du feu, il faut frapper vn petit coup auec le fer chaut cõtre le derriere de l'éclume, en prenãt le marteau le plus promptemẽt qu'il sera possible, en frapant doucement sur le fer, d'vn costé & d'autre pour letirer en la forme que vous le voudrez, puis le couper sur le trãchet ou sizeau qui doit estre dãs vn trou faict expres au bout de l'éclume ou sur le pillier d'icelle, Or pour cõioindre cõme no⁹ auõs dit la praticque de la forge, & de la lime ensẽble, sçachãt biẽ forger vn clou & autres telles petites pieces, il s'applicquera a la lime, commançant par quelques petites pieces pour se dresser la main, & sur tout s'estudiera à pousser la lime droict tout le long & à se tenir droict à l'estau afin de bien dresser sa besongne. se prenant garde de se courber & gauchir les iambes, ce qui arriue quelquefois faute d'en estre aduerti.

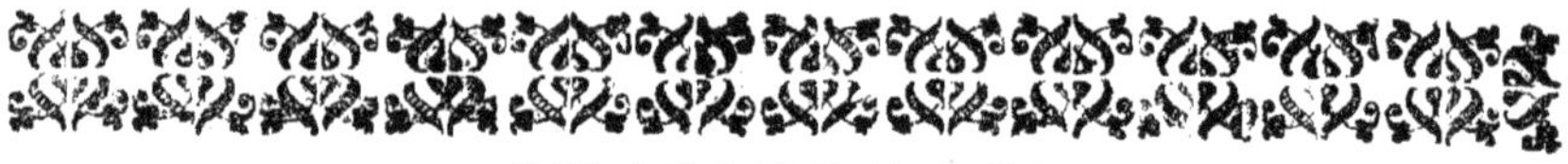

CHAPITRE VII.

Serreures antiques.

AVant que passer outre, & de parler de diuerses façõs de serreures qui se font à presãt il me sẽble à propos de mettre en auant, la façon de celles dõt se seruoyẽt nos maieurs. Premieremẽt toutes les serreures tant des portes que descoffres, & cabinets, & autres meubles se mettoyẽt par le dehors, mesme encores à presẽt les ched'œuures que l'on fait en plusieurs villes des plus celebres de ce Royaume se fõt encores à l'antique, & par le dehors chose à la verité tres excellente belle & difficiles à cause des pertuis rateaux & autres gardes qui passent dans les clefs en tournãt qu'il cõuient faire aux serreures, mais encores plus à cause des ornemens d'architecture sculpture où relief qu'il faut mettre suricelles en sorte que pour l'accõplissement de c'est ouurage est requis beacoup de tẽps. Tant que quelques vns y ont mis deux ans & plus à parfaire leur cheudœuure, tellement que c'est quelquesfois la ruyne des pauures aspirans à cause des grands frais & despences qui luy conuient faire en trauaillant, outre qu'icelles ne se vendent pas s'y facilement comme celles qui sont à present en vsage, mesmes elles n'y les gardes qui se mettent dedans ne sont plus gueres en vsage & se peuuent facilement forcer, d'auantage il ne se fait plus de portes coffres & autres meubles comme l'on faisoit le temps passé mais elles sont incommodes en beaucoup de façõs, estant dificilles à nettoyer, & subiectes à acrocher, & a rompre soutannes, robes, ou manteaux qui en approchent, & aussi que ledites serreures auec leur ornemẽs estant mises & posées aux coffres, ou autres meubles incontinant sont toutes enrouillées & pourries à cause de l'eau qu'on iette dessus par inaduertance ou autrement qui est la ruyne totalle d'icelles.

Il y en à qui sont auec vn moraillon simple auec vn pelle comme vne carrèe seulement, autres qui sont auec vn moraillon, & vne gachette, Autres qui sont auec vn moraillon, & vne gachette double auec vne S.

Autres qui sont auec vn moraillon fourchu qui porte deux auberons ou l'on met vn pélle brizé, àpignon où bien vn pélle a. S. pour les fermer tous deux à la fois, & encores outre les pélles, des doubles gachettes, pour seruir à fermer les coffres.

Autres en font a 2.3.5. ou 7. pélles de plusieurs & diuerses façons, & notés qu'a tous ces ched'œures, la plus part des clefs se font auec doubles forreures auec anneaux de relief les moindres ont 3. 5.7. pertuis, & autres sõt a 9.11.13.15.17.19.21. ou 23. pertuis qui doyuent passer dans les Clefs auec les rateaux & roüetz tous lesquels doyuent entrer iustement dans les fantes des clefs, & estre tous limés en parement afin que tous les pertuis rateaux, & rouetz entrent tous à la fois dans la clef, outre toutes les gardes, on n'y met le plus souuent deux ou trois platines vuidées les vnes sur les autres pour faire les ornemens des frises & autres ornemens qui sont attachés sur les pallustres, les crampons & moraillons que l'on y faict representer quelque portail ou autre piece d'architecture, comme colomnes, ballustres, termes chapiteaux, architraue, phrise coruixe & le plus souuent auec figures & autres pieces de sculpture, en relief garnies de feillages & autres pieces faictes auec le burin coulant selon la capacité des ouuriers, tellement que cela est long & difficile à faire comme on peut voir dans les 4. Clefs suiuantes que i'ay prins sur le prototype des clefs qui sont de la iuste grandeur d'icelles, la ou les anciens premiers inuenteurs, on monstré vne grande subtilité d'esprit & patience a bien ouurer & enrichir leur ouurage, lesquels nous auroient encores plus obligés s'ils nous auoyent laissé par escrits leurs plus beaux & rares secrets, entre autres le moyen de fondre le fer & de le couler comme les autres mettaux fusibles, & a peu de frais, ce que Biscornet en mourant à emporté auec soy, de façon qu'ils ne nous ont laissé autre chose que l'ouurage manuel, qui mesme peut aussi aller perissant petit à petit auec le temps que deuore & consumme tout indifferemment sans prendre rien à mercy: ce qui ne seroit neantmoins s'y chacun contribuant son possible s'employoit à la recherche de ce qu'il y à de plus beau & de plus rare & le faisoit voir aux esprits curieux qui le pourroient conseruer & faire viure à iamais.

PREMIERE FIGVRE.

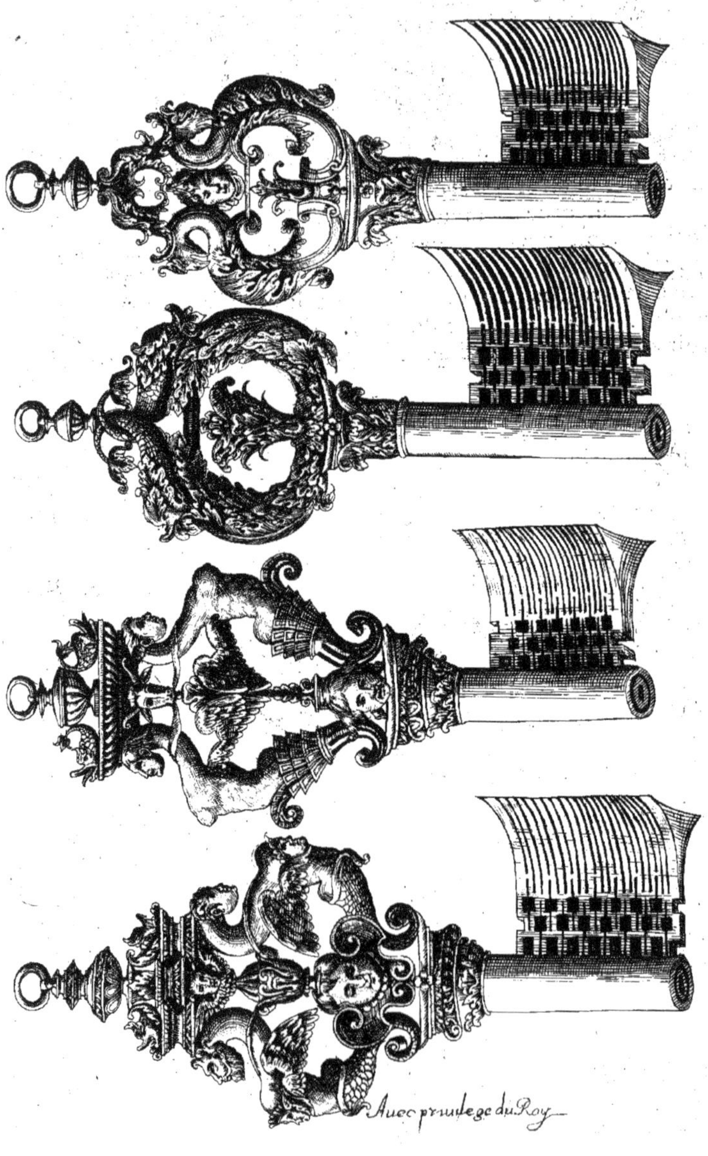

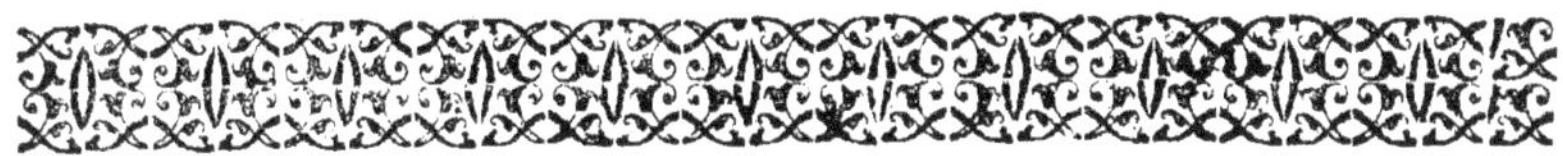

CHAPITRE VIII.

Aduertissement à ceux qui veulent apprendre à forger.

L'Exercice rend l'homme maistre, & n'y à personne qui ne sçache que le principal moyen de faire vne chose auec asseurance, c'est de s'estre au parauant essayé, & exercé, & auoir réiteré par plusieurs fois faict & refaict vne semblable chose : mais par ce que en c'est Art, l'on ne peut atteindre à aucune perfection sans vne grande, & inutile dépence de fer, & de charbon, il sera tres à propos d'auoir du plomb que vous battrez, & estirerez en barre, & auec iceluy vous exercerés, forgeant tantost vne clef, tantost vne autre piece, & ainsi petit à petit auec vne grande épargne de fer & de charbon vous continuerez, & ferez la main, & acquererés vne asseurance de trauailler peu à peu: & pour trauailler auec fruict, & progrés en tout ce que vous ferés pour essay, obseruerez tousiours les mesmes proportions que desirerez garder en pieces serieuses.

Si c'est pour faire serreures carrées, ou autres qui se mettent par le dehors, il faut faire la clef courte, & bien propotionnée, que la tige aye deux fois la hauteur du panneton qui doit estre carré, qui doit prendre depuis la tige iusques au muzeau, ou sont fendues les dents, & rouets par ce que tant plus le panneton sera haut les rouets, & gardes se pourront commodément fendre plus profond, & passeront d'auantage, dans la serreure, l'vne dans l'autre, qui empeschera que le crochet n'y pourra passer, n'y ouurir la serreure, & aussi que on n'y peut plus commodément fendre ce que l'on voudra, ainsi que se mõstrera ailleurs. La grosseur de la tige doit estre proportionnée à la grandeur de la clef, si le panneton à huict lignes de long, la tige en doit auoir trois de diametre. On en faict de plusieurs, & diuerses façons selon le merite du lieu, & l'industrie des ouuriers.

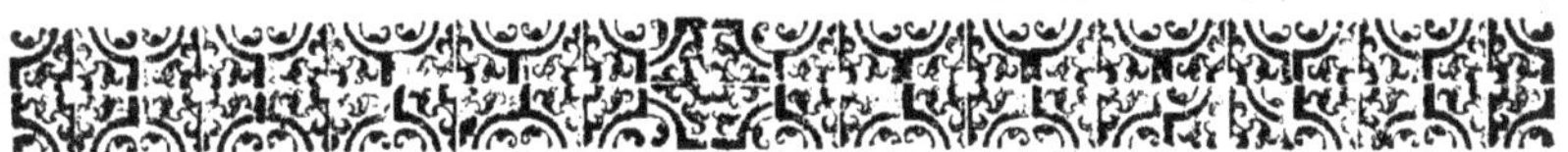

CHAPITRE IX.

Les pieces requises aux serrures carrées bocelles, & tressieres.

POur les faire, vous prendrez vne barre de fer doux, & plyant, vous prenant garde qui ne soit dur à la lime, ou qu'il n'y ayt des grains comme i'enseigneray c'y apres au chapitre, ou est d'enseigner la maniere de choysir le fer doux laquelle barre vous casserez, ou couperez à chaut de deux pieds, & demy, ou trois pieds de long que vous fendrés tout au long à chaut en deux ou trois pieces selon la grosseur de la barre, puis en prendrés vne des parties, ou fenton que vous mettrés dans le feu pour souder, & estirer de grosseur suffisante pour enleuer la clef premierement, & autres pieces necessaires. Apres qu'il sera soudé, & estiré de bonne grosseur remettez le dans la forge, & luy redonnez encores vne chaude suante (C'est à dire le faire chaufer, si chaut qui commence à fondre, & degouster en le tirãt du feu) Et pour forger la clef, il faut luy enleuer le bout ou doit estre l'aneau,le premier sur l'arreste,ou bort de l'enclume en frappant doucement au commencement. & le plus promptement que faire ce pourra,& faire le mesme à toutes sortes d'ouurages que l'on veut forger y laissant du fer, ce que iugerez qu'il sera de besoing. Ceux qui sçauent bien forger en peuuent enleuer deux,trois, iusques à quatre,ou d'auantage d'vne chaude:mais il faut y estre bien experimenté,& que le fer soit bon, ie croy que le meilleur est de n'en enleuer que deux d'vne chaude, & quelles soient bien soudées,s'y on veut on leur peut enleuer le panneton le premier, & le faire de la mesme chaude, pourueu que le fer soit bon. Apres que la clef sera enleuée, si vous ne luy auez fait le paneton en l'enleuant, vous la remettrez dans le feu, & luy donnerez derechef vne chaude suante par le bout du panneton,& la façonnerez comme il faut,puis à l'autre bout vous luy ferés l'anneau luy donnant vne petite chaude suante de peur qu'il ne s'y trouue des pailles, & la rabattrez sur le carré de l'enclume pour en arondir le bout, affin de le percer promptement auec le poinçon rond, vous le remettrez dans le feu pour l'ouurir, & bigorner sur la bigorne,& luy ferez l'anneau de telle forme, & figure que vous voudrez, en apres s'il y faut vn muzeau, vous le luy ferez en trempant le derriere de la clef dans l'eau, en faisant qu'il n'en reste que le haut du panneton que vous elargirez auec la paume d'vn petit marteau sur l'enclume, ou sur l'estau,& la laisserés de telle grandeur & hauteur que bon vous semblera : si vous luy voulez rabattre ledit museau sans tremper la clef dans l'eau, sera le meilleur par ce que ceste trempe endurcist le fer, & le rend reuesche au recuit, On les peut rabattre sur l'estau de la forge sans les tremper si on veut.

Si cest pour faire treffieres,ou bocelles ou il faille mettre haynes, ou dans, aux entrées des serreures, vous les ferez auec le cizeau sur l'enclume apres que vous aurez soudé le panneton & mis de hauteur, oùsi l'entrée est faicte en S. vous estirerez le panneton de lepaisseur qu'il faut à l'entrée,puis apres vous le tournerez sur lestau, ou sur le quarre de l'enclume, par ce moyen vous tornerez les pannetons comme vous voudrez, & ny aura que fort peu à limer.

Apres la clef vous forgerez le pelle, deux cramponnets, le ressort, vn estoquiau qui se met deuant le pelle pour empescher qu'on ne le repousse auec cizeau,ou autre chose, deux rasteaux,vn à droict, & l'autre à gauche,la couuerture, vne broche, le fer à rouet,pour faire la bouterolle,& rouets, le pallastre que quelques vns forgent,premieremẽt,les crãpons pour l'attacher,le cache entre,la barre pour le tenir, le moraillon, & couplet qui s'aiuste au bout à charniere, l'auberon qui entre dedans l'auberonniere, de la serrure ou se ferme le pelle, & le bouton, pour leuer ledit moraillon. Si c'est vne serrure treffiere pour vne porte, qui n'est autre chose qu'vne carrée,fors qu'on fait le pallastre plus grand, & quelques fois benarde pour ouurir des deux costes, On faict vne coulisse dans, le pallastre pour faire iouer la queue du vaillouil,qu'il y faut mettre auecla queue, deux crampons auec deux iumelles pour le tenir en raison sur le pallastre auec vn tirouer pour le fermer.

S'y vous voulez faire à la clef ambasse,mouleure,ou chapiteau,faut enleuer la clef assez grosse par le bout de l'aneau, & y ferez comme vn bouton que vous entaillerez auec vn cizeau puis vous l'aplatirés auec vne chasse carrée,pour y enleuer l'embasse,ou autre chose semblable, s'il y à vne hayne dans le panneton, vous la pourrez aussi enleuer auec vne chasse carrée,ou demye ronde.

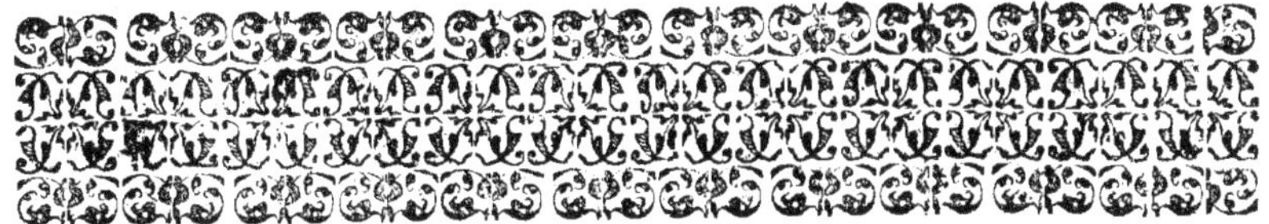

CHAITRE X.

Pour forger Serreures en bois.

L'On y faict pour l'ordinrire de grandes clefs auec grandes ouuertures dans les pannetons: vous les pourrez fendre à chaut auec vn cizeau,ou poinçon rond,plat,ou carré, sy vous les voulez faire creuses vous les enleuerez toutes plattes,pour enleuer le panneton, la tige,& l'anneau que vous tournerez à chaut sur l'estau,ou sur la fourchette comme vn fer de brequin puis vous luy souderez le panneton, & la tige: en apres l'enfourmerez auec vne broche ronde pour bien arrondir la tige,& tournerez l'autre bout pour faire l'auneau, ou vous laisserez assez de fer par le bout qui soit de la grosseur ou plus que la broche sur quoy vous aurez tourné la tige. Apres vous tournerez ledict anneau, & passerés le bout dans la tige que vous souderez apres que vous l'aurés bien terrassé auec terre franche détrampée,lors vous l'ouurirez, & ferez de telle figure que bon vous semblera apres quelle sera fendue à chaut si bon vous semble. Il y à d'autres Serreures qui sont benardés ou l'on met 1. 2. ou 3. planches fendues dans la clef,& garnies dans la serreure, lesquelles planches font arrest à la clef, & empeschent, quelle ne passe outre, par le moyen d'vne entaille qu'il y a la tige de la clef, qui est plus grosse au milieu ou au derriere dudit panneton que par le deuant, lequel arrest porte sur l'vne de sesdictes planches, & par ce moyen les serreures, s'ouurent librement des deux costés.

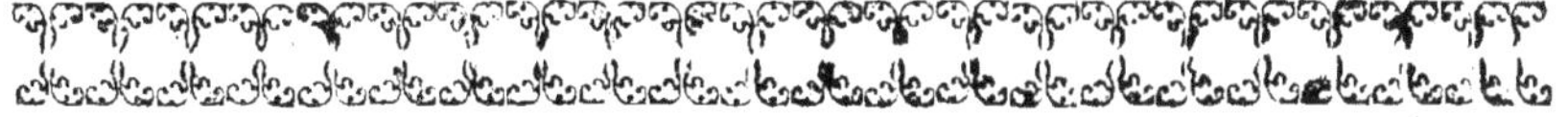

CHAPITRE XI.

Pour faire Cadenats à ressort les plus communs.

PVis que le temps la commodité & l'affection que i'ay d'enrichir c'est œuure me permet de deduyre la plus part de ce qui sert pour ferrer, & asseurer les portes, coffres, cabinets,& autres meubles, i'ay trouué qu'il ne seroit hors de propos de monstrer le moyen de faire plusieurs sortes de Cadenats.

Il s'en faict de ronds, en cœur,en triangle,en escusson,de carrez,de plats,en oualle,en gland, en ballustre, de plusieurs & diuerses façons selon l'industrie des ouuriers: ils ne sont gueres plus difficilles à faire les vns que les autres, à cause qu'il y à si peu de pieces, & de gardes, & par consequent faciles à ouurir le plus souuent, s'y ce n'est lors qu'il y a deux anses,& qu'il passe vne planche au milieu. Donc pour en faire de ronds qui sont des plus communs, vous battrez deux petites pieces de fer l'vne sur l'autre de telle grandeur que bon vous semblera, que vous tournerés sur vn moulle creux auec vn marteau ayant la teste ronde pour l'enboutir facilement,ou bien auec vn poinçon à enboutir. Puis vous ferez vne Virolle de fer de la largeur que vous voudrez faire l'anse,en apres vous y adiousterez les oreilles pour mettre ladicte anse, & percerez le fond de dessous, pour mettre la broche,vous ferez l'entrée de la clef, de l'autre costé, & y adiousterez la barre dessus pour tenir la gachette, ou pelle, & le ressort, en apres vous le brazerés en la maniere qui ensuit, difficile à la verité: mais vtille, & profitable.

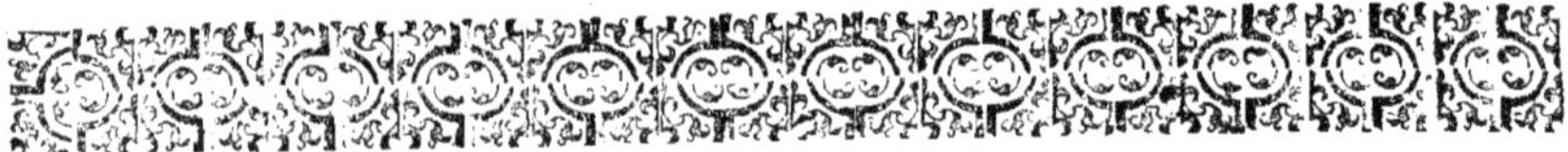

CHAPITRE XII.

Methode de brazer les Cadenats, & autres pieces.

IL faut premierement adiouster les pieces que vous desirés brazer le plus iustement que faire se pourra, & quelles se ioygnent l'vne contre l'autre, & faictes en façon quelles ne branlẽt aucunemẽt tãt aux cadenats, que toutes autres pieces que l'õ veut brazer car si elles branlẽt, elles s'oterõt de leur place, & ne brazerõt point aux endroicts, ou elles ne ioindrõt pas: s'y se sõt quelques petites pieces delicates, on les pourra lier, & estreindre l'vne contre l'autre auec vn petit fil de fer, dequoy on se sert à faire les poignées d'espées, ou autre chose sẽblable: Apres que toutes vos pieces serõt adioustées vous prẽdrez du letõ, ou mitraille la plus iaune, & la plus terue sera la meilleure, laquelle vous coupperez par petites pieces que mettrez dedans, & alentour des pieces que vous voudrez brazer, & les couurirés tout alẽtour de papier, ou linge que vous lierez auec vn fillet. Alors vous prendrez de la terre franche qui soit vn peu sablonneuse autremẽt elle se fondra, ou coulera au feu, lors que le letõ sera fondu: Si vostre terre est par trop grasse, vous y adiousterez vn peu de sable, & de léquaille de fer auec vn peu de fiẽte de cheual, & bourre de poil, puis apres vous la battrez auec vn bastõ, & en osterez toutes les pierres, & la détramperez auec eau claire, en consistance de paste, le plus qu'elle sera battue sera le meilleur, en apres vous couurirez vostre besongne, & ladicte terre ainsi accommodeé dé l'epaisseur de 2. 3. 4. 5. ou 6. lignes, ou d'auantage selon la grosseur des pieces que vous desirez brazer: estant ainsi couuerte vous la mouillerez auec de l'eau, puis vous mettrez de l'equaille de fer par dessus pour la seicher vn peu, & pour empescher qu elle ne se fende, ou fonde au feu, ce qu'estant faict vous la mettrez dans le feu, & chauferez doucement, & lors que vous verrez que vostre terre sera rouge, vous la tournerez doucement dans le feu, & chauferez encores vne espace de temps, & la tournerez par plusieurs fois de peur quelle ne chaufe trop d'vn costé, & chauferez iusques à ce que vous voyez vne flambe, & fumée bleüe qui sorte de dedans la terre, & la tournerez lors que vous voyrés icelle flambe bleue, & violette: car c'est vn signe euident que ledit leton est fondu vous chauferés encores vn peu, affin que le leton se fonde parfaictement, & qu'il coule égalemẽt par tous les endroicts necessaires, En apres ostez vostre besongne du feu, & la tournez doucemẽt de tous les costez pour faire aller le letõ en tous endroicts iusques à ce qu'il soit vn peu refroydi, & que ledit letõ ne coule plus, autremẽt le letõ se trouueroit plus en vn endroict qu'ẽ autre, puis apres vous le laisserez refroidir dãs la terre tãt que le tout soit froid, & que l'on le puisse manier facilement auec la main, toutes les grosses pieces que l'on braze se font de ceste façon.

SI c'est quelque piece delicate, on pourra la brazer sans la couurir de terre prenant du leton, & le mettanr sur la piece qu'on veut brazer, & la mouillant auec de l'eau claire: puis prenez du borax en poudre que vous mettrez sur la piece que voudrez brazer, en apres la faictes seicher doucement contre le feu: car si vous l'approchez par trop pres du feu au commencement, l'eau venant à s'echaufer, & bouillir iettera vostre leton, & borax hors rax hors de ſa place,vous le ferez donc ſeicher doucement & apres vous le mettrés ſur le feu aprochant le charbon de tous coſtez , & en mettrez vn par deſſus ſans qu'il touche voſtre piece, & chauferez tant que vous voyez fondre & couller le letton, ce qu'il fera incontinent par le moyen du borax qui le fait fondre & couler promptement.

AVTREMENT.

SI vos pieces ſont delicates, & que vous ne vueillez que le letton n'y paroiſſe prenez de la ſoudeure de ramas faicte de letton auec la dixieſme partie d'eſtain, fin comme font les poilliers & chauderonniers,& le battez par petits paillons, & en mettrez ſur voſtre beſongne auec eau, puis apres vous y mettrez du borax, & faictes comme i'ay dit cy deſſus.

AVTREMENT.

PRenez de la ſoudeure d'argnet,faicte auec deux tiers d'argent fin, & vn tiers de letton de poille vn peu rouge, lequel fondrez dans vn creuſet, ou bien dans vn gros charbō de bon bois rōd, dans lequel vous ferez vn petit creux fait à proportiō de ce que vous voudrez faire de ſoudeure,puis ayāt mis dās ledit charbon voſtre argēt & letton,vous mettrez le tout dās le feu l'entourant d'autre charbon de bois,& chaufant iuſques à ce que vous voyez l'argēt,& letton fondu ce qui ſe fera incontinēt,puis apres vous le ietterez dans vne lingotiere,ou petit fer creux,y mettant auparauant vn peu de ſuif de chandelle,& le battrez auec le marteau ſur l'enclume,le recuiſant ſouuent, iuſques à ce qu'il ſoit battu aſſez terue, cōme de leſpoiſſeurde 2. ou 3 fueilles de papier que couperez par petits paillons , & les mettrez ſur les pieces que voudrez ſouder, leſquelles ſeront limées bien nettes & blāchies auec limes qui ne ſoient graſſes, puis apres vous mettrez vn peu d'eau claire deſſus & du borax en poudre que ferez ſeicher à petit feu , & le ſouderez comme i'ay dit. Ceſte ſorte de ſoudeure eſt la meilleure de toutes celles que i'ay pratiqué, & qui ne paroiſt pas comme font les autres laquelle tient autant & plus, & eſt beaucoup pluſtoſt fondue & coulée & auec laquelle on peut facillement ſouder argent, cuiure, letton & fer tant terue & petit ſoit-il, pourueu que les pieces ſoient bien nettes & adiuſtées les vnes contre les autres cōme i'ay dit. Apres que vous aurez braze voſtre cadenat, auec letton, ainſi que dit eſt cy deuant , & qu'il ſera refroidy dans la terre, vous y adiuſterez lance, le reſſort, le pelle ou gachette , & la couuerture qu'il faut reſtraindre & reſerrer par deſſus , & riuer lance, puis le blanchir & pollir.

Si ceſt que vous en vueillez faire en cœur,ou autre figure,il n'y faut point de platines embouties : mais ſeulement toutes plattes, auec vne virolle qui ſera tournée comme vous voudrez,& adiuſtée ſur ladite platine pour la broche,oreilles,& autres pieces ſe doiuent faire, & adiuſter , & brazer comme i'ay dit. On y peut mettre pareillement quelques rateaux, ou paſſets à tous cadenats de ceſte façon, & brazer tout enſemble,quelque vns mettent quelques petits ſecrets pour cacher l'entrée, il y en à d'autres qui s'ouurent auec vne petite clef quarrée,triangle,ou d'autre forme, auec deux ou trois petits reſſorts qui ſont riuez contre la broche qui eſt attachée dans vn petit canon, leſquels cadenats ſont promptement faits, & auſſi bons que les precedent.

CHAPITRE XIII.

Pour faire Cadenats ou la Clef fait vn tour ou deux pour les fermer & ouurir.

NOus faisons quelques-fois des cadenats pour mettre aux portes, & coffres forts pour des thresoriers lesquels doiuent estre faicts de pieces fortes, auec bonnes gardes & ressorts, & tout ce qui en despend, pour resister aux efforts qu'on y peut faire auec artifice & outils.

Pour faire ces cadenats que l'on veut mettre aux lieux douteux, vous prendrez deux pallastres, bassins ou platines assez forts, affin qu'on les puisse facilement contre-percer auec la frase, ou autrement, & que la riueure se puisse cacher dedans, & quelle demeure assez forte quand il sera poly.

Apres que vous aurez forgé la clef, pallastres, rateaux, le ressort, le pelle, les cramponnets, la broche, la cloison, les estoquiaux, l'ance, ou verrouil, l'auberon, le fer à rouet, & les riuets, faut faire recuire vostre besongne comme ie diray au Chapitre suiuant.

Apres que vos pieces seront recuites & froides, faut les oster de la forge & faire tõber la terre de dessus, & dresser la clef & autres pieces sur les rateaux: ce qu'estãt fait vous commencerez à limer & former la clef, comme le cadenat le requiert, & limerés les gardes & les picquerés sur le pallastre. Apres que vous y aurés fait l'entrée de la clef, faut auoir vne pointe à tracer pour faire vn cercle sur le pallastre de la longueur du panneton de la clef, posant ladite pointe au bout du museau, & tournant la clef vn tour, y marquant vn cercle qui vous donnera la mesure ou il faut mettre le pelle, le mettant droict au milieu de l'entrée, & picquerés droict lesdits cramponnets, affin que le pelle ne soit point plus haut d'vn bout que d'autre prenant garde de les mettre asses loing l'vn de l'autre pour l'ouuerture & fermeture du pesle: puis tracerez lance, ou auberonniere du cadenat, & mettrez le costé ou sont les barbes dudit pelle iusques sur le cercle, & par ce moyen vous pourrés couper les barres dudit pesle iustes de la longueur qui les faut, & luy donner son ouuerture & fermeture les coupant iustement sur le cercle, faict de la grandeur du panneton de la clef, sans que l'on ayt affaire de mettre plusieurs fois la clef dans l'entree, & pour voir si lesdictes barbes seront coupees de longueur.

CHAPITRE XIV.

Pour faire recuire la besongne apres quelle est forgée.

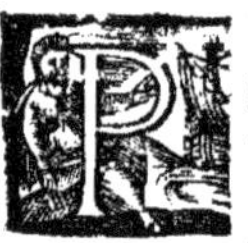

Renés terre franche vn peu sablonneuse, y adioustant vn peu de son, puis detrampés ladite terre, & son, auec eau clere en consistance de paste asses molle, de laquelle couurirés toutes vos pieces de lespoisseur de trois ou quatre lignes: puis les mettres dans la forge que vous couurirés auec du charbon de bois, y mettant vn peu de charbon allumé, pour faire allumer l'autre de soy-mesme sans souffler aucunement, puis laissez & bruslez tout le charbon, laissant les pieces dedans le feu iusques à ce qu'elles soient toutes froides: lacier se recuit tout de mesme.

Quelques vns font vn peu chaufer leur besongne, puis les couurent auec du suif de chandelle. Autres les couurent auec de la cire, qui y est aussi bonne, & les mettent dans de la terre franche, puis les mettent dans le feu, & les laissent refroidir doucement comme i'ay dit.

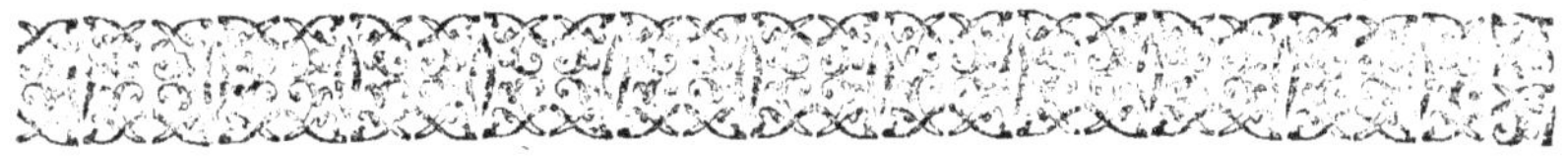

CHAPITRE XV.

Pour tracer & coupper les rouets simples & communs des serrures.

VOus ferez des cercles auec la pointe à tracer qui passeront droit par le milieu des fentes des rouets, s'il y en a de fendus dans le panneton du costé de l'âneau. Vous les picquerez iustes au droit du milieu de l'ẽtree si vous prenez les lougueurs d'iceux rouets auec la clef, sur le fer à rouet: quelle longueur se prend d'ordinaire à trois fois, mettant le milieu de la tige de la clef au milieu du pied du rouet qu'il faut tenir vn peu plus large, que le poinçon plat auec lequel on a percé les trous des pieds desdits rouets, affin que s'il se trouuoit par trop court ou trop long, on le puisse accroistre ou appetisser: mettant donc la tige de la clef au milieu du pied du rouet, vous prendrez trois fois sa longueur depuis le milieu de la tige iusqu'au milieu de l'autre pied, y adioustãt vne 13. ou quatorziesme partie. Si vous n'y mettez que 3. fois la longueur, il sera trop court Exemple, si les trois longueurs font vn poulce, vous y adiousterez les deux tiers d vne ligne. Ou si vous voulez faire autrement & plus seuremẽt vous prendrez la mesure auec vn cõpas sur le cercle, iustement entre les deux trous percez sur le pallastre, il n'importe quelle ouuerture de compas vous y mettiez, le plus sera tousiours le plus iuste, pourueu qu'ils soient iustement pris sur le cercle, & qu'il soit tracé au milieu de la fente de la clef, on y met 3. 4 ou 5. longueurs, selon le grandeur du cercle: il y faut pareillement adiouster vne 14. partie de longueur à cause qu'on le prend sur la circonference d'vn cercle pour le porter en ligne droicte, qui est vne chose tres-difficile a trouuer iuste qu'il n'y aye quelque chose de mãque. Cecy est la preuue plus asseuree que i'en aye fait par le moyẽ du cõpas, vous ne serez obligé à picquer vos rouets iustes au milieu de vostre entree, ains les picquerez de telle longueur, & en tel lieu que bon vous semblera: Et aussi quand on est quelquesfois contraint de les picquer de costé, lors qu'il y a subiection ou secret, & que les barbes du pelle couppent les rouets, & donnent de la peine, lors qu'il y a pleines croix, faucillons, ou autre chose semblable: On est quelquesfois contraint d'en coupper les riuets pour faire passer les barbes des pelles, si on ne s'en prend garde en picquant les rouets. Apres que vous aurez mis les rouets, & que vous y aurez fendu ou percé les trous pour faire les pleines croix, faucillons, ou autres pieces s'il y en a, faut les tourner, & les mettre dans leurs trous & place pour les faire passer dans la clef. Si ce sont rouets où il faille adiouster quelque chose, comme pleine-croix, faucillons, & plusieurs autres pieces que ie montreray ailleurs.

En apres, vous picquerez vos rasteaux, qui doiuẽt estre en paremẽt auec les rouets & gardes, vous tournerez & plierez la couuerture pour y adiouster la broche, & bouterolle s'il y en faut & mettre la clef dedãs, tournãt tout au tour auec la pointe pour tracer les rouets s'il y en a de fendus dans le pãneton, par le bout de dehors de la clef & les picquerez tout de mesme cõme dans le pallastre: puis picquerez le ressort, & couuerture. Lors que vous aurez picqué toutes les pieces & gardes, vous marquerez & tracerez sur le pallastre, telle grãdeur & figure que bon vous sẽblera, & les limerez tout au tour, y laissant assez de place pour passer l'ãce, & auberõniere par dedãs, & marquerez sur la cloison les endroits où vous mettrez les estoquiaux, & où il la faudra plier: & y riuerez les estoquiaux, y laissant de la riueure des deux bouts pour riuer le pallastre & couuerture ensemble: puis vous picquerez & adiusterez l'ance dessus.

Il y en a qui mettent premierement leur pallastre de telle grandeur & figure qu'ils veulent faire leur cadenat, y picquant & adiustant la cloison, & picquent apres toutes les autres pieces. Il n'importe auquel on commence, pourueu qu'on face bien, & que l'entree soit droict au milieu. Apres que lanse sera bien adiustee, vous limerez le pallastre & le dresserez des deux costez auec le marteau, & le contre-percerez auec le contre-poinçon, ou auec la fraze, dans les lieux où il faut riuer les pieces. En apres le faut mettre sur le feu, & faire chauffer si chaud, qu'en mettant vne corne de mouton, ou cheure, ou de bœuf, elle brusle & face vne crasse noire qui s'attache sur le fer: apres qu'il sera presque tout refroidy vous y passerez vn peu d'huile, ou de suif, qui empeschera que la roüille ne s'y pourra facilement accueillir: puis vous l'essuyerez, & riuerez vn des camponnets, & regarderez si la clef meine le pelle où il faut, & si ladite clef tourne & passe librement pour l'ouurir & fermer. Vous riuerez l'autre cramponnet & le ressort, & regarderez surtout qu'il encoche bien dans son arrest ou coches, & qu'iceluy ressort soit battu à froid auec de l'eau, affin de le rendre roide, & qu'il ne se fausse point, cõme il faut faire à tous ressorts de fer pour toutes les serrures, soient doubles auec vn estoqueau, ou à pied, auec vn riuet, ou autrement parce que c'est vne des principalles pieces d'vne serture que les ressorts: & faut quand & quand regarder que le pelle soit iuste dans les cramponnets, & limé droict, & à l'esquierre, comme toutes les autres pieces des serreures. Apres que le ressort & pelle seront riuez, faut voir de rechef si la clef décoche ledit ressort de son arrest, tenant icelle clef droicte en tournant: puis riuerez les rouets, rateaux, & foncet. Apres que la broche, bouterolle, & rouets seront riuez, faut voir si la clef tourne doucement sans rencontrer, ny acrocher aux rouets, & rateaux. Puis vous riuerez la cloison, & picquerez dessus l'autre pallastre ou couuerture, vous limerez & blanchirez auec la lime rude, le cadenat de tous les costez & faces du dehors, & le polirez auec vne lime douce, l'huille d'oliues. Apres vous polirez lance ou verrouil, & acheuerez la clef.

CHAPITRE XVI.

Pour forger houssettes, & autres serreures semblables, pour coffres à mettre par le dedans.

EN premier lieu, faut sçauoir s'il n'y a point de subiection à faire l'entree d'icelle, comme à toutes autres serreures, & autres pieces qu'on fait: & voir s'il n'y a point quelques panneaux moulleures, colomnes, ou autres choses au bois qu'on veut ferrer, qui obligent de tenir l'entree de la serreure pres, ou loin du bord. En apres vous forgerez la clef de la longueur que sera l'espaisseur du bois: toutesfois s'il arriuoit que le bois fust par trop espais, faudroit plustost entailler la serreure dedans que faire vne clef par trop longue, & mal proportionnee, parce que pour faire vne houssette il y faut mettre vne petite clef, à cause qu'on y met d'ordinaire peu de gardes. Apres que la clef sera forgee, vous forgerez la gachette, la coque, le ressort, la broche, le rasteau, la couuerture, la cloison, les estoquiaux, le fer à rouet, la bouterolle qui sera enleuee cõme vn rasteau, pour la faire sur garde, cõme aux serreures antiques, les vis, & riuets, la bande, l'auberon, & le pallastre, lequel se forge quelquesfois le premier, selõ la cõmodité des ouuriers. En apres faictes recuire toutes les pieces cõme i'ay enseigné, fors le fer à rouet, lequel se recuist seulement rouge dans la flamme du feu.

Ces serreures sont pour coffres simples, & comme elles sont de peu d'asseurance aussi sont-elles de peu de valeur: elles se ferment à la cheutte du couuercle du coffre, & s'ouurent d'vn demy tour de clef du costé droict.

CHAPITRE XVII.

Comme il faut limer les Serreures.

APres que la besõgne sera forgée recuite, & froyde vous prendrez la clef que vous dresserez auec vn marteau, sur le tasseau, ou ailleurs, & prendrez garde que le pãnetõ soit en droicte ligne à l'ãneau, s'il est de costé faut le destourner auec vn poinçon, lime, ou autre chose, dans l'estau, puis vous mettrez le pannetõ de telle hauteur que bon vous semblera, & le limerez droict à l'esquierre des deux bouts : puis vous limerez la tige, & la mettre'zà huict pans s'y elle est assez grosse, pour par apres la forer le plus droict que faire se pourra auec vn foret qui aye les carres droicts, & que le taillant soit au milieu, autrement il n'ira iamais droict & sera subiect à se rompre, se prenant garde, qu'il n'aille plus d'vn costé que d'autre, que les boistes soiẽt assez grosses, affin que la corde face plus aysement tourner le foret. & ne s'echaufe pas tant: la grosseur desdits boistes sera d'vn poulce 8. lignes ou enuiron de diametre: puis vous prẽdrés des cordes de boyaux que vous froterez auec du sauon cõmun, trempé en de l'eau claire, & par ce moyen lesdicts cordes ne s'echauferont, & dureront long-temps: Pour voir si le foret va droict vous aurés vn calibre, ou compas dépaisseur qui vous monstrera si elles sont plus fortes d'vn costé que d'autre, en les forant vous pourrés voir si le foret va droict tournant la clef sur le foret sans le remuer, par ce que la clef baissera sur le cheualet du costé quelle sera la plus forte.

En apres que la clef sera forée & arrondie vous luy dresserez le panneton des deux costez auec vne lime bastarde, puis vous le noircires auec fumée de chandelle de resine, lãpe, ou autres chose, vous tracerez, & portrairez dessus auec la pointe à tracer, & auec la griffe, les rouets, plaines-croix, faucillons, ou autres rouets de diuerses façons que l'on faict d'ordinaire, & regardez sur tout démembrer ladicte clef, de façon que les membres qui sont les plus proches de la tige soient les plus forts à cause qu'ils sont plus pres du centre, & par consequent trauaillent d'auantage. S'il y à plaines-croix, faucillons, ou autres rouets, qu'il faille fendre auec le burin vous les fendrés auant que d'acheuer de fendre lesdits rouets, auec la lime laquelle sera vn peu grossiere affin de retirer les fentes des rouets du costé du muzeau de la clef, qui rendra par ce moyen les fentes en demy rond, suyuant le cercle qui doit estre tiré iustement du centre de la tige de ladicte clef, par ce moyen elle tournera plus doucement sans se forcer, n'y corrompre les rouets, & gardes des serreures.

Apres qu'elle sera fendue vous acheuerez de la limer auec la lime à bouter, ainsi appellée à cause qu'on ne s'en sert gueres que du bout de deuant, elle doit estre faicte en dos de carpe, & plus épaisse par le milieu sur toutesfaces que par les bouts, & demye ronde d'vn costé affin de boutter droict le panneton, & le muzeau de la clef. Ce qu'estant faict vous dresserez le pallastre sur l'enclume, tasseau, ou sur l'estau puis vous le limerés & dresserez par les costez, & par le bout à lesquierre, apres vous marquerez dessus, les estoquiaux de la cloison que dresserés, & marquerez dessus icelle le lieu ou vous voudrez mettre lesdits estoquiaux, que vous limerés, & percerés auec vn poinçon rond qui soit carré par le bout de deuant pour emporter la piece, apres vous les contrepercerés auec la fraize, ou contrepoinçon, & les limerés, & picquerés sur le pallastre: vous tournerés, & plyerés la cloison iustement tout au tour du pallastre, ce qui se pourra faire aysément pourueu que vous ayez vn poinçon quarré par le bout, & que les perçoueres ayent les trous de la grosseur du bout du poinçon, & biẽ droicts par dessus, ce qui est tres necessaire pour percer ce qu'on à affaire, & apres que la serreure sera encloisonnée faut limer, & percer la gachette, auec son estoquiau, puis limerez le ressort, le rasteau, la broche, la bouterolle, les rouets, & couuerture, & autres pieces, comme vis, ou riuets.

Ce qu'estant faict vous picquerez premierement la coque au milieu du bord du pallastre, apres la gachette, le ressort, la broche, la bouterolle, les rouets, la couuerture, & le rasteau. Apres vous coupperez l'ouuerture de l'auberonniere, & ferés les trous pour attacher la serreure, & la monterez de toutes les pieces pour voir si la clef tourne aisément, & s'y la gachette s'ouure, & ferme come il faut.

Alors vous la demonterez de toutes ses pieces, & limerez vn peu le pallastre par le dedans, & par le dehors, & contrepercerez tous les trous fors ceux ou il y a des vis, & ceux qui seruent pour lattacher, & la noircir auec la corne comme i'ay dict, ou la polirez si bon vous semble, en apres vous riuerez premierement la coque, puis l'estoquiau de la gachette, le ressort, la bouterolle, la broche s'y elle ne se mõte auec des vis apres riuerez les rouets, les rasteaux, la couuerture. Apres que toutes vos pieces serõt riuées, & montées vous ferés tourner aysémẽt la Clef, & Ouurirez, & fermerez la serreure, auant que de riuer la cloison. Apres que le tout sera riué, vous limerés, & blanchirés ladicte serreure auec vne lime rude, puis vous la polirés auec la lime douce, huillée auec huille d'olif, en apres vous limerez l'auberon, & le picquerez sur la bande de la largeur de l'auberonniere, & le riuerez en façon que les riueures soient en forme de goutte de suif ou demy rond par dessus la bande, adioustant à ladicte bande deux petites pointes aux bouts pour la ferrer, iuste dans le couuercle du coffre, & la luy entaillerez de son épaisseur.

CHAPITRE XVIII.

Pour faire vn pelle en bort.

CEste Serreure s'appelle ainsi, par ce que le pelle doit estre plyé en esquierre par le bout, & recourbé en demy rond pour faire place au ressort: iceux pelles sont pour l'ordinaire de 3. ou 4. poulces de long selon la longueur qu'on veut faire la serreure, & que l'on veut luy donner de longeur depuis le bort iusques à l'entrée de la clef, lors qu'il y a subiection au bois, ledit pelle sera recourbé, & plyé par le haut en esquierre pour le faire fermer cõtre le bort de la serreure par dedans la coque, laquelle sera picquée la premiere de toute la serreure iustement dans le milieu du bort du pallastre, en apres faut picquer le cramponnet du costé droict qui est le costé de la coque, puis donner l'ouuerture au pelle qui sera de 2. ou trois lignes, selon que l'on voudra dõner d'espaisseur à l'auberon, en apres faut picquer l'autre cramponnet, lesquels doiuent auoir chacun deux pieds ce qui est necessaire de faire à tous cramponnets de serreures, autrement ils seront subiects à branler, & à se corrompre en les riuant. Apres que le pelle, & crampõnets seront picqués, & adiustez en leur place, faut picquer la broche, ou bouterolle iustement au milieu des barbes du pelle estãt à demy ouuert, & tracer auec la pointe vn cercle sur le pallastre qui sera de la grandeur du panneton, le bout de la clef estant dans son trou du pallastre, soit auec vn bout, ou auec vne bouterolle, ou broche: & tracerés pareillemẽt sur ledit pallastre des cercles au droict des fentes des rouets, fendues dans la clef: en apres vous picquerez iceux rouets, & rasteaux comme i'ay dict, puis vous ferez la couuerture qui sera plyée en façon que la clef puisse tourner facilement par dessous, & faire son tour sans toucher aux pieds de ladicte couuerture: puis apres vous ferez l'entrée de la clef, pour picquer dans la couuerture les rouets fendus dans le panneton de la clef du costé de l'anneau, puis picquerez ladicte couuerture sur le pallastre, & faictes en façon que la clef maine le pelle iustement contre la coque, & que le ressort decoche iustement de son Arrest affin que la clef tourne aysément tout alentour sans accrocher aux rouets, n'y rateaux qui seront mis en pareen parement aux rouets, en apres vous demonterez le tout, dresserez le pallastre pour le contrepercer & noircir, puis apres vous riuerez la coque la premiere, en apres la broche, les crampons du costé droict, & reuerrez si la clef mene le pelle iuste contre la coque, & si elle passe iustement contre les barres dudit pelle, puis vous riuerez l'autre cramponnet, apres le ressort, & verrez si la clef le decoche comme il faut de contre l'arrest du pelle, riuerez les rouets, apres qu'ils seront contrepercez auec vn burin ou foret, riuerez les rateaux iustement en parement aux rouets, Puis faut dresser & polir la couuerture, & y riuer les rouets & riuer ladicte couuerture sur le pallastre si elle ne se demonte auec des vis, & voir si la clef tourne aisement de tous les costez, & s'y elle decoche le ressort facilement de son arrest, & qu'iceluy ressort nait point par trop de gorge, ce qu'estant fait faut riuer la cloyson, & blanchir la serreure auec la lime rude, & la pollir auec la lime douce. Alors faudra acheuer la clef & la polir, ce qu'estant fait faut limer & adiouster lauberon dans lauberonniere, la picquer dans la bande, & le riuer dessus, puis apres y riuer de petites pointes aux bouts de la bande, qui seruent, lors qu'on à ferré la serreure on laisse ladicte bande auec l'auberon dans la serreure, & on laissé tomber le couuercle du coffre dessus, tellement que lesdictes pointes entrent dans le bois, & font tenir ladicte bande contre le couuercle du coffre, & par ce moyen, on l'entaille dans le bois iustement ou il faut, apres que vostre bande, & Serreures, seront pollies faut les essuyer auec vn linge blanc, puis les mettre chaufer contre le feu, & les huiller auec huille dolif, qui soit sans sel par ce que le sel faict grandement rouiller le fer; s'y on la veut d'esaller faut la faire bouillir, & en oster l'escume qui en sort en bouillant comme petites bouteilles, estant refroydie, il en fauthuiller vostre besongne: apres quelle sera bien huillée, faut la couurir de papier sec, & chaut, & la serrez en lieu sec, autrement vostre besongne s'enrouillera incontinent, il faut faire tout le mesme à toutes sortes d'ouurages de fer, ou dacier poly, & par ce moyen, il se conseruera longuement sans se rouiller, prenez aussi garde de manier la besongne pollie auec la main, lors quelle est humide, ou sueuse par ce que l'humidité, & sueur faict grandement enrouiller le fer, & quand vous l'auez manié auec les mains essuyez le promptement auec vn linge sec, ou autrement, il s'enrouillera incontinent aux endroicts ou l'on aura touché auec la main.

Quelques vns mettent du plomb limé dans l'huille dolif dequoy ils huillent leur ouurage, & le font chaufer premierement comme i'ay dict qui empesche aussi la rouille de s'y accueillir.

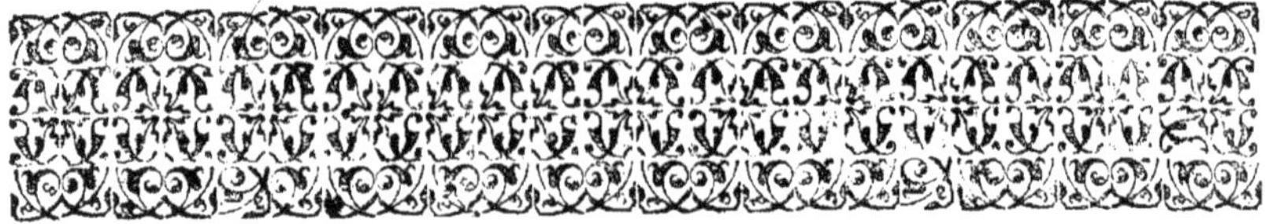

CHAPITRE XVIII.

Pour faire serreures à deux fermetures respondant aux figures II. III. & IV.

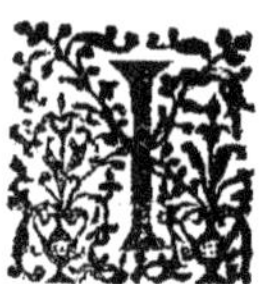

IE m'estois proposé de faire des planches, & desseins pour toutes les Serreures icy exposées, mais pour euiter la prolixité, & la grande despence qu'il y conuenoit faire, i'ay iugé que les moins communes, & ordinaires se pourroyent faire facillement comme i'ay enseigné, sans mettre les figures. Ie commenceray donc à demonstrer par figures comme il faut faire les serreures à deux fermetures, ayant trois planches ou figures, comme aussi chacune des autres suyuantes: c'est à sçauoir les mouuemens, le coronnement, & l'ecusson.

C'este serreure se nomme à deux fermetures d'autant qu'elle se ferme par deux endroicts dans le bort du pallastre: elle est composée d'vn pesle marqué. A & d'vne gachette marquée. B. qui font les deux fermetures.

Lors qu'on veut faire ces Serreures, il faut sçauoir s'il n'y a point de subiection pour l'entrée, ce qu'il faut sçauoir, ainsi que i'ay dit, pour faire quelque serreure que soit: S'il n'y a point de subiection à faire l'entrée, on la pourra faire de la grandeur, & largeur de ceste figure, qui est de six poulces de long, & de deux poulces, neuf lignes de large, ou enuiron, d'autant que i'en ay prins les mesures sur le prototype, cõme i'ay faict pareillement de la plus part de toutes les autres suyuãtes, que l'on pourra faire hardiment de la grandeur des planches, & figures pour auoir esté prises, & faictes sur les Serreures mesme, & pareillement les couronnement, escussons, & clefs qui sont grauées dans les figures pour auoir presque toutes esté faictes dans ma boutique reserué les clefs antiques: c'est pourquoy on pourra trauailler en toute asseurance sur ces desseins, & figures.

Apres qu'õ sçaura la grandeur, de laquelle on desire faire la serreure, faut forger la clef, puis le pelle. A. qui doit estre fondu, pour passer vn pied du cramponnet, & aussi qu'il en est meilleur, & n'est subiect à s'ebranler, & à aller de trauers, on le peut faire, coudre simplement sans estre fendu, cela despend de la volonté des ouuriers: mais ie tiens que ceux qui sont fendus vallent mieux, ces pelles doiuent estre plyés à l'esquierre, par les deux bouts comme le pelle en bort, reserué qu'il n'est point recourbé pour chercher le milieu du pallastre, les pelle. A. estant forgé, vous forgerez ladicte gachette. B. puis les coques C. D. le ressort de la gachette. E. la fueille de sauge. F. le ressort d'icelle, fueille de sauge. G. le cramponnet. H les rasteaux. I. L. la cloisõ. M. les estoquiaux. N. les rouets. P. & ce que marque. O. monstre les trous pour mettre des vis, dans les estoquiaux, & rasteaux, & pour attacher la serreure contre le bois. En apres faudra forger le couronnement qui est la troisiesme figure, l'ecusson qui est à costé marque. 4. puis apres forger le pallastre qui doit estre de force suffisante, comme d'vne ligne, & demie, ou enuiron, comme aussi les autres pieces d'icelle serrures, & de celles qui suyuent, pour y pouuoir commodement mettre des vis, & pour y entailler quelques pieces, s'y on y veut faire quelques secrets, comme barbes perdues, basculles, ou autres que ie diray c'y apres, & aussi pour les pouuoir commodement polir.

Apres

Apres que toutes les pieces seront forgées , il les faut faire recuire comme i'ay enseigné, puis apres limer, & dresser toutes les pieces, forer,& fendre la clef droict en esquierre des deux costez,affin que les rouets, & rateaux puissent entrer dedans sans acrocher.

Lors que la clef sera fendue,faut limer la cloison , auec 4. 5. ou six estoquiaux, selon la grandeur de la serreure, trois de ces estoquiaux marqués N. seront recourbez en esquierre par le haut, & riuez dans la cloison , auec riueures quarrees,pour empescher qu'ils ne puissent se detourner d'vn costé , ny d'autre. Sur iceux estoquiaux sera porté le coronnement , qui sera retenu auec trois vis qui passeront au trauers,apres que les estoquiaux & cloison seront limez,& les estoquiaux riuez sur ladicte cloison , vous la picquerez sur le pallastre , puis apres limer toutes les autres pieces necessaires à la serreure , estant limees & dressees. Il faut premierement picquer les coques. C. D. qui seront esloignees l'vne de l'autre d'vn poulce , ou treize lignes,On les pourra esloigner, ou aprocher d auātage, selon la grandeur , & force de laquelle on voudra faire la serreure.Il n'y à point de mesure asseuree, tant en ceste serrure,qu'en toutes autres,par ce que cela depend de ceux qui les font,ou qui les font faire, & du lieu ou elles se doiuent apliquer, tellement que ie n'en puis dire asseurément les mesures , sinon de faire les serreures,& picquer les pieces de la grandeur comme monstrent les desseins & figures cy apres , pourueu qu'il n'y aye point de suiectiō aux entrees. Apres que l'on aura picqué les coques,vous poserés le bout dudit pelle. A. dans la coque. C. & le fermerez tout contre le mettant droict sur le pallastre , & picquer le ressort de la fueille de sauge. G. qui est du costé droict de la coque , tout ioignant la barbe du pelle, s'il n'y à point de fueille de sauge , & qu'il y aye seullement vn ressort double , comme à vn pelle en bort , faudra y picquer vn cramponnet , au lieu dudit ressort de la fueille de sauge , mais la fueille de sauge,auec son ressort est beaucoup plus belle & plus seure. Apres que vous aurez picqué le ressort ou cramponnet. Il faut picquer l'autre cramponnet. H. de l'autre costé , qui doit auoir vn pied coudé , auec vne petite fueille H pour passer vne vis , pour demonter ledit cramponnet , pesle , & l'autre bout dudit cramnet.H.passera par la fente du pelle , auec vn petit pied quarré qui trauersera le pallastre qui le rendra plus iuste & serré sur le pallastre. Sur iceluy cramponnet sera espargné vn estoquiau qui passera dans le bout de la fueille de Sauge , auec vne escroüe par le dessus,pour l'empescher qu'elle ne s'enleue, ce qu'il faut faire à tous les autres suyuans,cela estant picqué faut poser la gachette. B. dans sa coque. D.& la mettre droict sur le pallastre pour picquer son estoquiau marqué.O laquelle gachette sera limee & adiustee,contre le ressort de la fueille de Sauge , & recourbee par le bas,en façon que la clef venant à faire son tour, puisse facillement l'ouurir & faire sortir de sa coque , il faut quelle y demeure estant ouuerte de l'espoisseur d'vn des costez, affin quelle puisse entrer librement dans lauberon , & dans l'autre costé de la coque. Nottez qu'en limant les crochets de vos gachettes , il faut y laisser vn petit rebort par dessous le crochet , ou qu'il soit limé vn peu en rond : car autrement la serreure n'estant fermée qu'auec la gachette se pourra ouurir facillement sans la clef, prenez y garde. En apres il faut picquer son ressort. E. qui doit estre au milieu de la serrure , y laisser assez d'espace pour l'ouuerture de ladicte gachette : ce qu'estant fait , il faut ouurir le pesle à demy , & mettre le museau de la clef entre les barbes du pesle ; pour tracer & marquer auec la pointe à tracer, ou autre chose, ou il faut picquer la broche , en façon que la clef en tournant passe iustement contre le milieu du pesle , & que la broche soit au milieu du pallastre, aussi pres d'vne, oree que d'autre. La broche estant picquée , il faut picquer la bouterolle , s'il y en à de fendue dans la clef, laquelle se mettra seulement dans le trou ou passe la clef, qui sera fait de sa grandeur, & renuersée par derriere, laquelle sera tenue ferme auec la broche, elle sera plus asseurée que si on la faisoit auec des pieds, comme vn rouet. Ayant picqué les rouets, & rateaux, vous mettrez la broche en sa place, & l'arresterez auec des vis, pour limer les barres du pesle selon son ouuerture, & fermeture, puis vous adiusterez la fueille de sauge en façon quelle encoche iustemét dans son cran, ou arrest fait dãs le pesle: lors il faudra limer la gachette, & son ressort, l'vn sur l'autre, polir, & acheuer les coques, & autres pieces, en apres cõtre-percer tous les trous de la serrure, fors ceux ou sont les vis: puis noircir, ou polir le pallastre, par le dedans : par apres riuerez les coques, s'y elles ne se demontent, en apres l'estoquiau de la gachette, son ressort & celuy de la fueille de sauge, les rouets, les rateaux, & mettrez lesdits rouets, & rateaux en parement, affin que toutes les gardes entrent à la fois dans la clef sans acrocher aucunement, auant que de riuer la cloison, autrement on aura de la peyne, apres quelle sera riuée, s'il y à quelques pieces qui acrochent, ou qui r'encontrent la clef en tournant. Apres que toutes les pieces seront riuées, & adiustées sur le pallastre, il faut poser la cloison dessus, & adiuster la couuerture, ou coronnement, & la faire tenir auec des vis sur les estoquiaux de ladicte cloyson, comme i'ay dit, ou bien auec deux estoquiaux qui doiuent estre riuez dans le pallastre au droict de la broche, de la distance du tour de la clef, comme il est demonstré en la huictiesme figure qui vaut encores mieux, que de poser ladite couuerture sur les estoquiaux de la cloyson. Apres que ladicte couuerture sera adiustée, il faut y faire l'entrée, & y marquer & picquer les rouets qui seront fendus dans le panneton de la clef du costé de l'anneau. Apres faut vuider le coronnement, auquel on raporte pour l'ordinaire vne petite moulleure qui est picquée entre le coronnement, & la frise. S'il n'y à qu'vne couuerture simplement, il faudra la pollir, & riuer les rouets dessus, en apres riuer la cloyson, si elle ne se demonte auec des vis. Puis blanchir & pollir la serreure, & y adiuster la bande garnie des auberons, riuée & faite comme i'ay dit du pesle en bort.

Cette serrure à de plus que le pesle en bort, la gachette. B. qui se ferme en laissant tomber le couuercle du coffre, & s'ouure apres que la clef à fait son tour, pour ouurir le pesle. A. auec vn demy tour de clef qui ouure ladicte gachette, tellement qu'il faut que la clef face vn tour & demy, à droict pour ouurir toute la serreure, & vn tour pour la fermer.

I'aduoüe que i'ay esté vn peu long en ces Chapitres: mais l'intelligence de ce qui suit dependant de la cognoissance d'iceux, I'ay esté contrainct de les deduire vn peu plus au long, pour estre mieux entendu, ie seray succinct en ce qui suit.

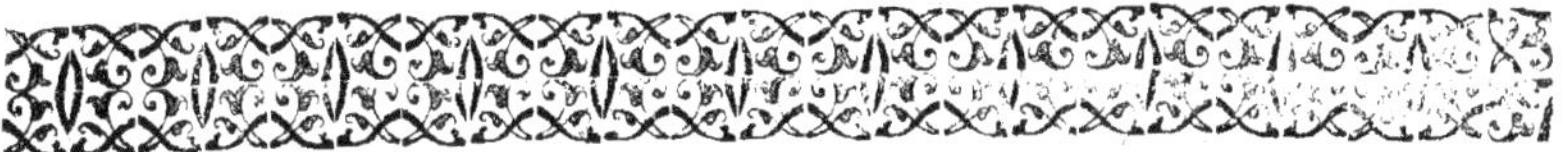

SECONDE FIGVRE.

Serrure à deux fermetures.

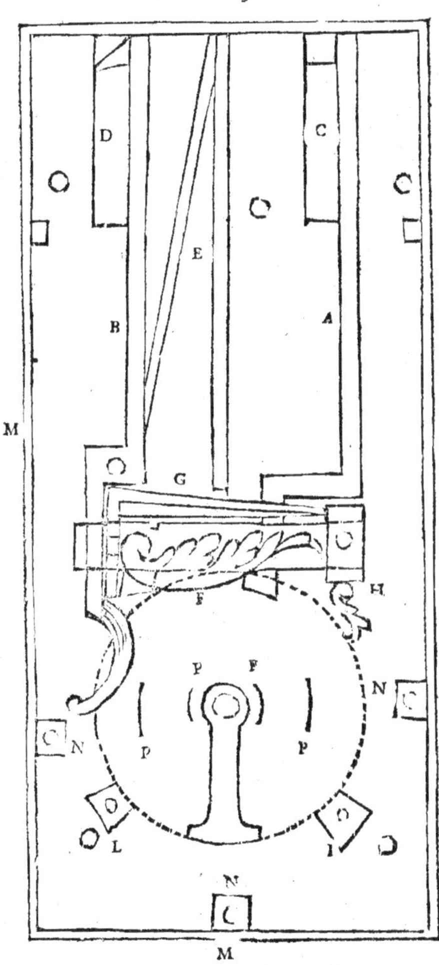

III. FIGVRE. IV. FIGVRE.

Coronnement. *Ecusson.*

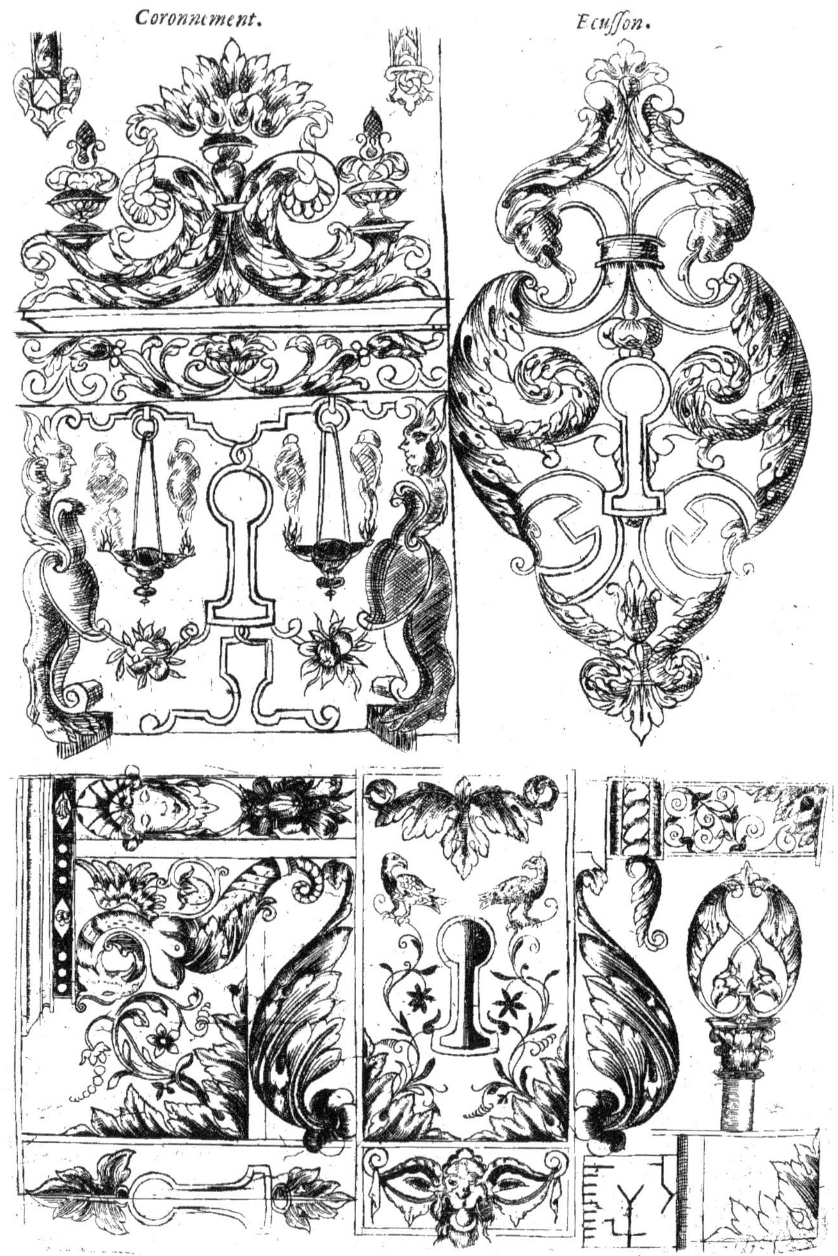

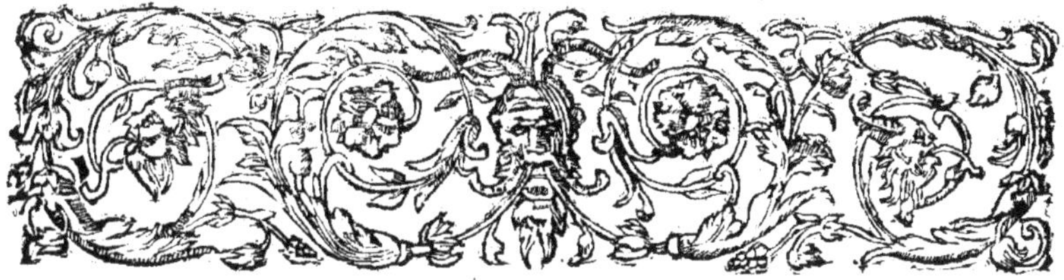

CHAPITRE XX.

Serrure à trois fermetures respondant aux figures. 5. 6. & 7.

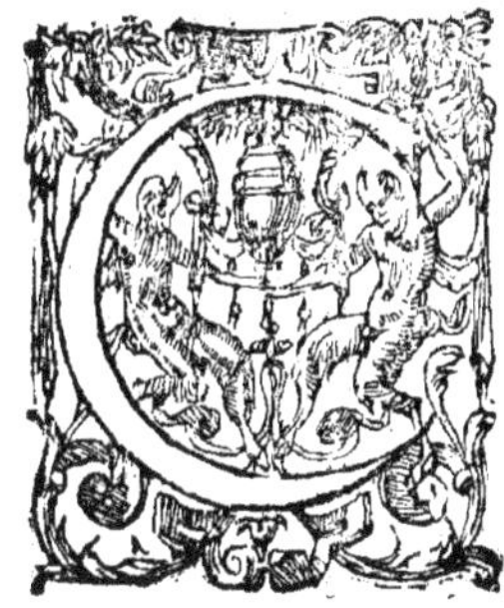

CESTE serrure est composée d'vn pesle marqué. A. qui doit estre forgé en façon que le montant dudit pesle soit iustement entre les 2. barbes, par le costé du bort du pallastre, outre iceluy pesle, il y faut 2. gachettes marquées. B. C. auec leurs coques, E. F. Les ressorts desdictes gachettes marquez G. H. Le pesle. A. s'ouure d'vn tour de clef, comme le precedent, & la gachette à droict tout de mesme, fors qu'il y à vn petit ressort soubz ledit pesle marqué. I. qui doit estre entaillé de son espaisseur dans le pallastre, en façon que le pesle en se fermant n'en soit empesché, & qu'il l'abatte, & face entrer dans le pallastre Apres que le pesle est ouuert ce ressort est libre, pour se leuer, & tenir la gachette. B. lors qu'elle sera ouuerte de son auberonniere. La cloison se doit picquer la premiere, les coques apres, les espaçant, & mettant de pareille distance, les vnes des autres, diuisant le bort du pallastre, en quatre parties esgalles, la largeur de la serrure sera de trois poulces, & sa longueur de six & demy. Il y faut aussi vne fueille de sauge, & pareilles pieces qu'aux serrures à deux fermetures, & les picquer tout de mesme, fors que la coque du pesle doit estre picquée au milieu du bort du pallastre : lors qu'on laisse tomber le couuercle du coffre, les deux gachettes. B.C. se ferment d'elles mesmes : en apres on faict vn tour de clef à gauche pour fermer le pesle : lors que la serrure est toute fermée, pour l'ouurir faut tourner la clef vn tour à costé droit pour ouurir le pesle: puis faire encores vn demy tour du mesme costé pour ouurir la gachette. B. laquelle sera tenue ouuerte auec le petit ressort. I. En apres tourner ladicte clef, vn demy tour de l'autre costé à gauche, pour ouurir la gachette. C. La clef monstre vne double foreure ronde, qui se fera comme ie diray cy apres. Ce qui marque. O. monstre les trous, ou mette les vis, pour tenir le coronnement sur les estoquiaux, & les trous des rateaux, & les estoquiaux des gachettes, & les endroits, ou il faut troüer le pallastre de la serrure, pour l'attacher contre le bois, & monstre pareillement l'estoquiau qui est espargné sur le cramponnet du pelle, qui tient vn bout de la fueille de sauge, auec vn escroüe par dessus pour l'empescher de sortir de sa place. Les rateaux sont marquez P. Les rouets sont marquez. Q. Les estoquiaux simples de la cloyson marquez. R.

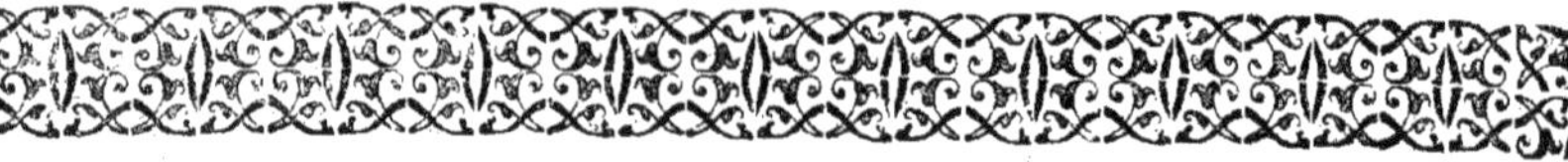

CINQVIESME FIGVRE.

Serrure à trois fermetures.

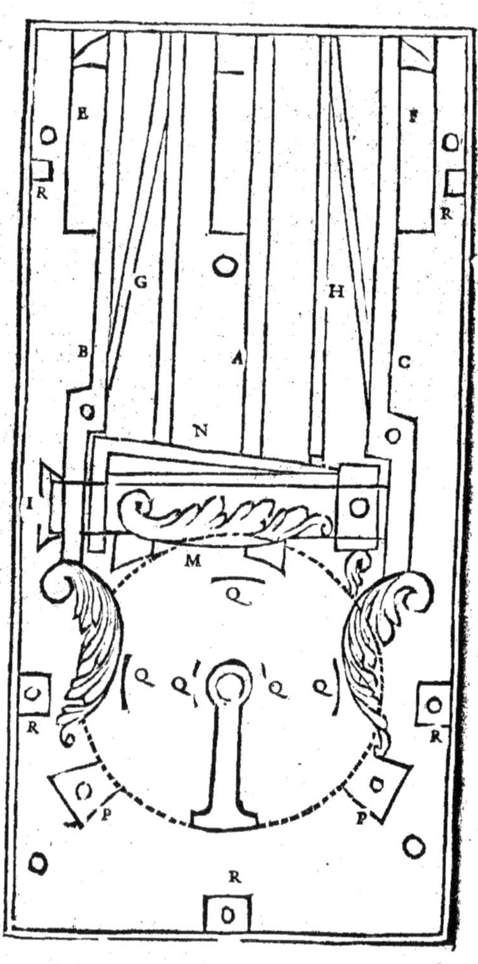

VI. FIGVRE.

Coronnement.

VII. FIGVRE.

Ecusson.

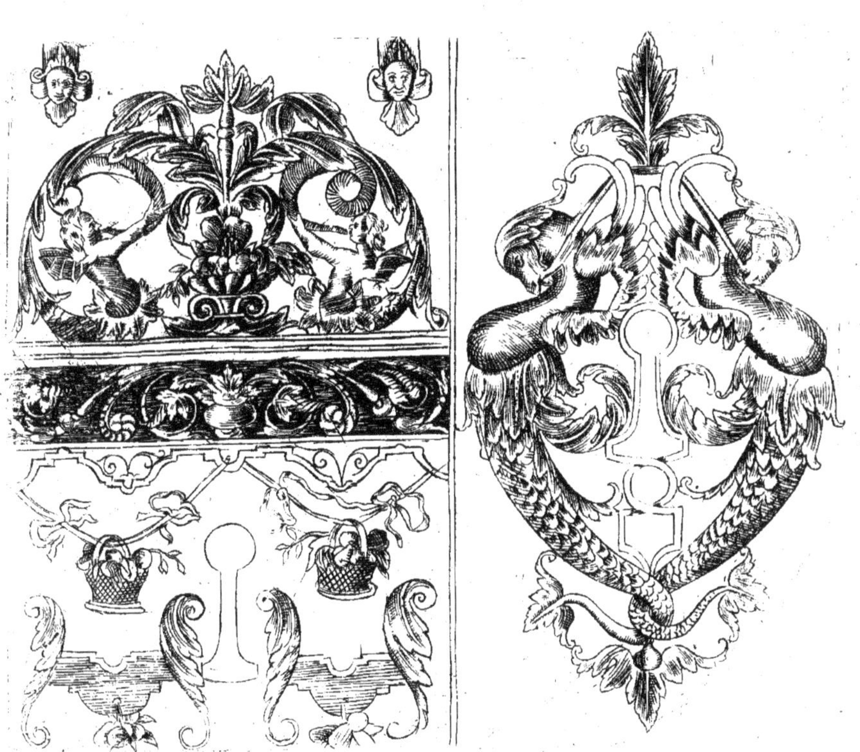

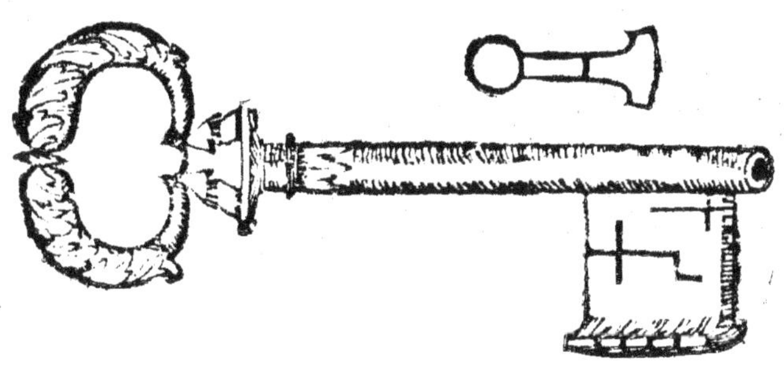

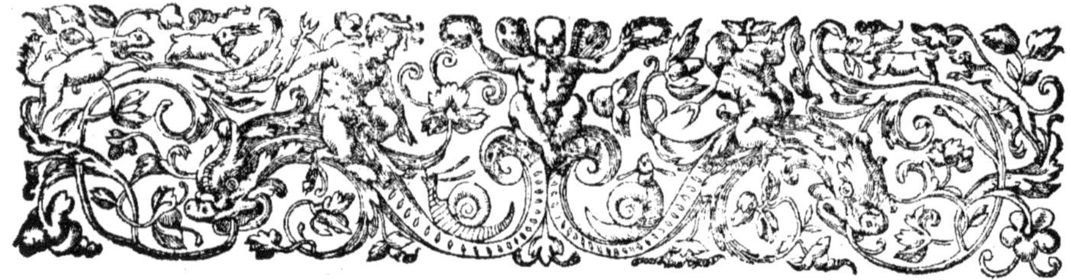

CHAPITRE XXI.

Serrure à quatre fermetures, respondant aux figures huict, neuf, & dix.

ESTE Serrure à quatre fermetures, est composée d'vn pesle à pignon marqué A. B. ainsi appellé, à cause que ce sont deux pesles adiustez l'vn contre l'autre, passant par les deux bouts l'vn dans l'autre auec deux petites coulisses quarrées qui sont à chaque bout des pesles, qui doiuent estre tenuës assez larges, pour loger entre-deux vn petit pignon marqué C. que i'ay voulu monstrer, affin qu'on puisse plus facilement cognoistre le moyen de le faire. Ce pignon doit auoir cinq dents, qui doiuent entrer dans cinq crans, qui sont entaillez à chaque pesle: & tenus en raison sur le pallastre auec vn petit estoquiau rond, qui passe par le milieu dudit pignon, en façon que la clef venant à mener le premier pesle. A. fait tourner ledit pignon, qui fait aller l'autre pesle B. par ce qu'il est entaillé iustement entre les deux pesles qui ont des crans à proportion: tellement qu'ils ne peuuent ouurir ny fermer l'vn sans l'autre. Ces pelles seront retenus auec vn ressort marqué O. & auec vne fucille de sauge marquée P. qui entre dans vn cran ou estoquiau, qui sera par le dessus, ou au costé du pelle A. Et aux deux costez dudit pelle y aura deux gachettes marquées D. E. l'vne à droit, qui doit estre retenüe ouuerte auec vn petit ressort marqué Q. qui est entaillé dans le pallastre, comme aux serrures à trois fermetures, & s'ouure tout de mesme. L'autre gachette E. qui est de l'autre costé, s'ouure auec la clef la tournant vn peu du costé gauche. Les coques des pelles sont marquées F. G. les gachettes. H. I. & les ressorts des gachettes. L. M. Vous espacerez le bord du pallastre, en façon que les coques soient de pareille espace, faut les picquer apres la cloison qui est comme les autres serrures. On y met vn couronnement, auec vne petite moulleure, & vne frise: iceluy couronnement, soustenu auec des estoquiaux marquez N. & retenus auec des escroües par le dessus. Ceste serrure monstre vne clef auec double foreure ronde, les broches se doiuent rapporter dans la tige de la clef, comme si c'estoit vne broche quarrée, ou autre figure, & retenue auec vn petit riuet, comme ie diray au chapitre suyuant. Il faut fendre à ces clefs de bonnes gardes, & rouets non communs: comme il faut faire aux autres suyuantes, parce que ces serrures seruent pour l'ordinaire à enfermer or, ou argent, ou autre chose de valleur. Les rateaux sont marquez S. la cloison marquée T. les estoquiaux de ladite cloison marquez V. le cramponnet du pelle est marqué X.

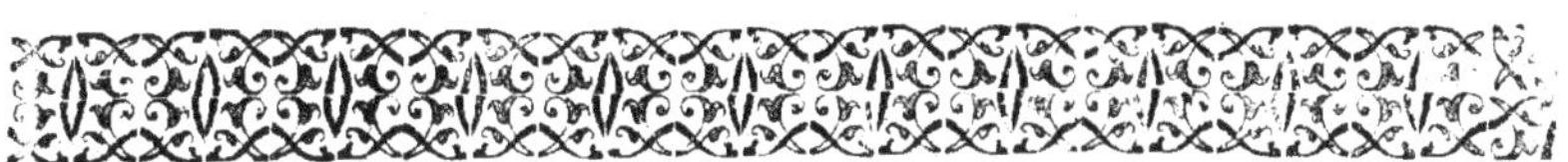

HVICTIESME FIGVRE.

Serrure à quatre fermetures.

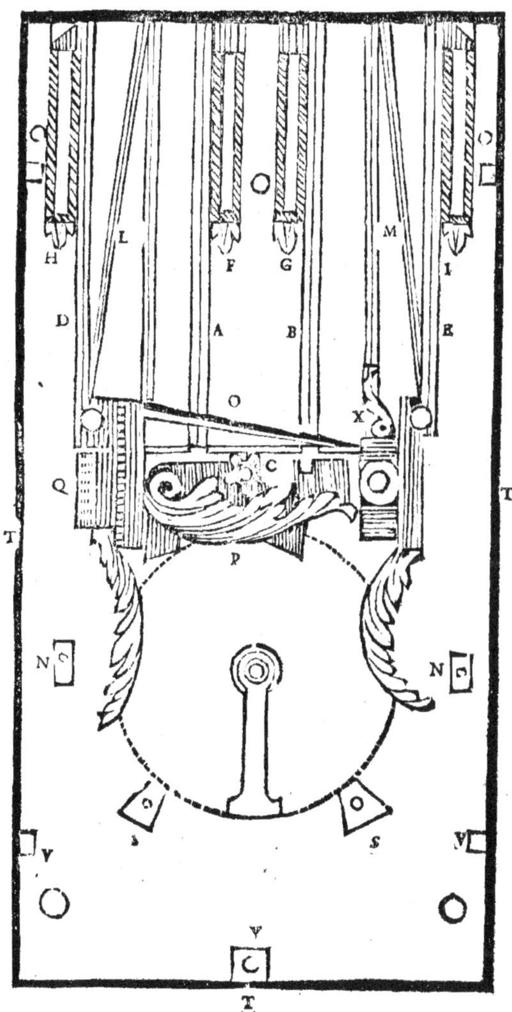

IX. FIGVRE. | X. FIGVRE.

Ecusson. | *Coronnement.*

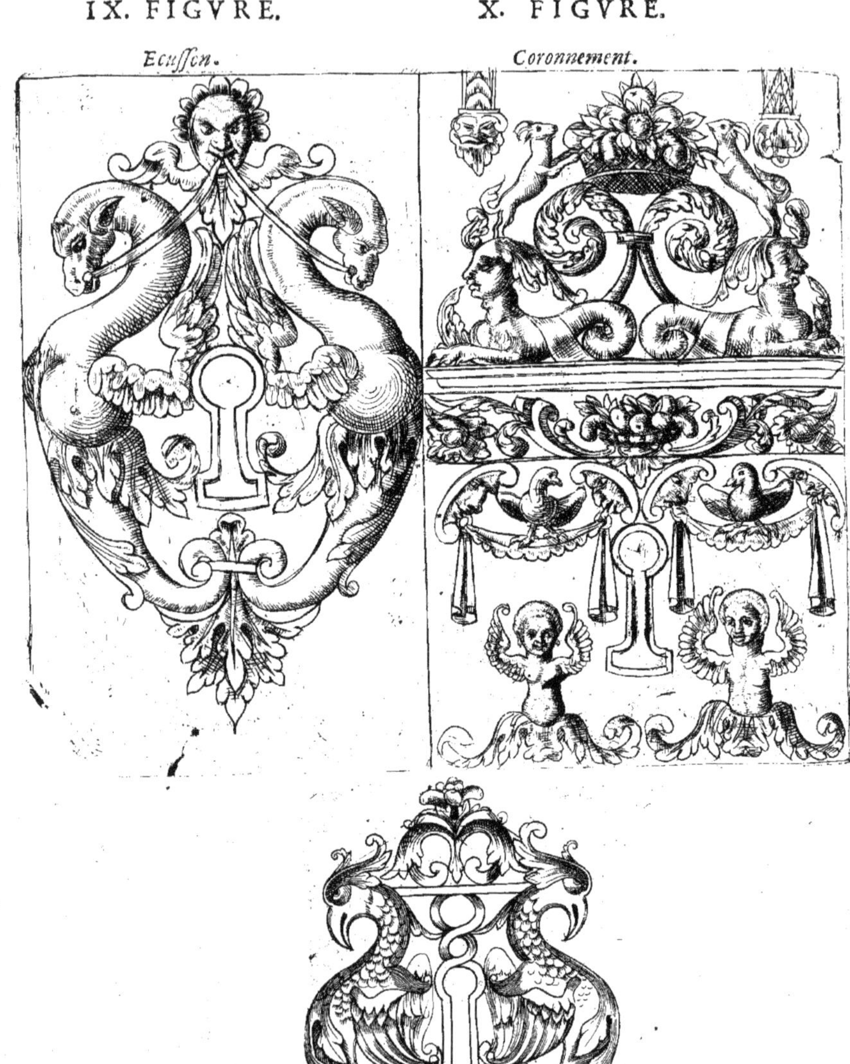

CHAPITRE XXII.

Serrure à cinq fermetures, respondant aux figures vnze, douze, & treze.

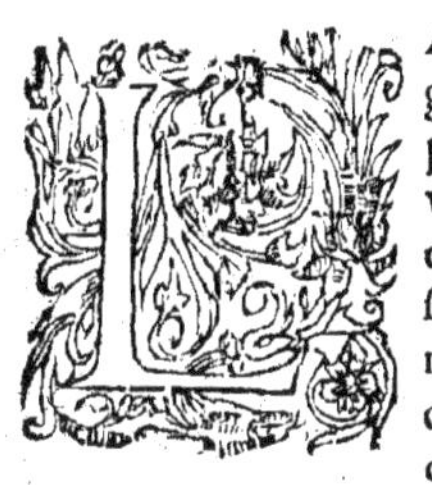

LA Serrure à cinq fermetures est composee d'vn pesle à pignon marque A. non pas comme le precedent, parce que le pesle B. est separé du premier pesle A. & tenu en raison auec vne coulisse marquee C. qui passe à trauers par le bas. Et à costé desdits pesles il y a deux gachettes marquées D. E. qui sont tenuës fermées auec vn ressort double qui est entre-deux marqué F. & pour les ouurir, il y aura vn pesle montant marqué G. qui sera limé par le bout d'enhaut, en forme de cœur, qui passera entre les deux queües desdites gachettes, qui sont tournées en demy rond, en forme de consoles, & par le haut comme des testes de daufins, pour mettre les estoquiaux dedans, en façon que le pesle G. venant à hausser, fera ouurir lesdites gachettes & comme il se rebaissera, elles seront refermées, & repoussees auec leur ressort, dans leurs coques H. I. De l'autre costé de la serrure il y aura vne simple gachette marquée L. qui sera repoussee auec son ressort marqué M. dans sa coque marquée N. Les pesles se fermeront dans leurs coques O. P. ainsi qu'on void dans l'vnziesme figure. La clef marquée Q monstre vne double broche carree canelée, laquelle se fait en ceste façon.

Prenez vn petit foret de la grosseur du carré de la broche, par dedans, pour forer la clef iusques contre l'anneau, & apres ayez de petites limes carrées-canelées, & à cousteau, qui seront taillées par le bout de deuāt, & limées par le derriere en rond, & auec ces petites limes vous limerez la foreure tout au long, pour commencer à faire le trou carré, le plus que l'on pourra. En apres il faut faire vne broche dacier, qui soit limée, polie, & carrée par le bout de deuant, & tout le long, ou de telle autre figure que l'on voudra faire la foreure: Par apres vous tremperez ladite broche, & la recuirez auec du suif ou huille, comme vn ressort, de peur qu'elle ne se rompe dans la foreure. Apres qu'elle sera trempée, & froide, vous la ferez entrer auec de l'huile d'oliues à petits coups de marteau dans la tige de la clef, luy ayant commencé le trou tout au long auec les petites limes, comme i'ay dit. A mesure que ladite broche entrera, vous frapperez dessus la tige auec la panne du marteau pour faire resserrer le fer tout au long de ladite broche & par ce moyen le trou sera droict, & carré tout le long, sans qu'il y demeure des fosses ou buttes, qui empescheroient que la clef ne pourroit entrer facilement dans les broches du canon, & aussi qu'en dressant & poussant la tige par le dehors auec la lime, on seroit en danger de la creuer, & se trouueroit plus forte en vn lieu qu'autre: ce qui n'arriuera si on en forme bien la tige, apres que la broche y est entree. Que si on y fait double foreure, faudra forer & enformer la broche tout de mesme que la clef, puis les rapporter dans la tige de la clef, apres que vous y aurez fait de petites coches ou crans, dans le bout de la broche qui doit entrer iusques contre l'anneau, laquelle ne doit estre creuse par le haut. Apres qu'elle sera entree iustement dans la tige de ladite clef, vous frapperez dessus, & la sertirez sur lesdites coches, en façon qu'elle ne branle aucunement, & qu'elle se tienne iustement au milieu de la tige : En apres il faut y faire vn petit trou de foret tout contre l'anneau, qui passera au trauers de la tige & de la broche, pour y mettre vne petite riueure au trauers, qui sera riuee dans l'embasse, ou chapiteau, en façon qu'elle ne puisse paroistre. Si ce sont doubles foreures, & qu'il y ayt deux broches creuses dans la tige de la clef, faut qu'elles entrent les vnes dans les autres, y laissant des espaces entre-deux, pour y faire passer les broches qui sont dans les canons, & les faire entrer iustement par le bout, & les faire retenir auec vn petit riuet & crans, comme i'ay dit. On peut faire de ceste façon toutes sortes de doubles foreures, soient rondes, carrées, ou carrées-canelées, triangulaires ou tire-poinct simples, ou canelées, croix, tresles, cœurs, estoilles, croissans pentagones, hexagones, roses, fleus de lys, & toutes autres figures que ce soit, qui se puisse faire dans les clefs. Si se sont des broches ou foreures faites en cœur, tresles, croix, roses, fleurs de lys, ou autres figures semblables, on y pourra faire deux, trois, quatre, ou cinq trous, tout au long de la clef, & les vuider les vns dans les autres, pour faire la foreure de telle figure qu'on voudra. Lors que la clef, & les broches seront forées, adiustées, mises & retenuës comme i'ay dit, faut limer la tige de la clef, boutter & dresser le panneton : en apres vous prendrez vn bout de fer pour faire le canon, & le forer pour faire entrer la tige dedans, pour y rapporter les broches qui seront forées, & enformées comme la tige de la clef, & rapportées les vnes dans les autres. Ce qu'estant fait vous fendrez la clef, & garnirez la serrure selon son merite, suyuant la clef : les trois gachettes D. E. L. se ferment en laissant tomber le couuercle du coffre : & les deux pesles A. B. sont fermez d'vn tour de clef fait du costé gauche. Et pour ouurir toute ladite serrure on tourne vn tour de clef à droit, qui fait hausser le pesle montant G. qui fait ouurir les deux gachettes D. E. & pareillement la clef venant à rencontrer le barbe du pesle A. qui venant à s'ouurir, fait tourner le pignon R. qui fait cheminer le pesle B. tellement que la clef en faisant les deux tiers d'vn tour, fait ouurir les deux gachettes & les deux pesles, & tournant encores vn peu la clef iusques à trois quartiers du cercle, vient à rencontrer la queuë de la gachette L. qui la fait ouurir, ainsi qu'on pourra voir dans l'vnziesme figure. Lesdits pelles A. G. seront retenus dans leurs crans auec fueilles de sauge marquées S. leurs ressorts sont marquez T. & auec deux cramponnets marquez V. au bout desquels on fera de petites fueilles de relief, ou autre chose, pour l'ornement de la serrure.

VNZIESME

VNZIESME FIGVRE.

Serrure à cinq fermetures.

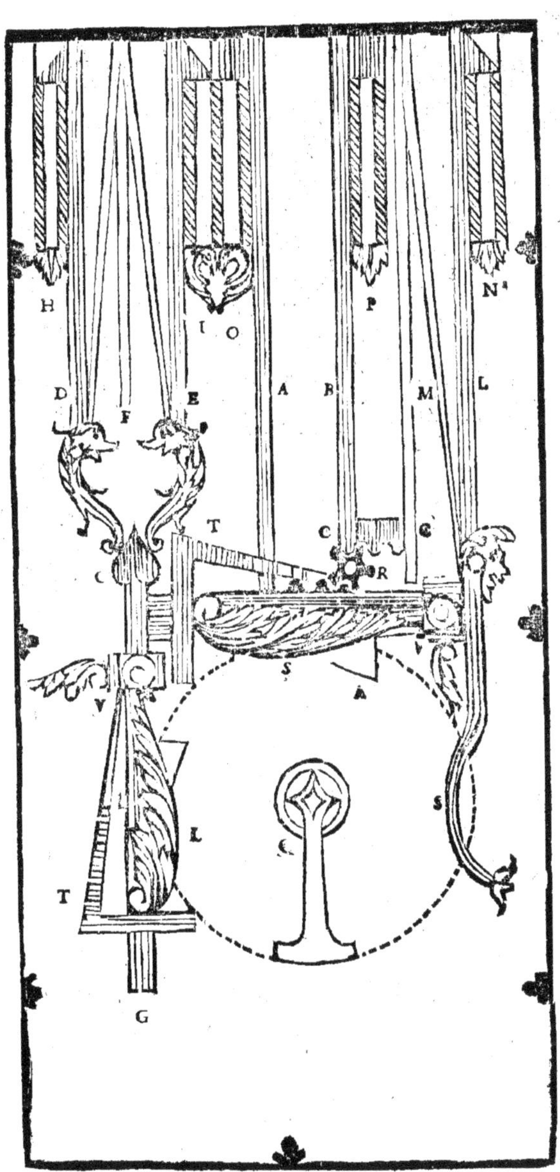

XII. FIGVRE.

Coronnement.

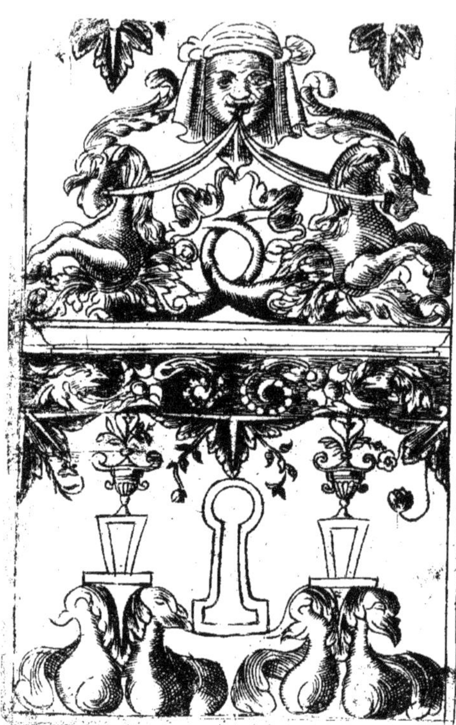

XIII. FIGVRE.

Escusson.

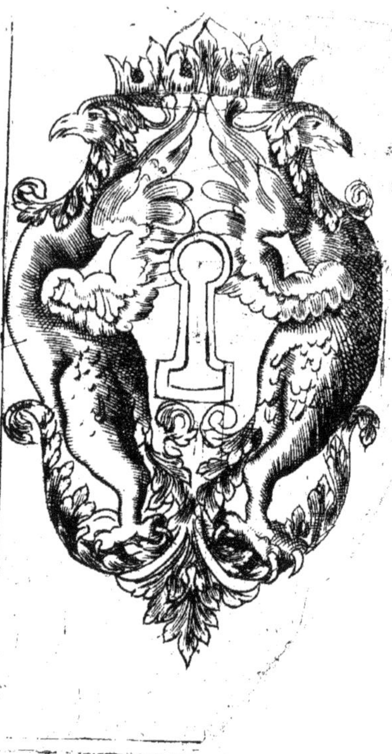

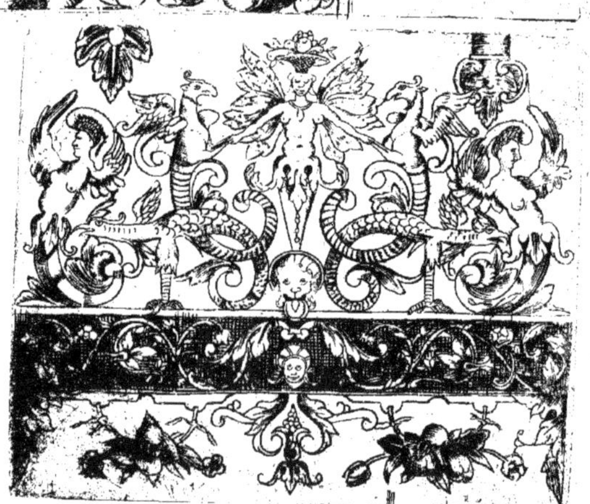

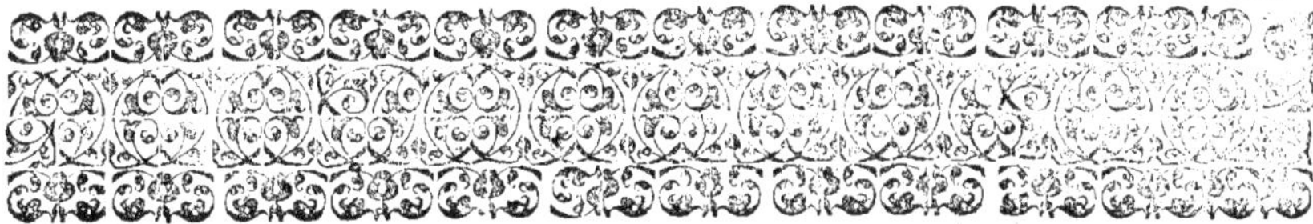

CHAPITRE XXIII.

Serrure à six fermetures respondant aux figures 14. 15. & 16.

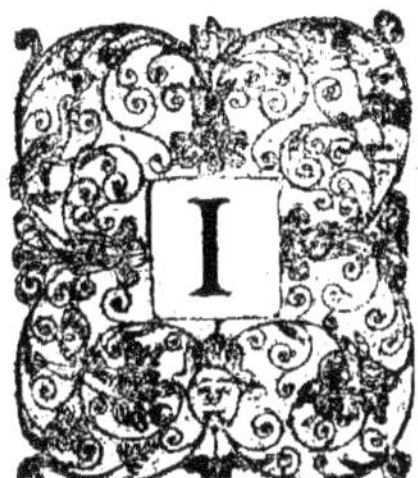

IL s'en pourra faire de plusieurs, & diuerses façons : mais celle-cy ma semblé la plus facile, plus vtile, & de meilleur seruice.

Ceste serrure est cõposée d'vn pesle à S. marqué A.B. Ainsi appellé, à cause d'vne petite piece de fer que l'on met entre-deux qui est, limée en forme d'vne S. marqué. P. laquelle est retenue sur le pallastre, auec vn estoquiau qui passe par le milieu & les deux bouts de ladicte. S. sont acrochez, & retenus auec deux petits estoquiaux ronds qui sont espargnez, & limez dans les pesles, en façon que le premier pesle. A. venant à cheminer par le moyen de la clef, ladicte S. attire, & fait mouuoir l'autre pesle. B. Outre lesdits pelles, il y à vne double gachette marquée C.D. qui sera repoussée dans les coques marquees R. auec vn ressort double marque E. laquelle gachette sera ouuerte auec vne piece de fer qui sera adiustée entredeux, & limée comme vne teste d'Aigle, ou autre chose semblable marquée. Q. Auec vn estoquiau qui sera dans le col, en façon que la clef venant à r'encõtrer la queuë d'enbas, fera ioüer ladite teste qui tournera comme vne S. par le moyen de l'estoquiau qui fera ouurir les deux gachettes, & de l'autre costé de la serrure. Il y aura deux autres gachettes marquées F.G. auec vn ressort double entre-deux marqué H. qui les repoussera dans leurs coques marquees. V. & seront ouuertes auec vn pelle montant marqué. I. Iceux pelles seront retenus auec fueilles de sauge marquées L. & leurs ressorts marquez M. La clef marquee. N. monstre vn double triangle ou tire point cannelé dans la tige qui se fera comme i'ay enseigné au Chapitre precedent : ceste serrure se ferme auec les quatre gachettes, en laissant tomber le couuercle du coffre. Apres on fait vn tour de clef, à la main gauche, pour fermer les deux pelles. A.B. dans les doubles coques. S. T. & pour ouurir ladicte serrure, il faut faire faire vn tour à la clef du costé droict, qui ouurira les deux pelles A. B. & faire encores vn quart de tour du mesme costé, pour ouurir les deux gachettes C. D. s'il n'y à quelque secret à la serrure.

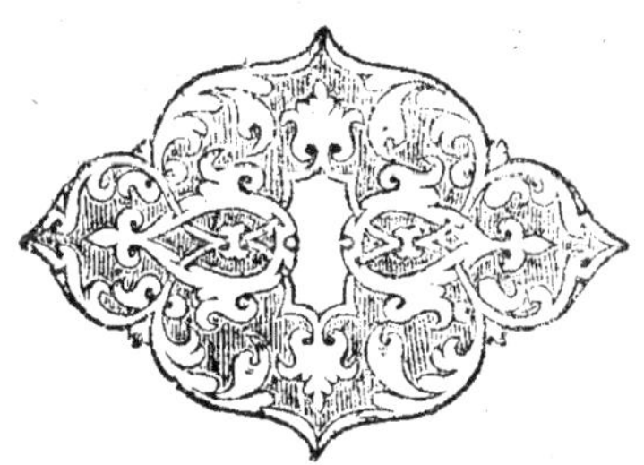

QVATORSIESME FIGVRE.

Serrure à six fermetures.

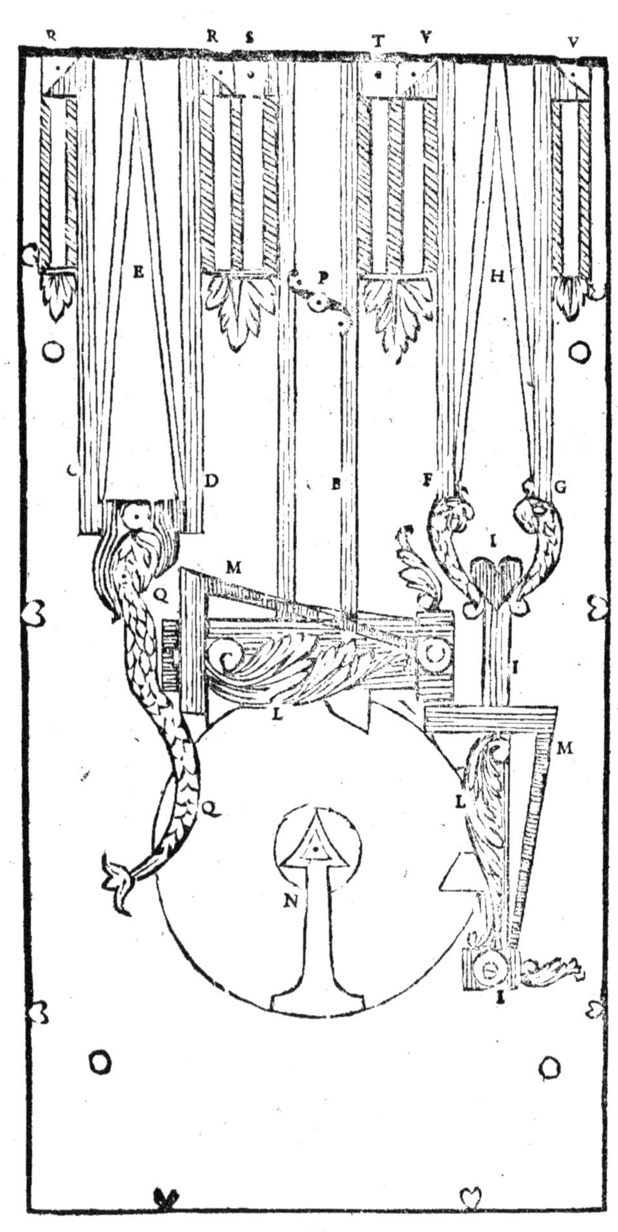

XV. FIGVRE.

Coronnement.

XVI. FIGVRE.

Ecusson

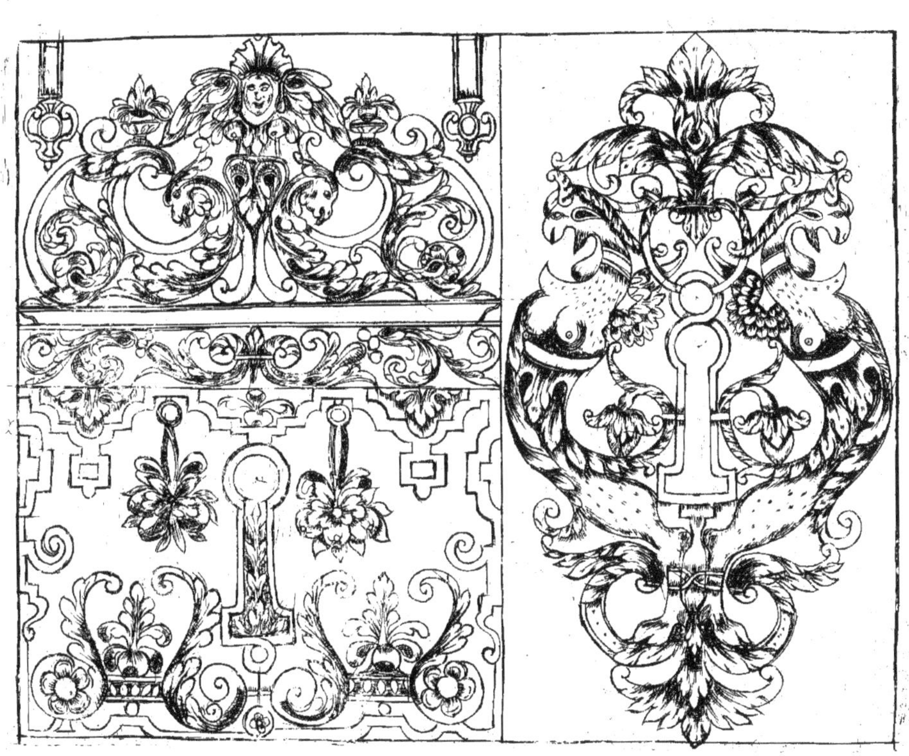

CHAPITRE XXIV.

Serrure à huict fermertures respondant aux figures marquées, 17. 18. & 19.

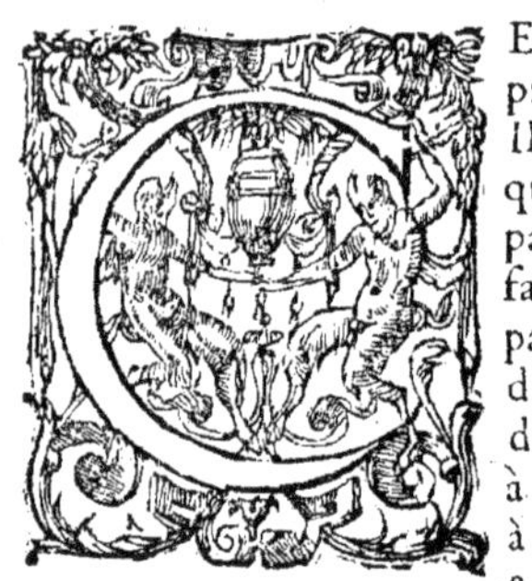

Este serrure est composée d'vn pelle à S. fait cõme le precedent, marqué. A.B. & aux deux costez dudit pelle. Il y à quatre pelles à pignon, marquez C. D. E. F. lesquels pelles seront fermez & ouuerts de leurs coques T. par le moyen de quatre pignons marquez. H. que l'on fait mouuoir auec deux pelles montans marquez. I. qui passent entredeux auec des crans, qui entrent dans lesdits pignons : ces pelles à pignon seront retenus, & conduits par le bas auec des coulisses quarrees qui passeront à trauers, auec vn petit crãponnet, par vn bout, & vne vis à l'autre bout marquées 2. 3. Cesdites coulisses, pelles à S. & pelles montans, seront retenus auec fueilles de sauge, marquées 4. leurs ressorts marquez 5. Aux costez de la serrure il y aura deux gachettes marquees L.M qui serõt repoussees, & retenues dans leurs coques marquees P. Q. & tenues fermées auec leurs ressorts marquez R. lesdits pelles se fermeront dans quatre coques, deux doubles marquées T. & deux simples marquées V. La clef marquée. X monstre vne foreure en forme d'vn double trefle qui se fera par le moyen de trois petites foreures rondes qui seront vuidées les vnes dans les autres auec de petites limes, & enformées auec leur broche comme i'ay enseigné. Ceste serrure se ferme auec les deux gachettes L. M. en fermant le couuercle du coffre : les pelles se ferment d'vn tour de clef, ou de deux si on veut. Et pour ouurir ladicte serrure, il faut faire vn, ou deux tours de clef à droict qui ouuriront tous les pelles. En apres faire encor vn quart de tour à la clef du mesme costé, qui ouurira la gachette L. qui sera tenue ouuerte auec vn petit ressort entaillé dans le pallastre, par soubz le pelle A. comme à la serrure à trois fermetures. Et apres vous detournez la clef vn quart de tour à gauche, qui ouurira la gachette M. Ces petites roses monstrent les estoquiaux de la cloyson qui seront limées par le dessus de ceste façon. La cloison sera limée & vuidée à iour tout alentour, où l'on pourra faire tel ornement que l'on voudra : ce qui se fera pareillement à toutes les serrures icy demonstrées, si on veut pour l'ornement d'icelles serrures, Les O. monstrent les trous pour passer les vis, pour attacher la serrure contre le bois.

DIXSEPTIESME FIGVRE.

Serrure à huict fermetures.

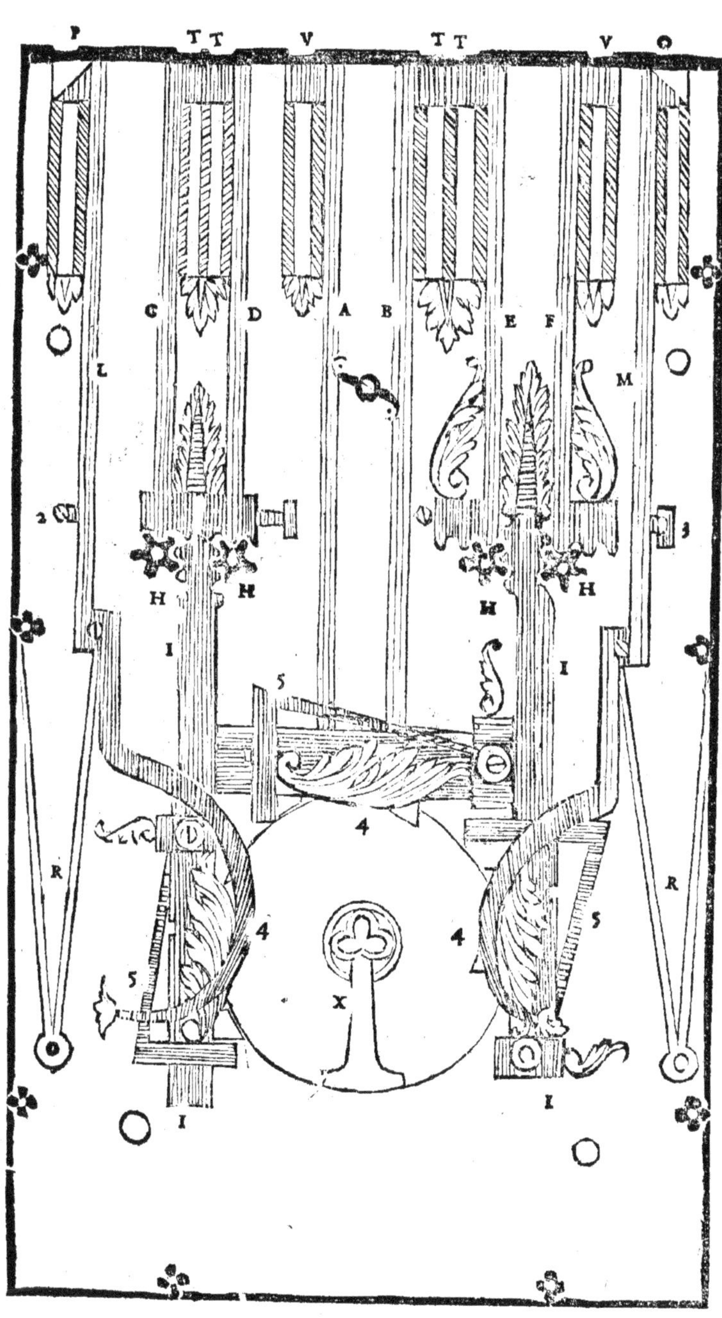

XVIII. FIGVRE. XIX. FIGVRE.

Coronnement. *Escusson.*

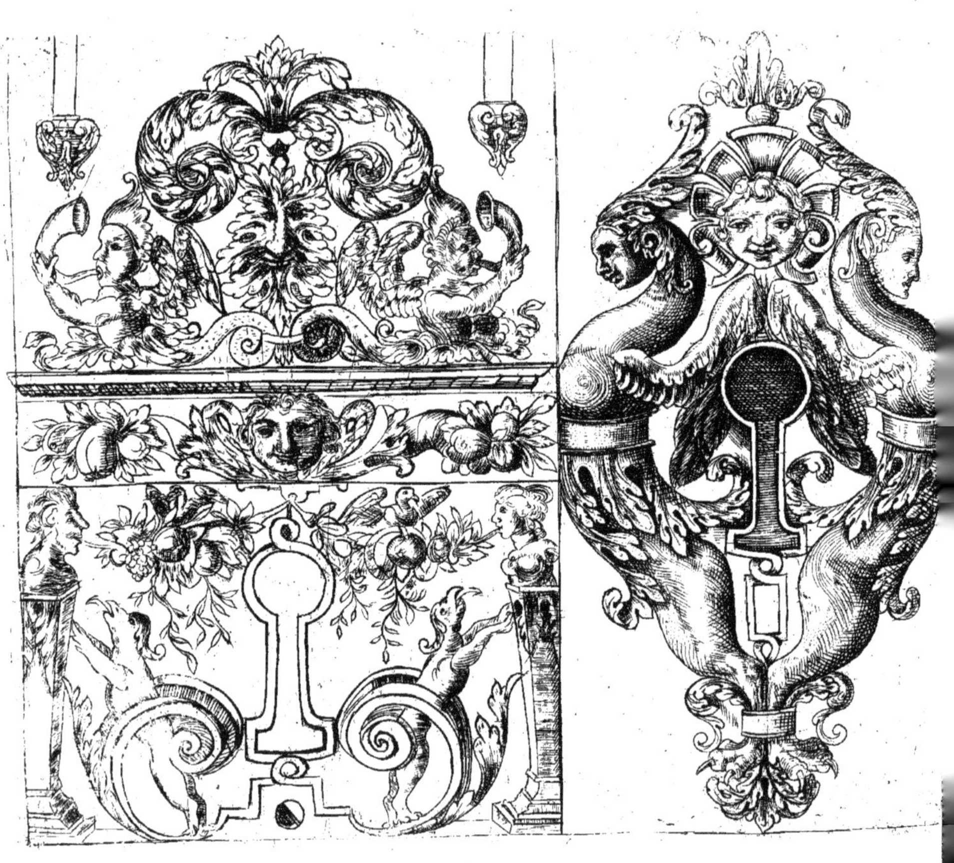

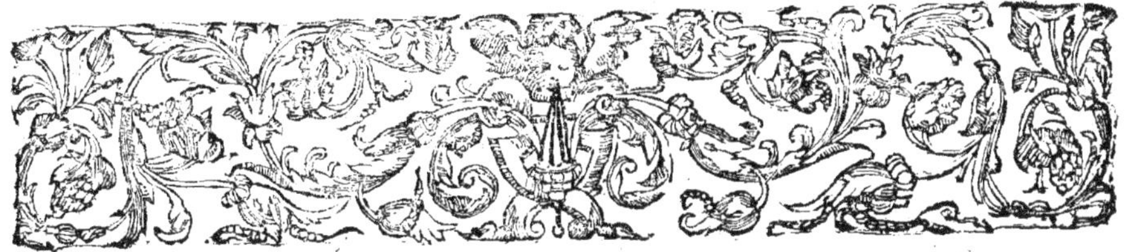

CHAPITRE XXV.

Serrure à dix fermetures, respondant aux figures vingt, & vingt-vneiesme.

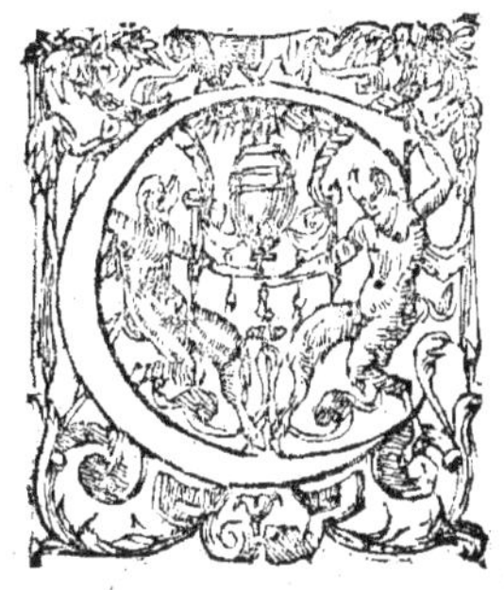

Este Serrure est composée d'vn pesle à pignon marqué A B. aux deux costez duquel il y aura deux cramailleres auec des crans, qui seront soustenuës auec des consoles marquées C. & limées en formes de dauphins, ou autres figures, pour l'ornement de la serrure : & au dessus y aura deux autres pesles coudez, auec des crans marquez D. qui entreront dans les pignons E. qui seront tenus en raison sur le pallastre auec deux petits estoquiaux, qui passeront par le milieu, en façon que les deux pesles A. B. venans à s'ouurir, ou fermer, feront mouuoir lesdits pignons E. qui feront cheminer lesdits pesles D. Et aux deux costez de la clef y aura deux pesles montans marquez G. qui venant à hausser ou baisser, feront tourner les pignons marquez H. qui feront ouurir & fermer deux autres pesles coudez marquez I. Ces pesles I. feront semblablement tourner deux autres pignons marquez F. qui rencontreront deux autres pesles coudez marquez L. lesquels seront ouuerts & fermez par le moyen d'iceux pignons F. qui entreront dans les crans desdits pesles coudez, qui se fermerõt par le haut dans des doubles coques, marquée 2. 9. & serõt retenus par le bas auec des coulisses quarrées, marquées M. N. qui seruiront semblablement à conduire les deux autres pesles D. qui se fermeront par le haut dans deux doubles coques 4. 7. Lesquelles coulisses passeront au trauers de la serrure, & seront retenuës auec des cramponnets, & vis par les bouts. Aux deux costez desdites serrures, il y aura deux simples gachettes marquées T. V. qui se fermeront dans leurs coques marquées 1. 10. Les quatre pesles A. B. I. I. seront conduits auec vne coulisse qui trauersera le pallastre, comme la precedente marquée O. P. & se fermeront par le haut dans les doubles coques 3. 5. 6. 8. Les pesles A. B. G. seront retenus auec fueilles de sauge marquees Q. & les ressorts R. La clef marquée S. monstre vn double cœur, qui se fera comme i'ay dit. este serrure s'ouure & ferme comme la precedente.

VINGTIESME FIGVRE.

Serrure à dix fermetures.

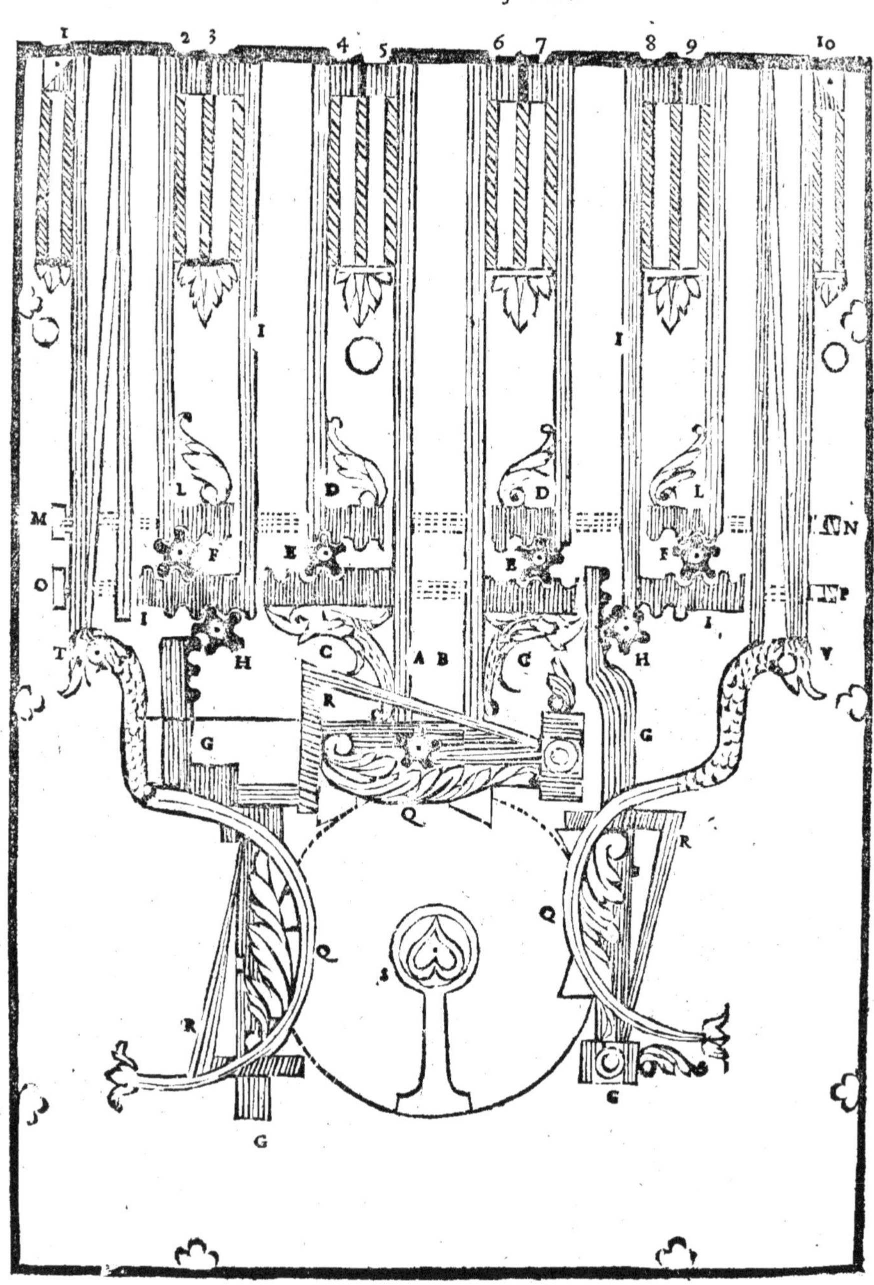

VINGT-VNEIESME FIGVRE.

Coronnement.

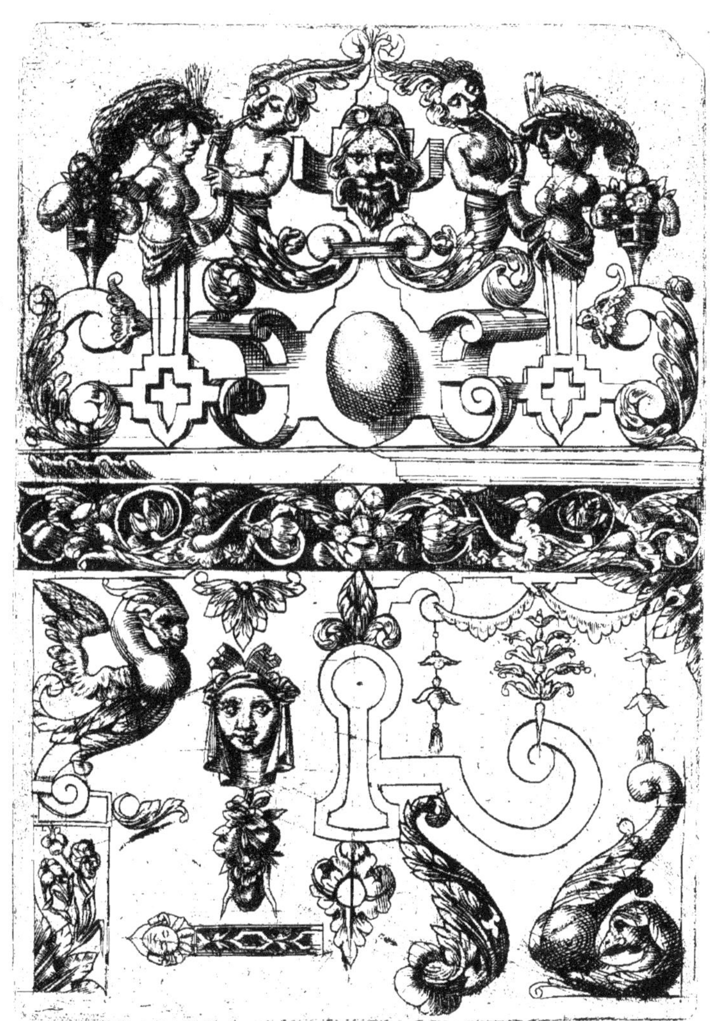

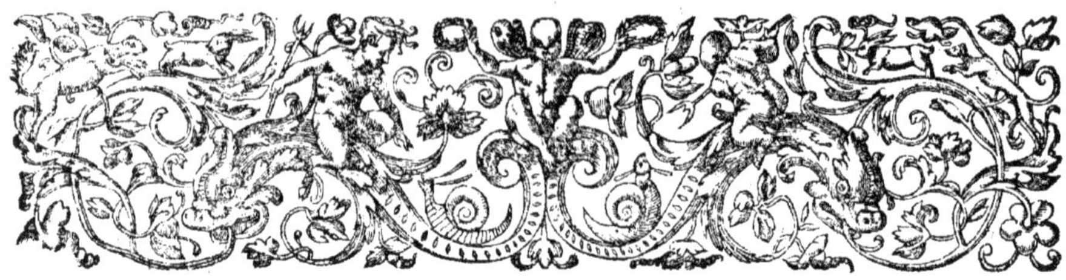

CHAPITRE XXVI.

Serrure à douze fermetures, respondant aux figures 22. & 23.

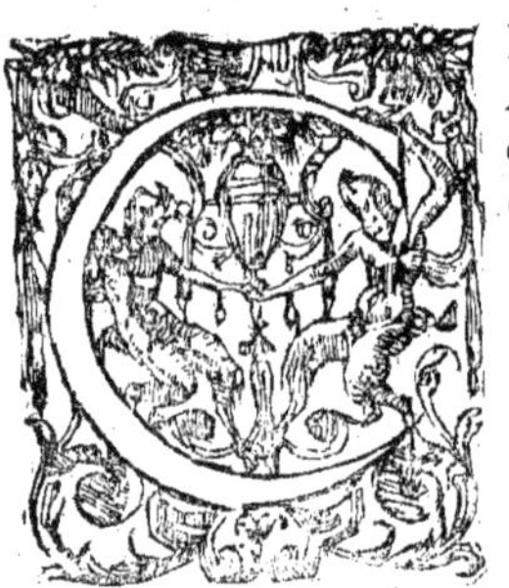

Este Serrure est composée d'vn pelle en bord marqué A dans lequel sera espargné & enleué vn talon, auec vne cramaillere marquée B. qui fera tourner le pignon marqué C. lequel fera fermer & ouurir le pelle D. A l'autre bout dudit pelle y aura des crans par le dessus, qui feront tourner le pignon E. lequel fera ouurir & fermer le pelle F. qui aura dans le coude deux cramailleres, vne par le dessous pour le pignon E. & vne par dessus, qui fera tourner le pignon G pour faire ouurir & fermer le pelle H. Et aux deux costez de la clef y aura deux pelles montans marquez M.N. où il y aura des crans par le haut, des deux costez, qui feront fermer & ouurir quatre autres pelles coudez marquez P. Q R. T. par le moyen de quatre pignons marquez V. Outre ces pelles il y aura vne double gachette à chaque costé de la serrure, marquée X. Y. Ces gachettes seront adiustées l'vne contre l'autre, & s'ouuriront auec vne petite piece de fer, adiustée & limée en S. qui se met entre-deux auec vn petit estoquiau par le milieu : & icelles gachettes seront tenües fermées auec deux ressorts marquez 2. & tenuës ouuertes auec deux petites consoles, ou fueilles marquées 3. 4. qui seront espargnées sur lesdits pesles montans M. N. en façon que le pesle M. venant à se hausser auec la clef, ladite fueille 2. rencontrera la queuë de la gachette X. qui la fera ouurir de sa double coque marquée 1. 2. En apres la clef ouurira le pesle A. de sa double coque marquée 6. lequel pesle fera ouurir auec les pignons, les autres pesles D. F. H. de leurs coques marquées 5. 7. 8. Par apres ladite clef rencontrera pareillement la fueille de sauge, & la barbe de l'ouuerture de l'autre pesle montant N. qui le fera baisser, & ouurir les deux pesles R. T. de leurs coques marquées 9. 10. & la fueille 4. qui fera ouurir l'autre double gachette Y. de sa double coque marquée 11. 12. qui est du mesme costé. Le premier pesle A. & les deux montans M. N. seront retenus auec fueilles de sauge marquées 13. 14. 15. & leurs ressorts marquez 16. 17 18. Et ces pelles coudez seront retenus, & conduits par le bas auec des coulisses marquées I. L. qui passeront au long des cramailleres, & retenuës auec de petits cramponnets, & vne vis par l'autre bout. Ceste serrure se ferme auec les deux doubles gachettes X. Y. en fermant le couuercle du coffre: & les pelles se ferment auec vn ou deux tours de clef. Et pour l'ouurir, il faut faire vn ou deux tours de clef du costé droit, qui ouurira si on veut du premier tour toute la serrure. Si on veut y mettre quelques barbes perduës, elle n'ouurira seulement que les pelles du premier tour, & du second, ou troisiesme, elle ouurira les gachettes de leurs coques, lesquelles

quelles doiuent estre picquées les premieres, & mises en façon que tous les pesles gachettes, & ressorts, puissent auoir leur ouuerture, en sorte que les pesles estant ouuerts, se ioignent iustement: ce qui se fera, pourueu que le pallastre & toutes les autres pieces soient limées droit, & picquées iustement à l'esquierre; autrement les pignons, pesles, & autres pieces, ne pourront librement se fermer, ny ouurir. Il faut faire les clefs assez grandes de panneton, comme de dix, vnze, douze, ou treze lignes, ainsi que monstrent les figures, & grandeur que l'on voudra faire la serrure, affin de pouuoir plus facilement donner les ouuertures & fermetures aux pesles, & gachettes: se prendre garde en fendant les clefs, d'y fendre des gardes qui empeschent le ieu des pesles, gachettes, & autres pieces: ce qui arriue le plus souuent, faute d'en estre aduerty: ausquelles clefs il est necessaire d'y fendre des planches foncées, ou autres que ie monstreray cy apres, & faire en façon qu'elles puissent tourner tout à l'entour des gardes, & prendre dans les deux rateaux, & faire en façon qu'elles passent par entre les barbes des pelles, & fueilles de sauge, pour empescher que les crochets auec lesquels on ouure les serrures, ne puissent toucher les barbes des pelles, & les fueilles de sauge: ce qu'estant, le crochet ne peut ouurir les serrures. Ie trouue que ces dites planches sont tres-necessaires en quelque serrure que ce soit. La clef monstre vne double fleur de lys dans la tige qui se fera comme i'ay enseigné.

VINGT-DEVXIESME FIGVRE.

Serrure à douze fermetures.

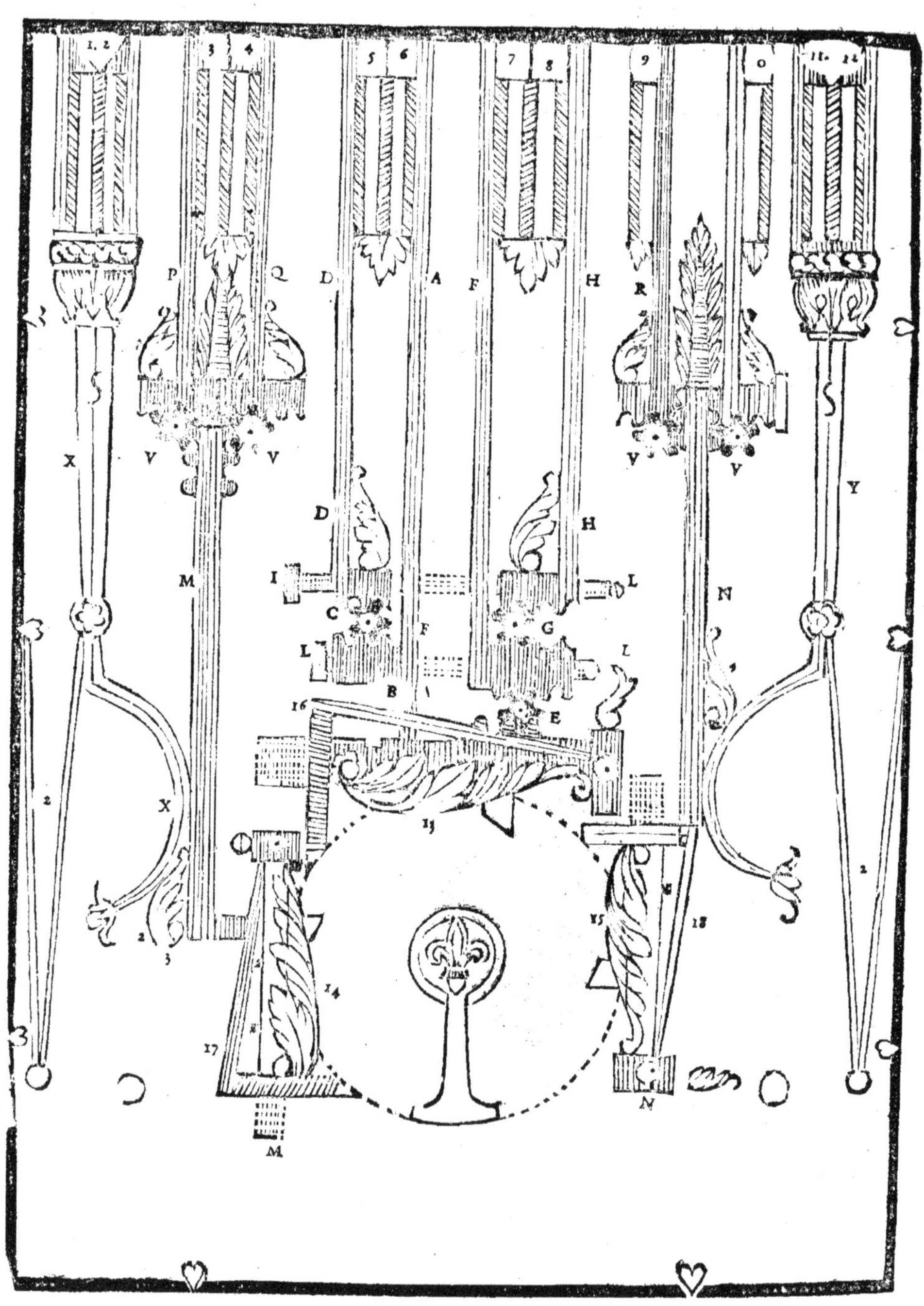

XXIV. FIGVRE. *Escusson.*

XXIII. FIGVRE. *Coronnement.*

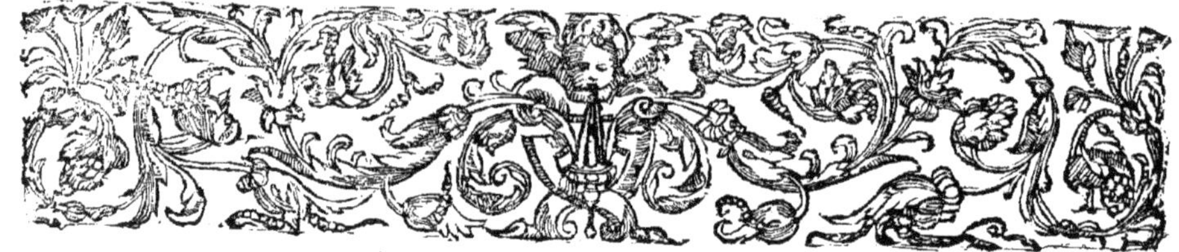

CHAPITRE XXVII.

Pour faire serrures à sept, neuf, & vnze fermetures.

IE m'estois proposé de monstrer par figures les houssettes, pesles en bord, & serrures à sept, neuf, & vnze fermetures : mais il suffit, comme ie croy, pour ceux qui en voudront faire, d'obseruer ce que i'ay dit des houssettes, & pesles en bord.

Ceux qui voudront faire serrures à sept fermetures, adioustez vn pesle à la serrure à six fermetures, ou bien ostez en vn de celle à 8.

Pour en faire à neuf, & à vnze fermetures, adioustez ou diminuez pelles, ou gachettes de celles à dix, ou douze fermetures, ce qui est facile à faire.

Comme aussi d'en faire, ou inuenter de plusieurs & diuerses façons, celles-cy m'ont semblé des plus faciles & intelligibles, & de meilleur seruice.

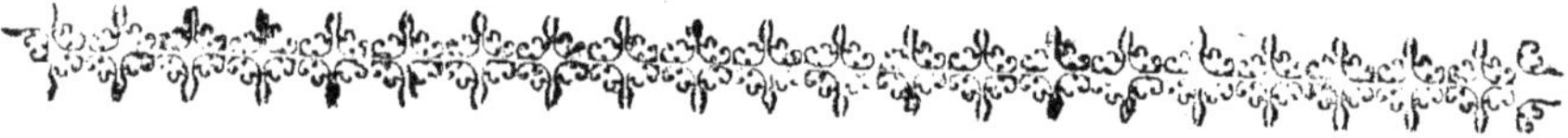

CHAPITRE XXVIII.

Serrures qui s'ouurent auec diuerses clefs par vne mesme entrée.

SI on veut faire serrures pour confrairies, ou thresoreries, où il faille faire deux ou trois clefs diuerses, & qui entrent par mesme entrée, sans s'ouurir l'vne l'autre, vous les ferez en ceste façon.

S'il n'y faut que deux clefs, vous pourrez faire vne serrure à 2. fermetures, qui doit estre faite tout de mesme cõme celle que i'ay dit, & mõstré cy deuãt, fors que la clef qui ouurira le pesle, ne touche la gorge de la gachette en tournant : tellement que la premiere clef n'ouurira que le pesle seulement : & apres quelle aura ouuert, vous osterez ceste clef de la serrure, pour y en mettre vne autre, qui doit estre fenduë tout de mesme, fors qu'elle aura le panneton plus long, en façon que venant à tourner elle puisse toucher la queuë de la gachette, & la faire ouurir de l'auberonniere.

Si vous voulez faire vne serrure qui s'ouure auec trois, ou quatre clefs, par vne mesme entrée. Faites vne serrure à trois, ou quatre fermetures, que le pesle & la gachette à droit, s'ouurent auec deux clefs, comme la precedente: & y faites vn double fond, & que les autres clefs ne puissent aller iusques au fond: qui sera fort facile, pourueu qu'elles ayent vn museau, ou que le panneton soit plus long, qui empeschera qu'elles ne pourront aller iusques sur le pallastre : & auec ces deux autres clefs, on ouurira deux autres fermetures, qui seront garnies sur la couuerture, ou coronnement : tellement que vous pourrez faire qu'il n'y aura qu'vne seule entrée pour quatre diuerses clefs. Ceste sorte de serrure est tres-bonne, & difficile à ouurir.

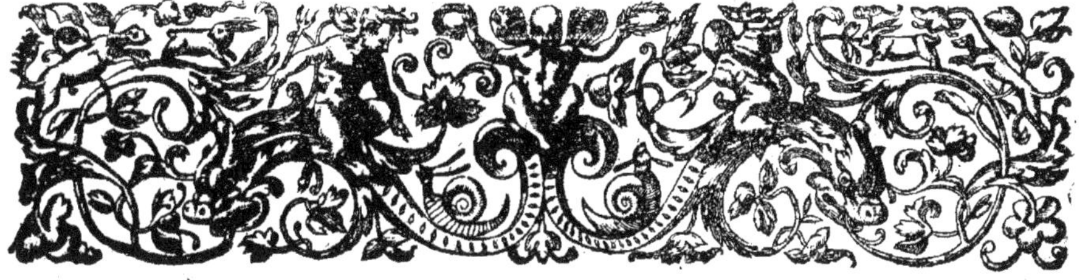

CHAPITRE XXIX.

Ou sont monstrées les pieces qu'il faut à vn pelle dormant, pour Portes & Cabinets.

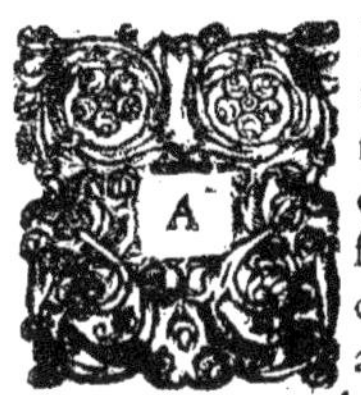

APRES que nous auons parlé des serrures de coffres, nous parlerons maintenant de celles des portes, & cabinets. Ie n'ay voulu monstrer les trois premieres par figures, parce qu'elles sont trop communes: ceux qui sont vn peu versez en cest Art, entendront facilement les escrits, sans les figures. Ie commenceray par le pelle dormant, ainsi appellé, à cause qu'il ne va point si la clef ne le fait aller, pour ouurir & fermer. Ceux qui sçaurõt le faire, feront facilement la serrure à ressort, ainsi appellée, à cause que le pelle est repoussé, & se ferme en tirant la porte, auec le ressort qui est au bout de derriere dudit pelle, & s'ouure par le dehors auec vn demy tour de clef, & par le dedans auec vn bouton, qui se tire auec la main, tellement qu'elles sont faciles à ouurir auec le crochet, & sont de peu de valleur. On fait de petites serrures à ressort, que l'on appelle bec de canne, qui seruent à mettre à quelques contoüers, layettes, ou autres lieux de peu de consequence, qui se ferment aussi à ressort.

Pour le pelle dormant, il y a vn ressort par le costé du pelle, qui entre dans vn cran, ou contre vn arrest qui est au costé du pelle, qui empesche qu'on ne le puisse facilement ouurir auec le crochet, pourueu qu'il y ait des rouets dans la serrure, qui passent l'vn par dessus l'autre, ou qu'il y ait quelque planche, ou passet, qui passe entre le pelle & le ressort.

Pour le faire, il faut premierement sçauoir s'il n'y a point de subiection à faire l'entrée de la clef pres, ou loin du bord de la serrure: puis forger la clef, le pelle, vn ou deux cramponnets, vn ressort double, ou à pied, deux rateaux, l'vn à droit, & l'autre à gauche, la broche si la serrure n'est benarde, pour ouurir des deux costez, le fer à rouet, le pallastre, la cloison, les estoquiaux, les vis, les riuets, le canon, s'il y en faut, la couuerture, le clou à vis, & l'escusson. Ladite cloison doit estre de la hauteur du panneton de la clef, & vne ligne dauantage pour l'espaisseur de la couuerture, qui empesche de gaster le bois, qu'il faut entailler de l'espaisseur des gardes, lors qu'il n'y a point de cloison à la serrure qui la rend difforme: l'on aura presque aussi tost mis vne cloison à ladite serrure, comme de l'entailler dans la porte. Ceste cloison sera riuée contre le pallastre, auec trois, quatre, cinq, ou six estoquiaux, selon la grandeur de la serrure, car on en fait de petites pour les cabinets, d'autres plus grandes, pour des portes communes, & de plus grandes pour de grandes portes, qu'il faut faire à deux tours, auec gachettes, ou fueilles de sauge par dessous les pelles. On met quelquesfois aux petites serrures des cabinets, deux testes aux pelles, auec vne petite consolе. Toutes ces serrures se mettent par le dedans, il est necessaire de les encloisonner, & pour ce faire, il faut premierement limer, dresser, & picquer les estoquiaux, & la cloison. En apres mettez le panneton de la clef de hauteur: limez & dressez la tige, & la forez si vous voulez mettre vne broche,

Apres qu'elle sera forée, il faut dresser le panneton, & le fendre : par apres il faut dresser & limer le pesle, les camponnets, la broche, le ressort, les rateaux, & les autres pieces, picquer & faire entrer iustement le bout du pesle dans le bord du pallastre, laissant assez d'espace par le derriere, pour le ressort. Estant picqué, il faut l'ouurir, & luy donner telle ouuerture que l'on voudra, & le mettre droit, en façon qu'il ne soit point plus esloigné du costé de la serrure, d'vn bout que d'autre, & picquer le cramponnet, qui doit estre auec deux pieds : en apres picquer le ressort iustemẽt dans le cran, ou arrest qui sera au costé du pesle. Ce qu'estant fait vous picquerez la broche droit au milieu des barbes du pelle, estant à demy ouuert, faisant approcher la clef iustement contre le pelle, sans y acrocher. En apres vous picquerez les rouets & rateaux, qui doiuent estre en parement, puis vous y plierez la couuerture, de la hauteur de la clef, pour y faire l'entrée de la clef : & y picquerez les rouets, comme i'ay enseigné. En apres picquerez ladite couuerture, puis vous limerez, & polirez le pallastre par le dedans, ou le noircirez, & le contre percerez. Puis vous riuerez la bouterolle, & la broche, si elle ne se démonte auec des vis : & apres qu'elle sera arrestée en sa place, il faut poser le pelle en son lieu, & luy limerez les barbes, en façon que la clef le mene iustement contre le bord de la serrure, en le fermant, & qu'elle le face sortir à fleur du bord du pallastre par le dehors. Par apres vous riuerez l'estoquiau du ressort s'il est double, ou le riuet du pied s'il y en a : & sur tout qu'il encoche iustement dans son arrest, en façon qu'en tournant la clef, le pelle ne puisse estre repoussé auec la main, ou autre chose, autrement la serrure seroit fausse. Puis apres il faut riuer les rouets, en façon qu'ils ne puissent branler ny mouuoir dans les trous, en tournant la clef : lors il faut riuer les rateaux l'vn à gauche, & l'autre à droict, en façon qu'ils soient en parement aux rouets. Cela fait, vous limerez, & polirez la couuerture, & l'arresterez auec des vis ou riuets. Icelle couuerture doit estre de la largeur du pallastre, & verrez si la clef tourne iustement, & facilement dans les gardes de la serrure : en apres vous riuerez la cloison, limerez, & polirez ladite serrure. Puis ferez l'escusson, & cloux à vis pour la tenir contre le bois, & la ferez chauffer pour huiller auec huille d'oliues qui ne soit point salée : & apres quelque temps, l'essuyerez doucement auec vn linge blanc. Il se fait en quelques endroits des pelles dormans, où l'ẽtrée est sur le pallastre, que l'on met par le dehors, où il y a des crampons en forme de balustres, ou colomnes auec moulleures, ou chapiteaux, & de plusieurs & diuerses façons, pour l'ornement desdites serrures & crampons, qui sont polis, quelques vns les éstament en poille, & en la façon que ie diray aux chapitres des targettes.

CHAPITRE XXX.

Serrure auec vn Locquet.

OVTRE ces serrures cy dessus, il s'en fait en plusieurs endroits qui se nõment pelles dormans, où la clef fait vn, ou deux tours pour fermer le pelle, auec vne gachette par dessous le pelle, comme à vne serrure à tour & demy : & outre ledit pelle, on y met vn locquet, ou cadolle, qui est vne piece de fer de pareille longueur que le pelle, reserué qu'il n'y a point de barbes : cedit locquet se met par dessous l'entrée de la clef, & est picqué dans le bord du pallastre, pour pouuoir se hausser & baisser dans vn mantonnet, qui eſt poſe à la feilleure de la porte, lequel ferme en tirant ladite porte, & qui s'ouure auec vn bouton, coquille, glan, oliue, conſole, ou autre choſe ſemblable, auec la main par le dehors, & par le dedans, auec la queuë du bouton. Ces ſerrures ſont fort commodes à ceux qui deſirent que la porte ſe ferme en ſe tirant : mais ie croy que ſe ſeroit le meilleur, de faire le loquet ſeparé de la ſerrure. On peut mettre des ſecrets à ces locquets pour les ouurir, auec tel ornemens que l'on voudra.

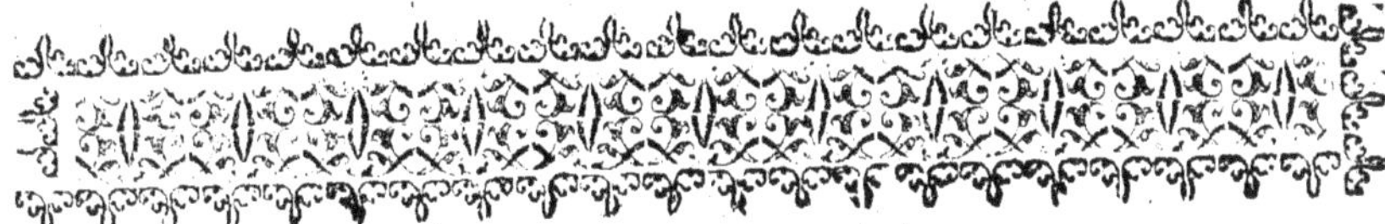

CHAPITRE XXXI.

Serrure auec vne Clinche.

CESTE ſorte de Serrure ſe met d'ordinaire aux grandes portes de deuant, elle eſt compoſée d'vn grand peſle dormant, à vn ou deux tours, auec vn reſſort double par derriere, & outre iceluy peſle, il y a vne clinche au deſſus, qui eſt vne piece de fer de la longueur du peſle, auec vne teſte qui ſort par le dehors du bort du pallaſtre, & arreſtée auec vn eſtoquiau par l'autre bout, au bas du pallaſtre. Et par le deſſus, il y à vn reſſort double qui prend tout le long du pallaſtre : ioygnant icelle, qui ſert pour abbatre la clinche dans le mantonnet quand l'on tire la porte. Il faut riuer à ceſte clinche vne piece de fer en forme de croiſſant, ou en demy rond, qui paſſe par ſoubs le peſle, & la gorge du reſſort, en ſorte que la grande clef venant à tourner vn demy tour, fait leuer la clinche. En outre il faut riuer vne autre piece, en forme de croiſſant ſur ladicte clinche, qui ſera ouuerte auec vne petite clef que l'on porte d'ordinaire, pour euiter l'incommodité de la grande clef. Les gardes de ceſte petite clef ſont riuées ſur la couuerture de la ſerrure qui luy ſert de pallaſtre, & par deſſus on y met vne petite couuerture, pour la petite clef que l'on entaille dans la porte, & par ce moyen elle n'a beſoin d'eſtre longue, d'autant quelle n'ouure que la clinche. Et par deſſus le pallaſtre, on met vne couliſſe du trauers, en forme de conſole, pour leuer ladicte clinche auec la main par le dedans, ou auec vne corde, ou ficelle de la chambre haute, ſi on veut : On les fait d'ordinaire benardes, c'eſt à dire qu'elles s'ouurent auec la clef des deux coſtez par dehors, & par dedans quand on veut. Il s'en fait d'autres façons, où l'on met à la clinche vne autre piece par deſſouz, & au lieu d'y en riuer par deſſus, on riue vn petit folliot coudé, en demy rond ſur la grande couuerture, comme à vn locquet à vielle. La petite clef en tournant ſon demy tour r'encontre le folliot, qui fait leuer & ouurir la clinche.

E 4

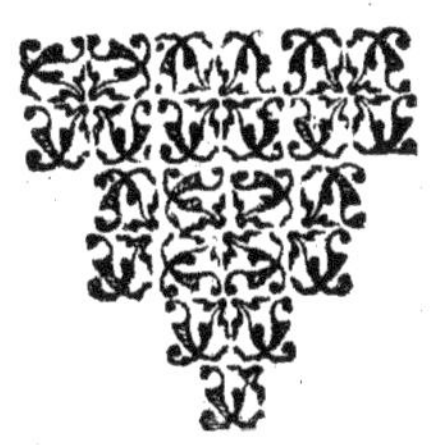

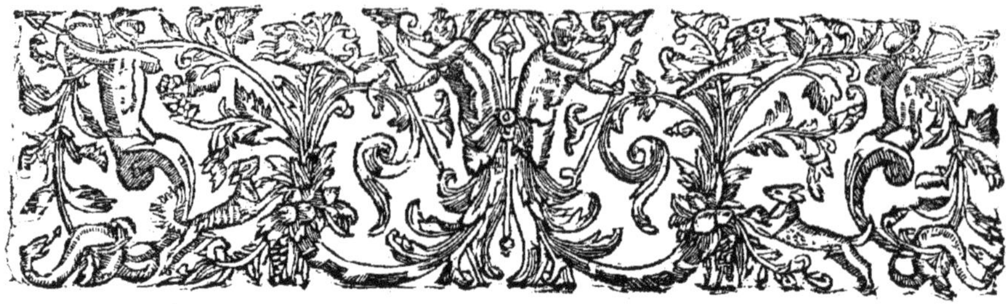

CHAPITRE XXXII.

Pour faire vn pesle dormant, ayant la clef creuse qui s'ouure des deux costez.

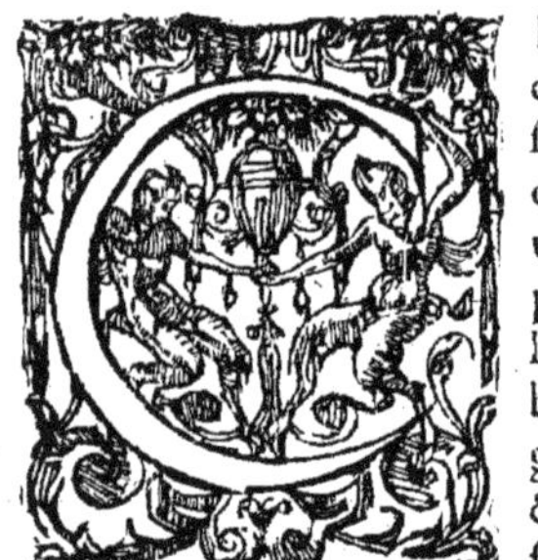

Este Serrure est composée d'vn pesle dormant, lequel doit auoir vne piece par dessouz, comme vn pesle d'vne serrure à tour & demy, pour s'enleuer d'vne hauteur, & demye du panneton de la clef, affin d'y raporter, ou enleuer vne piece par dessus, qui puisse porter des barbes, pour seruir à fermer, & ouurir par dedans : d'autant que l'on ne peut faire ceste sorte de serrure qu'il ny ayt double fond, dans lequel sera garny du costé du dedans, les gardes qui sont fendues dans le bout du dedans de la clef, & l'autre costé de la clef sera garny dans le pallastre de la serrure, auec vn canõ : au milieu duquel il y aura vne broche ronde, ou autre de la grosseur de la foreure de la clef ; espargnant audit canon, vn arrest qui sera de la hauteur du panneton de la clef, faisant en façon que ladicte clef y puisse aysément entrer des deux costez, & faites vne entrée au pallastre pour ouurir par dedans. Il faut à ceste serrure vn ressort double de fer, ou d'acier bien battu à l'eau : faut faire pareillement à tous les autres ressorts de fer que l'on met à toutes les serrures : faut qu'il y ayt deux gorges audit ressort, pour le faire décocher des crans du pesle, & quelle passe par dessus les barbes des pesles, pour ouurir par dedans, & par de hors. Apres que vous aurez garny la clef sur le pallastre, vous la garnirez tout de mesme sur la couuerture : ladicte clef s'arrestera sur le fond, ou elle rencontrera les barbes du pesle, & la gorge du ressort.

CHAPITRE XXXIII.

Serrure à tour & demy, pour vn Cabinet.

Este Serrure se nomme tour & demy, à cause qu'il faut que la clef face vn tour & demy pour l'ouurir. Il faut premieremẽt sçauoir s'il n'y à point de subiection au Cabinet : pour faire l'entrée de la clef, & sa longueur à cause des quadres, mouleures, colonnes, & autres ornemẽs que les menuisiers y mettent, selon leur industrie. En apres faut forger la clef qui sera proportionnée selon sa longueur, puis forger le pesle qui doit estre quarré,berlong par le bout de deuãt,& de pareille largeur tout au long, par le dessouz du bout de derriere, faut y enleuer vn pied qui sera de telle hauteur que l'on voudra, & faire la gachette, ou fueille de sauge que l'on met par le dessous, quelle fueille de sauge sera limée,& picquée en paremens,& aussi la gachette, laquelle on fait tenir quelques fois audit pesle qui encoche dans vn cran, ou arrest,qui est dans le pied du cramponnet,qui doit estre adiusté en queuë d'aronde dans la iumelle; Si cest vne fueille de sauge elle s'encoche contre vn estoquiau, ou arrest qui est espargné entre les barbes du pesle : Si on y met gachette cõmune elle s'arreste contre vn estoquiau,qui est riué cõtre la teste du pesle. Il faut laisser plus de course par le derniere du pesle,que par la teste de l'espaisseur de six lignes pour la largeur du cramponnet. Apres que le pesle,iumelle,gachette, ou fueille de sauge, ressorts, rateaux, broche,folliot, ou ressort d'acier, cloyson, estoquiaux, couuerture,vis,riuets, fer à roüet, & pallastre seront forgez, & recuits. Il faut premierement limer, & fendre ladite clef: puis mettre & limer le pallastre à l'esquiere en toutes-faces, & limer,& riuer les estoquiaux sur la cloyson. En apres vous la plyerez,& picquerez sur le pallastre: lors vous limerez le pelle, puis la iumelle, laquelle doit porter le ressort du demy tour, qui sera plié en demy rond par derriere, sur vn fer fait expres. Apres quelle sera biẽ battue auec de l'eau; Sçauoir est en trẽpant le marteau dans de l'eau claire, & frappant d'iceluy ainsi mouillé le fer sur l'enclume, ou taceau, qui soit bien droict estant ainsi battu, & ploye à la longueur du pesle, fors ce qui demeure pour l'espaisseur du bord du pallastre: vous limerez le foliot, qui sert pour repousser le demy tour du pelle, & limés les autres pieces l'vne apres l'autre. Ce qu'estant fait vous picquerez le pelle, & luy donnerez telle course que vous voudrez, c'est à dire le ferez sortir hors du bort de la serrure, de quelle longueur que bon vous semblera, apres qu'il est fermé auec le tour & demy: puis vous picquerez la iumelle en façon quelle face vne ligne pararelle au costé de la serrure, le plus droict que faire se pourra, qui se fera facilement auec vn compas, ou échantillon que vous prendrez auec le doigt: puis picquerez le cramponnet de la iumelle, qui y entrera à queuë d'aronde,& vne vis par le pied, pour le desmonter si on veut: lors vous donnerez la course que voudrez bailler au pelle, pour le tour de la clef qui doit estre de sept lignes, & la course du demy tour de cinq lignes, qui font ensemble vn poulce que l'on donne pour l'ordinaire de course aux pelles, des serrures à tour & demy, pour seruir aux petis cabinets de chambre: On leur en peut donner plus ou moins, selon le lieu, ou ils se doiuent apliquer, & l'industrie de ceux qui les font. Apres que vous aurez baillé la course au pelle, vous marquerez l'arrest qui est entre les 2. barbes du pelle, ou au bout pour y picquer iustement la gachette, ou fueille de Sauge; adiustée en parement au pelle, & le fermer, puis vous marquerez sur le pallastre, auec la pointe à tracer, le lieu ou va la barbe de l'ouuerture du pelle: En apres ouurez-là,& marquez sur le mesme pallastre. La barbe de la fermeture, marquant pareillement sa longueur, qui monstrera iustement la moytie du tour: puis vous poserez iustement la clef entre vos marques, & picquerez la broche à la longueur du tour de la clef. On peut pratiquer ceste façon à toutes sortes de serrures, on peut picquer la broche autremẽt, fermant le tour à demy,& posant la clef droicte entre les deux barbes du pelle, picquerez ladicte broche à angle droict entre les barbes du pelle, à longueur de la clef. La broche estant picquée, vous picquerez les rouets, les rateaux, l'estoquiau du folliot, dans lequel on met quelques-fois vn ressort à boudin, pour estre plus souple, & beaucoup meilleur, plus gentil, & subtil,par ce qu'il est tout caché dans le folliot, en façon qu'on ne le peut voir sans le demonster, qui fait qu'on ne peut recognoistre facillement ce qui donne le mouuement, au demy tour du pelle, & au folliot, & aussi que l'on luy donne telle force, & soupleſſe que l'on veut, & n'eſt point ſubiect à ſe fauſſer, ny caſſer. On les peut faire de ceſte façon aux grandes, & petites ſerrures à tour & demy, & à reſſort, pour eſtre preſque auſſi toſt faicts; que les communs qui ſe font auec la iumelle, pour eſtre moins ſubiects à ſe caſſer, on les fait pour l'ordinaire d'acier battu terue, & trempé comme ie diray, cy apres au Chapitre des trempes.

POVR FAIRE RESSORTS A BOVDIN.

PRenez vn morceau de bon acier, dequoy on fait les reſſorts, que vous battrez fort terue, egallement, comme de l'eſpaiſſeur de deux fueilles de papier, de longueur de trois, ou quatre poulces, & de 4. ou 5. lignes de hauteur, dreſſé egallement, que vous percerez par vn bout: puis vous le riuerez ſi vous voulez ſur vn eſtoquiau rond, qui ſera d'vne ligne & demye de Diameſtre, ou ſera eſpargné vn petit crochet, où riuer voſtre reſſort: puis vous le tournerez 4. 5. ou 6. tours au tour de voſtre eſtoquiau, & verrez de quel coſté il le faut tourner. Si la ſerrure eſt à droict faut tourner le reſſort à la meſme main, ou à gauche ſi la ſerrure y eſt, eſtant tourné en rond vous laiſſerez vn petit bout de trois lignes de long, qui ſera retourné de l'autre coſté en eſquierre: En apres vous adiuſterez voſtre reſſort, eſtant ainſi ployé dans le folliot, qui ſera forgé, & tourné ſur vne broche de la groſſeur, que ſera voſtre reſſort eſtant ployé, qui ſera de quelque trois lignes & demy de groſſeur, plus ou moins, ſelon la grandeur & groſſeur du peſle, & reſſort de la ſerrure. Si c'eſt d'vn grand tour & demy, ou des ſerrures que ie montreray cy apres, il faudroit y faire des reſſorts beaucoup plus longs, & plu forts, & par conſequant qui occuperont d'auantage de place. Apres que le reſſort ſera adiuſté dans le folliot, faut l'ouurir vn peu & déployer, pour luy donner de la bande: puis le tremperez & recuirez, comme ie diray au chapitre des reſſorts, eſtant trempé, & recuit, faut riuer ſon eſtoquiau, & le faire bander, & tourner vn, ou deux tours ſur l'eſtoquiau: puis vous mettrez le falliot deſſus, tellement que le bout du reſſort, qui eſt recourbé en eſquiere entrera au long du folliot qui le reſpouſſera touſiours contre le pied du peſle, luy donnant telle bande que l'on voudra. Les eſtoquiaux deſdits reſſorts ſeront auec vne vis par le haut, qui paſſera au deſſus du folliot, pour y mettre vn petit vaze, ou autre piece bien limée, creuſe, & taraudée, pour empeſcher le folliot de ſe hauſſer, & ſortir de deſſus l'eſtoquiau, & pour couurir & empeſcher qu'on ne puiſſe voir le mouuement du reſſort, & du folliot, qui doit toucher de l'autre bout contre le pied du peſle, & retenu auec vn eſtoqniau, qui ſera limé en façon d'vne petite fueille, ou conſolle, pour empeſcher que le folliot ne ſuyue le peſle: lors que la clef fait fermer ſon tour.

Aprez vous picquerez les rouets, & rateaux, ployer, & faire la couuerture, & la picquer: puis faire les trous pour attacher la ſerrure, contre-percer tous les trous des rouets, reſſorts, eſtoquiaux, & autres pieces, ſi elles ſe doiuent riuer. Apres vous limerez, & dreſſerez le pallaſtre par le dedans, & le pollirez, ou noircirez comme i'ay enſeigné: puis vous riuerez la iumelle, & arreſterez la broche auec les vis, ou riuets, & limerez les barbes du pesle, en façon que la clef le mene iustement dans l'arrest de la gachette, tant à la fermeture, qu'à l'ouuerture, en sorte qu'on ne le puisse empescher d'encocher d'vn costé, ny d'autre : Par apres vous riuerez, ou arresterez les rouets, & rateaux, les mettre iustes en parement : puis vous arresterez la couuerture, & autres pieces, & verrez si la clef tourne facilement dans la serrure. En apres faut riuer la cloison, limer, & polir la serrure, l'huiler, & mettre en lieu sec, & acheuer la clef, de laquelle ie ne puis dire les proportions d'autant qu'il les faut faire selon l'espaisseur du bois, & grandeur des serrures, & desir de ceux qui les font faire.

Celles que l'on fait pour des cabinets de chambre, ou il n'y à point de subiection, sont de quatre poulces & demy de long pour le plus, depuis le haut de l'aneau iusques à l'autre bout de la tige, laquelle tige à deux poulces, quatre lignes de longueur, à prendre depuis le fillet quarré du bas de la mouleure, ou embasse, iusques à l'autre bout, & trois lignes de Diametre de grosseur. Le panneton à huict lignes & demye, ou neuf lignes au plus de hauteur, & demie ligne moins de longueur, à prendre depuis la tige iusques au muzeau qui est le bout de deuant le panneton, ou sont fendus les rateaux, & autres gardes qui se feront comme i'ay dit. Si vous faictes vos clefs de ceste proportion, vous pourrez faire le pallastre de la serrure de deux poulces, trois lignes de largeur, de quatre poulces de longueur, & d'vne ligne despaisseur. Le pesle aura trois poulces huict lignes de longueur, cinq lignes de large, tout au long, six ou sept lignes d'espaisseur par la teste, & tout le long depuis la teste iusques à l'autre bout sera de deux lignes despaisseur & aussi large comme par la teste, & sera limé sur toutes faces le plus droict, en esquierre que l'on pourra. Pour toutes les autres pieces, elles se feront à proportion de la clef & serrure.

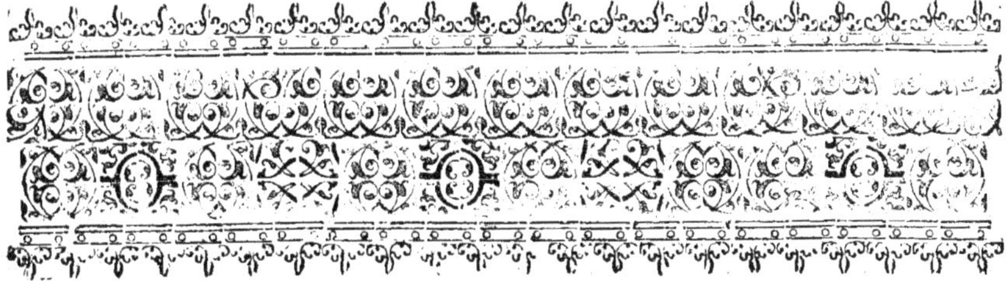

CHAPITRE XXXIV.

Serrure à tour & demy pour les portes.

SI l'on faict des serrures à tour & demy pour les portes, elles se doiuent faire comme les precedentes, fors qu'il les faut faire plus grandes, en façon que l'entrée de la clef soit esloygnée de quatre, ou cinq poulces, loing du bort de la serrure, tellement que la clef & autres pieces doiuent estre grandes, & fortes à proportion, faut faire la clef de quatre poulces & demy, ou cinq poulces de long, & la tige deux poulces de long, entre le panneton, & le fillet quarré de la moulleure, & trois lignes & demye de Diametre. Le panneton vn poulce en quarré, & deux lignes despaisseur, en fin il faut faire & proportionner toutes les serrures, & pieces qu'il leur faut, selon le lieu ou elles doiuent seruir, & grandeur qu'on les fait, autrement elles seront difformes, & de peu de seruice. Il s'en fait de plusieurs, & diuerses façons, selon l'industrie & capacité de ceux qui les font, ou font faire, & les lieux où il faut les appliquer, la plus part se font benardes, pour ouurir le tour des deux costez auec la clef, & le demy tour, auec vn bouton par dedans, & quelques-fois auec vne queuë par le dehors, quelques vns leur font la reste par dessouz le pesle, auec vne fueille de sauge, autres les font par dessus auec des gachettes, ou la iumelle porte son ressort qui repousse le folliot par derriere, qui est le plus asseuré pour les grandes serrures, apres le ressort à boudin. Autres y mettent vn ressort double de bon acier trempé, pour fermer le demy tour: Autres y mettent des couuertures auec des pieds coudez de la hauteur du panneton de la clef retenus auec des vis, ou riuets: Autres y mettent des estoquiaux pour soustenir la couuerture & la planche quand il y en faut mettre, & par le haut desdits estoquiaux, on fait des vis, pour mettre deux escroües pour serrer ladicte couuerture: sur laquelle se met vn canon qui trauerse la porte pour conduire la clef droict dans l'entrée de la serrure, lequel canon est picqué & riué sur la couuerture, auec deux ou trois pieds, ou bien le faut faire, & forger fonsé, & renuersé tout à l'entour en rond, aussi grand que le Diametre de la couuerture que l'on fait tenir dessus auec vn riuet.

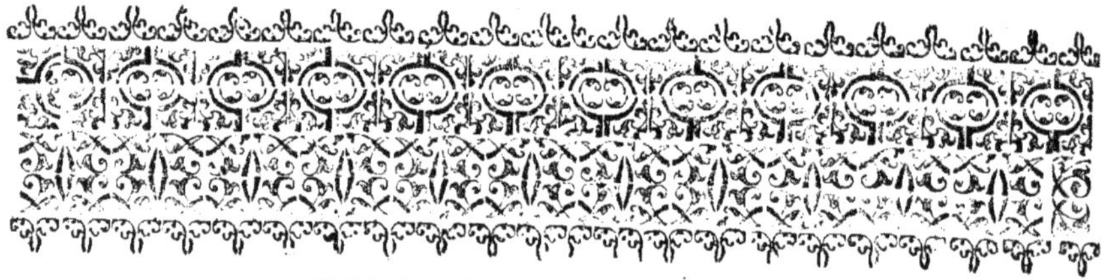

CHAPITRE XXXV.

Serrure à deux pesles respondant aux figures 25. 26. & 27.

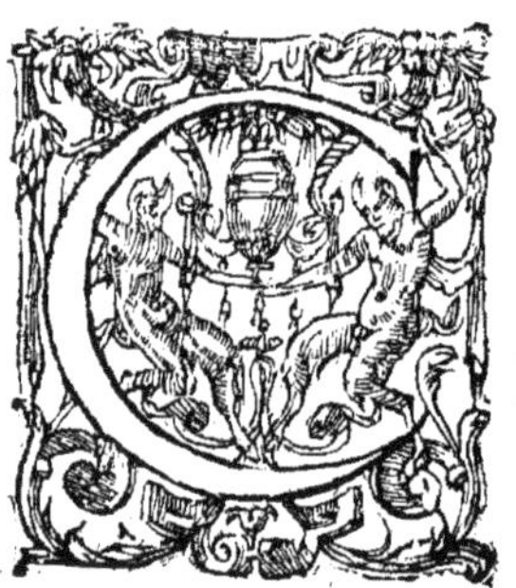

Este Serrure est composée de deux pesles marquez A. B le pesle A fait vn tour & demy, pour ouurir & fermer, qui doit estre fait comme celuy d'vne serrure commune d'vn tour & demy, & l'autre pesle B. est par le dessouz, & coudé par le haut auec vne console C. en façon d'vne teste d'aigle auec les fueilles, pour l'ornement, que l'on pourra faire d'autre façon si on veut, laquelle console sera enleuée auec le pesle B. tout d'vne piece, lesquels pesles seront adiustez tout le long, au droict l'vn de l'autre, auec leurs barbes, fors que le pesle B. qui est adiusté souz l'autre, doit auoir la barbe de l'ouuerture plus longue de la moytie, ou enuiron que celuy de dessus, en façon que la clef en tournant le face ouurir tout ce qu'il aura de course ou fermeture, & que celuy de dessus A. ne s'ouure qu'a moytié pour le demy tour. Il faut que celuy de dessus soit plus large de la moytié que celuy de dessouz, affin de loger entre-deux la fueille de sauge marquée D. auec son ressort marqué E. à laquelle fueille de sauge y aura vne petite coulisse F. pour l'estoquiau qui sert d'arrest pour le tour d'iceluy pesle & pour l'autre pesle B. faut y laisser de l'espace pour la coulisse, & bouton qui doit estre par l'autre costé, pour ouurir par dedans si on veut: Car il faut qu'icelle fueille de sauge D. serue d'arrest pour les deux pesles A. B. Il y faut aussi vne iumelle marquée G. qui sert à conduire le pesle

A. auec

A. auec le crampon de dessus marqué H. vn ressort double d'acier trampé marqué I. Les estoquiaux qui portent la couuerture sont marquez L. Les rateaux marquez M. Outre il y faut plusieurs autres pieces, comme au tour & demy commun, ceste serrure se ferme auec le demy tour en tirant la porte, en apres on fait vn tour de clef, qui ferme les deux pesles qui sont retenus auec la fucille de sauge, & pour l'ouurir faut tourner la clef, vn tour & demy d'vn mesme costé. La clef monstre vne broche en estoille, qui se fera comme i'ay enseigné.

***

VINGT-CINQVIESME FIGVRE,

Serrure à deux pestes.

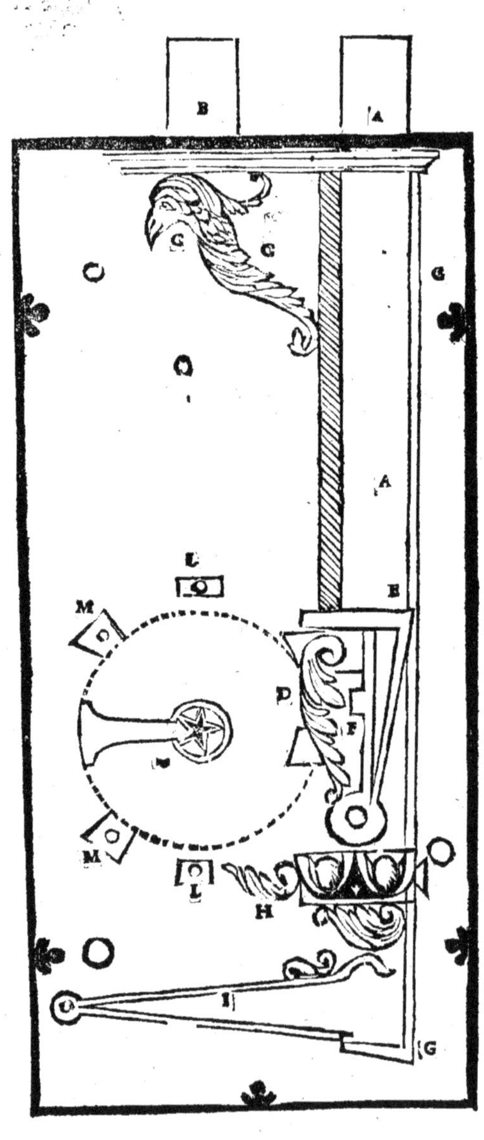

VINGT-SIZIESME FIGVRE.

Coronnement.

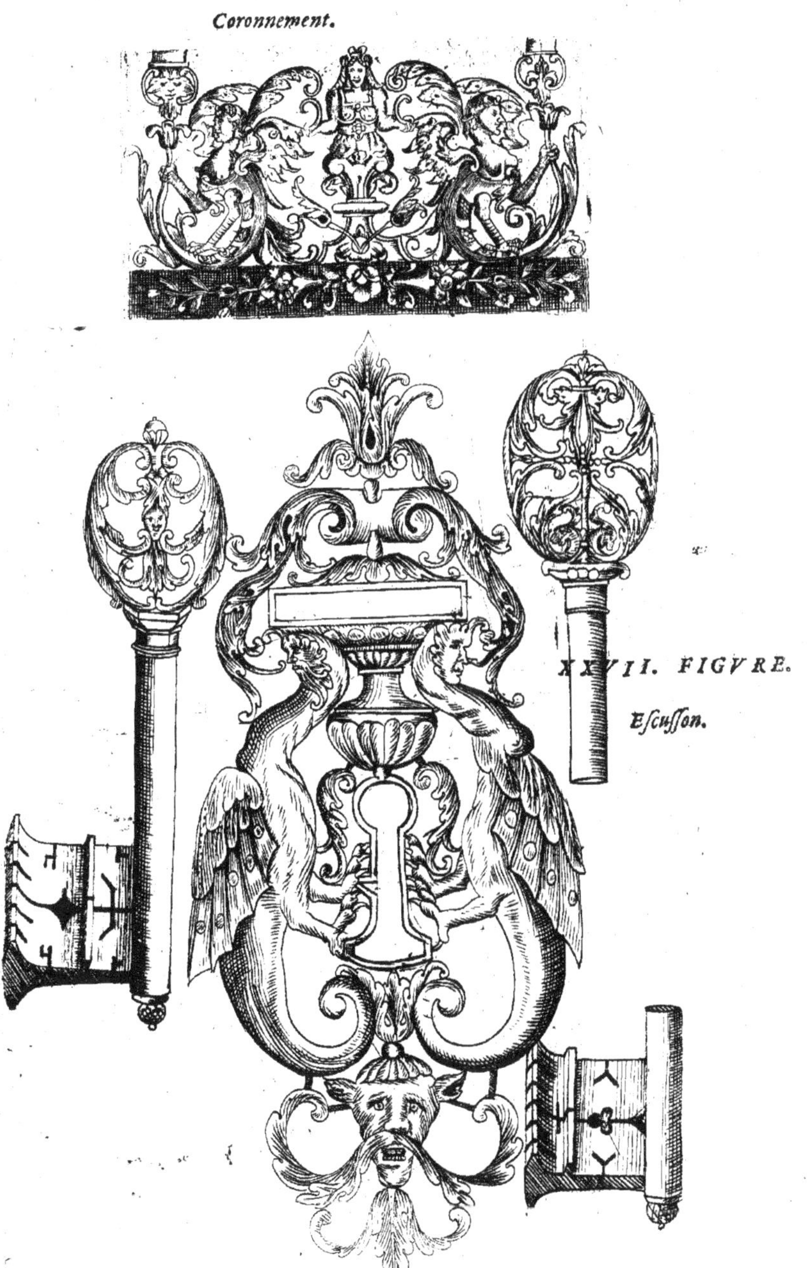

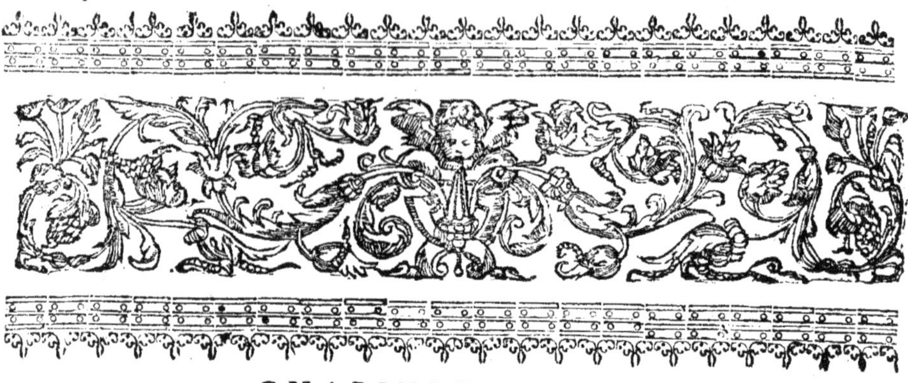

CHAPITRE XXXVI.

Serrure à trois pesles respondant aux figures 28. 29. & 30.

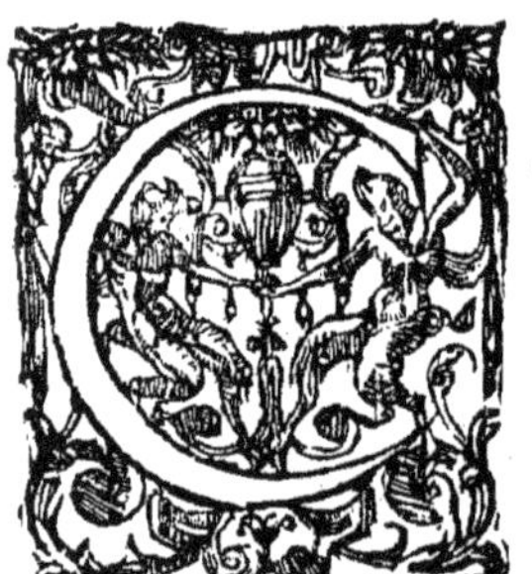

ESTE Serrure est composée de deux pelles marquez A.B. qui doiuent estre faicts, & adiustez tout de mesme que les precedents, auec vne fueille de sauge marquée C. & autres pieces semblables. En outre il y vn à autre pelle par soubz l'entrée de la clef marqué D. lequel doit estre de la longueur, & l'argeur de celuy de dessus, qui est à tour & demy, ce pelle D. sera conduit, & fermé dans son arrest, & gachette qui est au haut marquée E. par le moyen d'vne piece de fer marqué F. que la clef fait mouuoir en façon qu'icelle piece F. pousse vn estoquiau marque G. qui est riué soubz le pelle D. cedit pelle est retiré, & ouuert auec vn ressort marqué H. qui est arresté d'vn coste auec le cramponnet de la iumelle. L'autre costé de se ressort est bandé contre le pied du pelle D. lors que la clef vient à rencontrer la queuë de la gachette E. la fait ouurir, & decocher de l'estoquiau, ou arrest qui est par dessouz, comme celuy d'vn pelle d'vne serrure à tour & demy. A ces pelles on met des iumelles marqués L. M. & deux cramponnets marquez I. N. auec petites fueilles pour l'ornement, & outre ce il faut deux rateaux du costé de la clef, & deux estoquiaux marquez P. pour soustenir la couuerture auec des vis par le bout, & des escroües par dessus. Auec rouets, & autres pieces, comme aux serrures communes, ceste serrure se ferme en tirant la porte auec le demy tour du pelle A. En apres faut tourner la clef vn tour pour fermer les deux pelles A.B. auec leur tour, & faire encores vn demy tour de clef du mesme costé pour refermer le pelle D. à cause que la clef le fait ouurir en faisant son tour entier fermant les autres pelles venant à rencontrer la queuë de la gachette E. & pour ouurir tous les pelles, faut tourner la clef vn tour qui ouurira le pelle B. & le tour du grand pelle A. En apres il faut tourner encores la clef vn demy tour du mesme costé qui ouurira le pelle D. & le demy tour du grand pelle A.

VINGT-HVICTIESME FIGVRE.

Serrure à trois pesles.

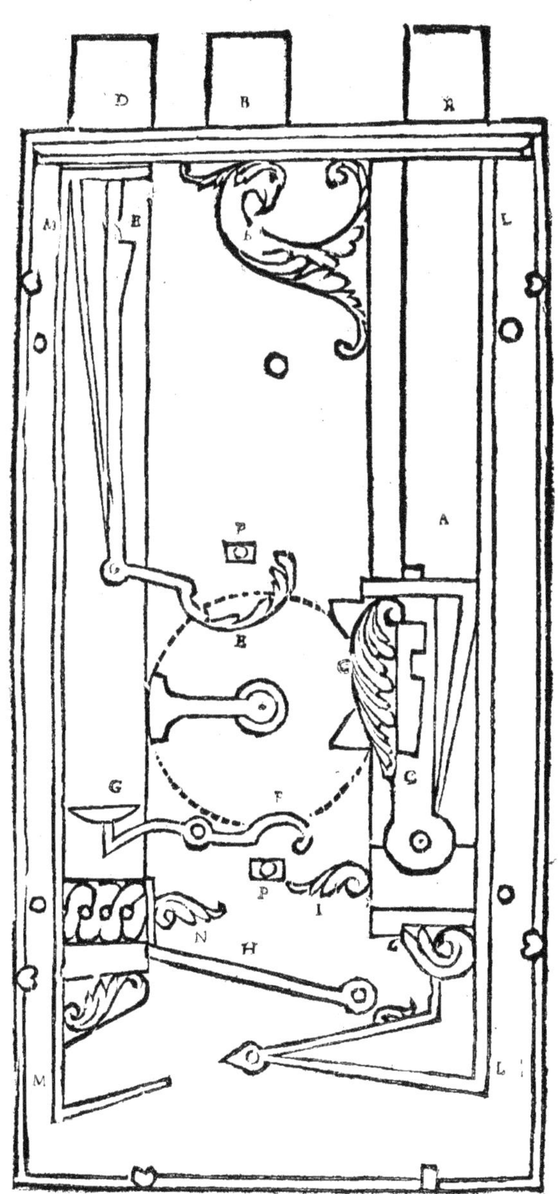

XXXII. FIGVRE.

Coronnement.

XXXIII. FIGVRE.

Escusson.

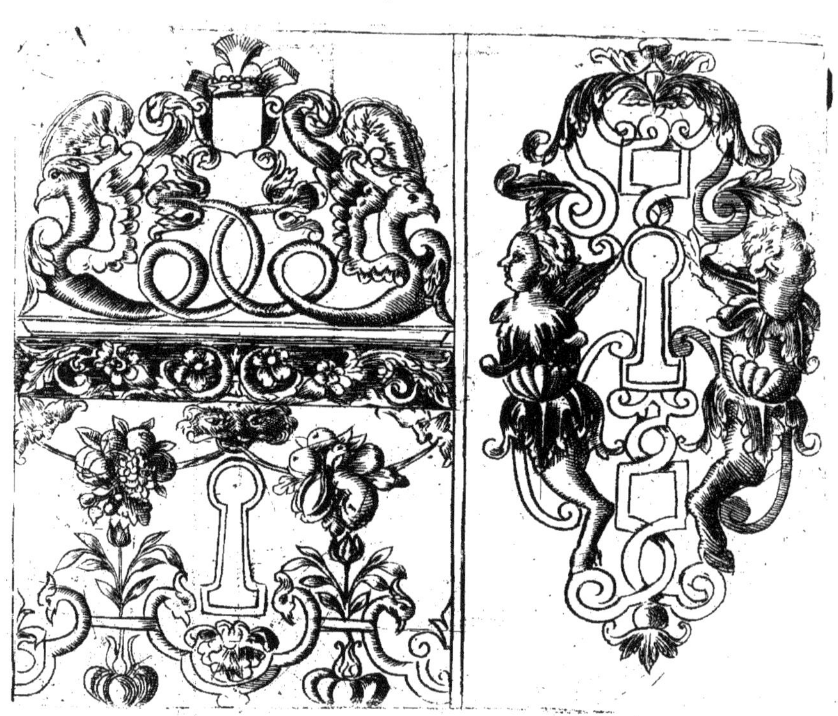

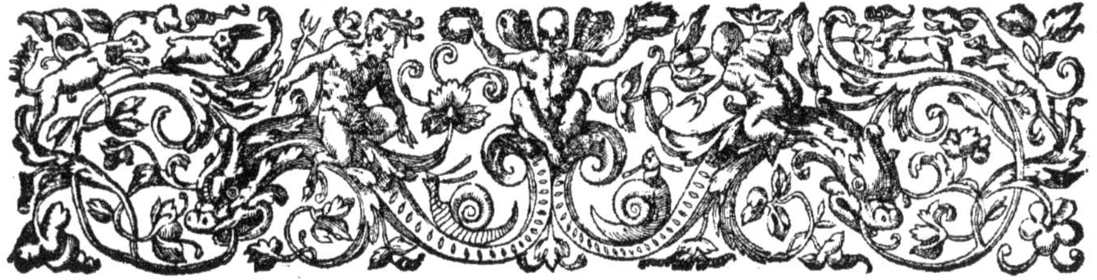

CHAPITRE XXXVII.

Serrure à quatre pesles, respondant aux figures 31. 32. & 33.

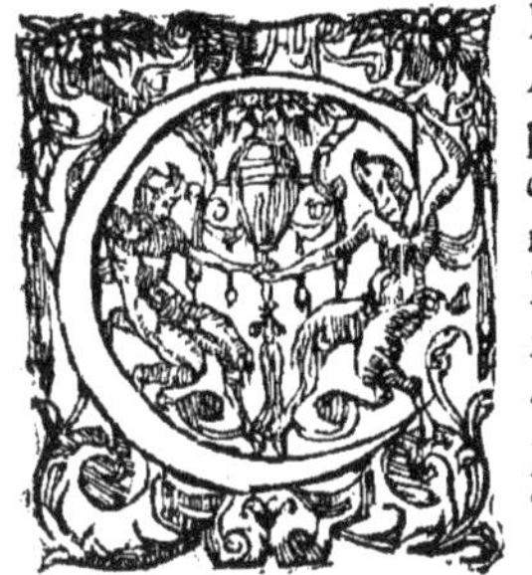

CESTE Serrure est composée de quatre pesles marquez A. B. C. D. Les deux premiers A. B. seront faits auec pareilles pieces comme les precedens. Aux deux costez de la clef, deux pesles coudez, auec deux cramailleres marquées E. F. qui seront tenuës fermes auec des fueilles de sauge, & ressorts marquez G. Le pelle E. fait tourner son pignon marqué H. qui entre dans les crans de la cramaillere du pelle C. qui le fait ouurir & fermer à proportion qu'il chemine. Le pelle F. fait pareillement tourner auec la cramaillere le pignon marqué I. lequel en tournant, fait ouurir & fermer le pelle D. Le ressort à boudin marqué L. fait fermer le demy tour du pelle A. qui le ferme en tirant la porte. En apres, on tourne la clef vn ou deux tours entiers, qui ferment tous les pelles qui serōt tous fermez, & tenus en raison auec leurs fueilles de sauge. Et pour ouurir ladite serrure, faut tourner vn, ou deux tours auec la clef, qui ouurira tous les pelles, fors le demy tour du pelle A. qui sera ouuert auec vne S. qui rencontrera la barbe dudit pelle, apres que la clef, en faisant son tour, l'aura décoché du cran de la fueille de sauge.

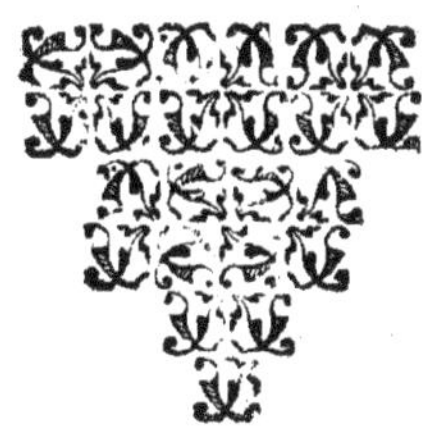

TRENTE-VNIESME FIGVRE.

Serrure à quatre pestes.

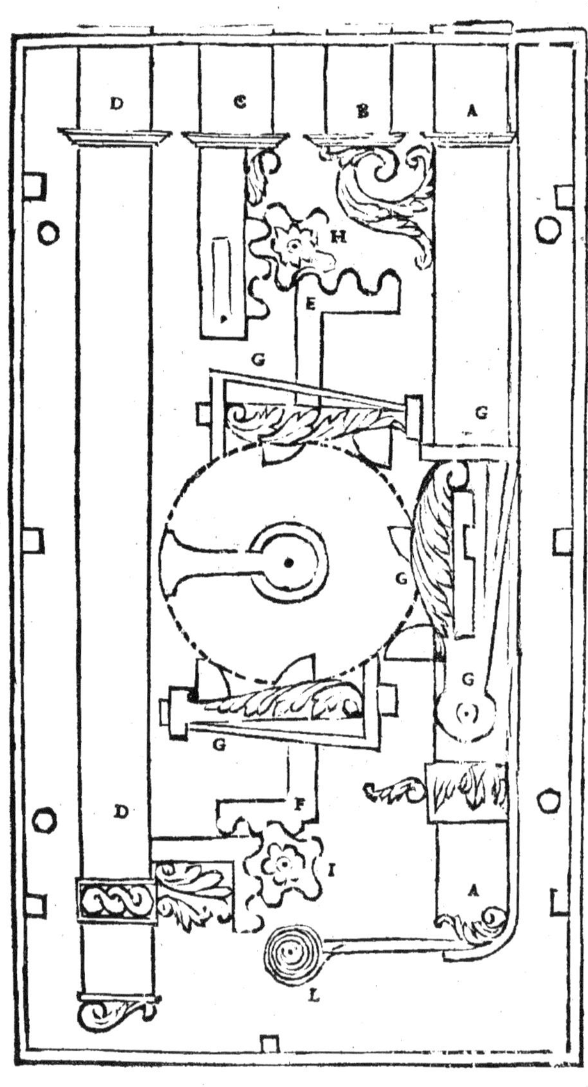

XXXII. FIGVRE. *XXXIII. FIGVRE.*

Coronnement. *Escusson.*

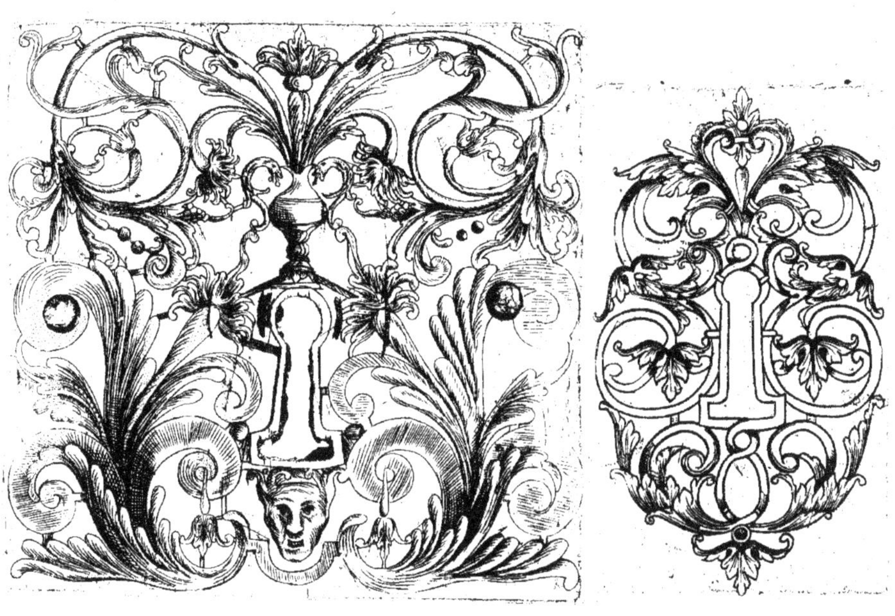

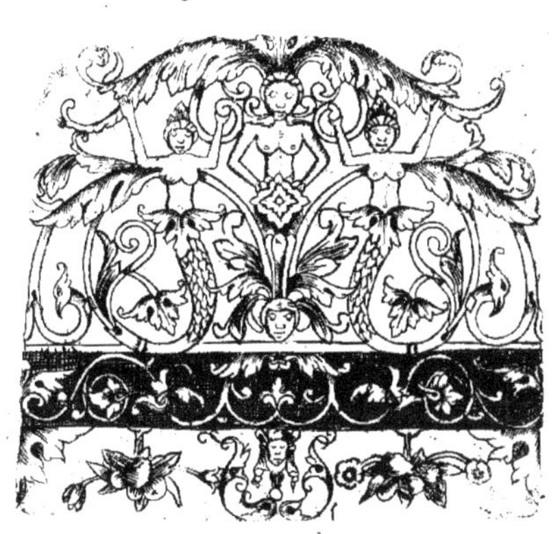

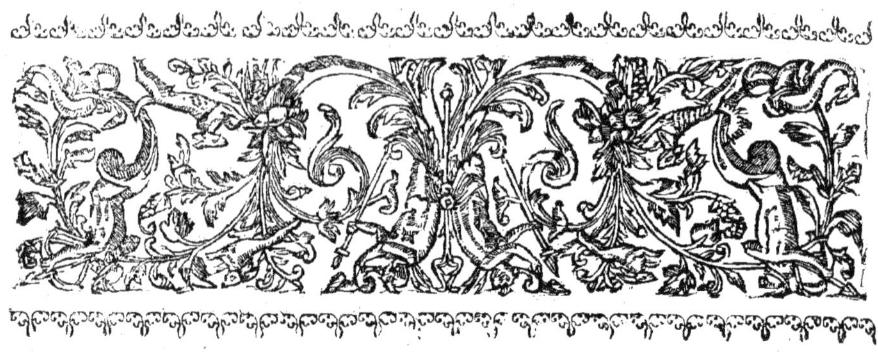

CHAPITRE XXXVIII.

Serrure à cinq pesles respondant aux figures. 34. 35. & 36.

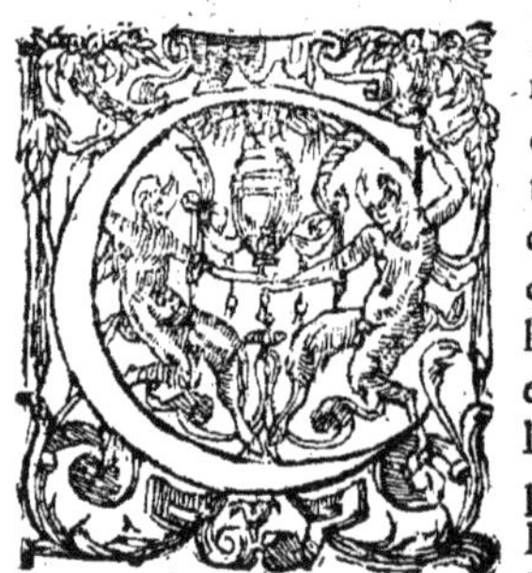

Este Serrure est composée de cinq principaux pesles marquez A. B. C. D. E. les pesles A. B. E. seront faits, & adiustez de pareilles pieces, & ressorts que la serrure trois pesles. Le pesle C. sera ouuert, & fermé auec vne cramaillere qui entrera dans son pignon. F. qui entrera dans vne autre cramaillere d'vn pesle coudé marqué G. ledit pesle C. sera conduit, & tenu en raison auec vn estoquiau qui entrera dans vne coulisse M. qui est dans ledit pesle A. A l'autre costé de la clef, il y à vn autre pesle coudé qui porte aussi la cramaillere. H. ou entrera le pignon I. qui fera ouurir & fermer, auec sa cramaillere. Le pesle D. les pesles A. G. H. seront tenus fermes auec leurs fueilles de sauge marquez L. Ceste Serrure ouure, & ferme comme la precedente. La clef monstre vne Roze dans la foreure, & broche qui se fera comme i'ay enseigné.

TRENTE-QVATRIESME FIGVRE.

Serrure à cinq pesles.

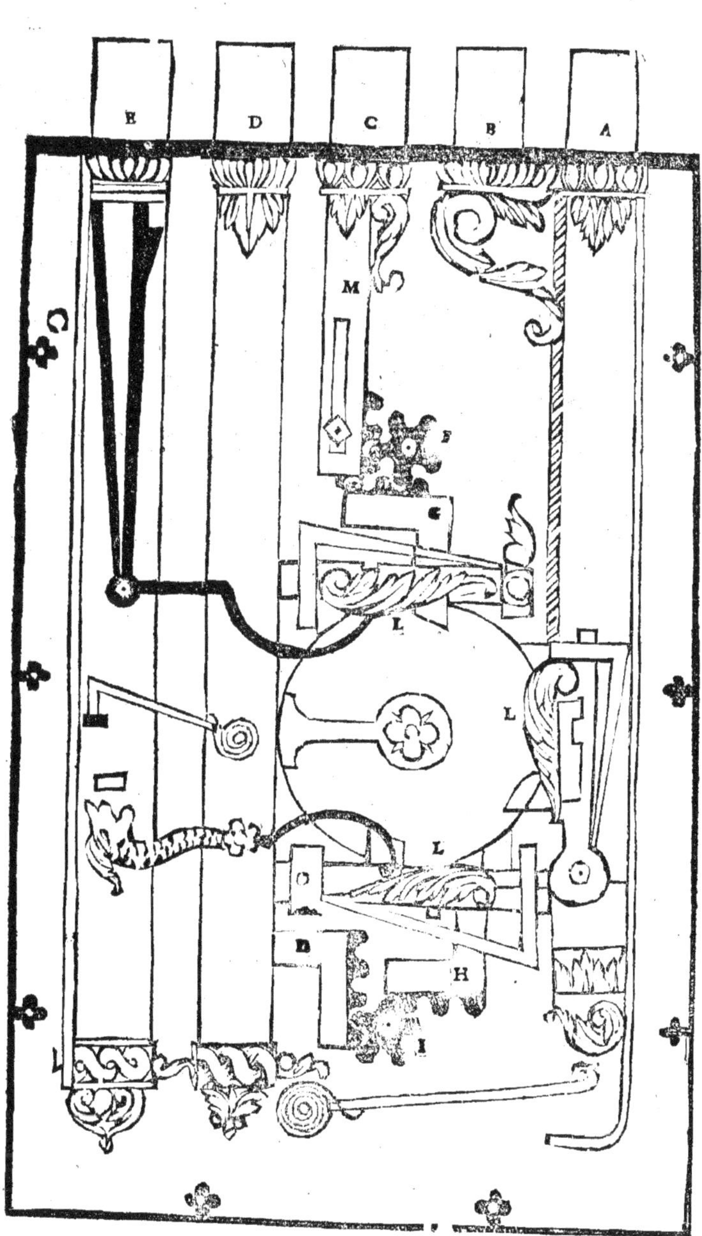

XXXV FIGVRE.

Coronnement.

XXXVI. FIGVRE.

Escusson.

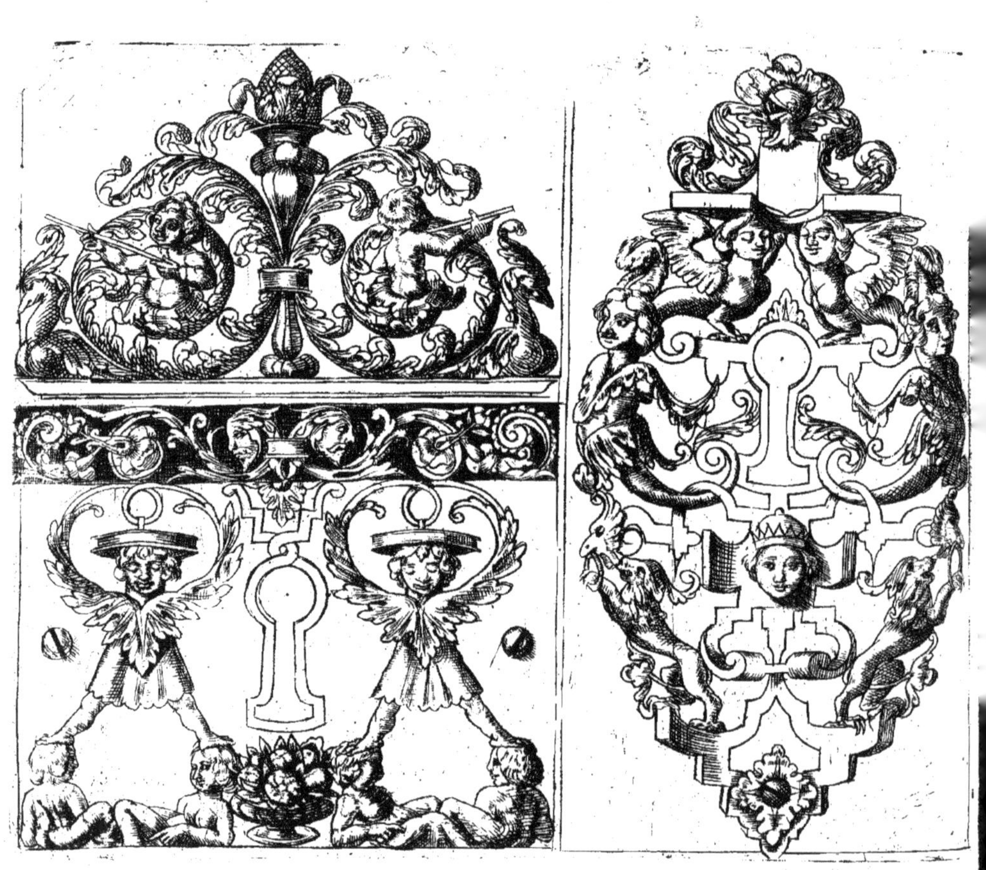

CHAPITRE

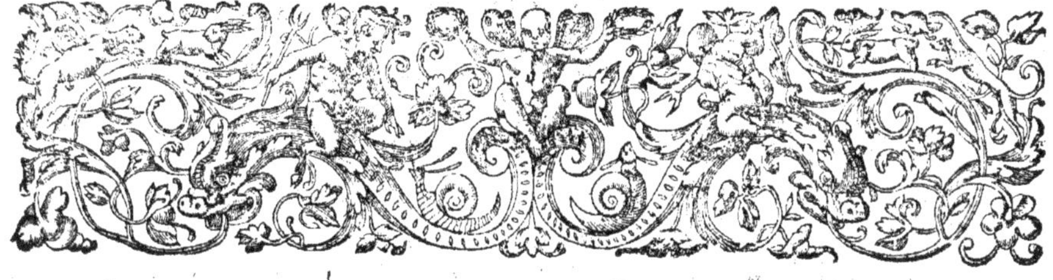

CHAPITRE XXXIX.

Serrure à sept pesles respondant aux figures 37. 38. & 39.

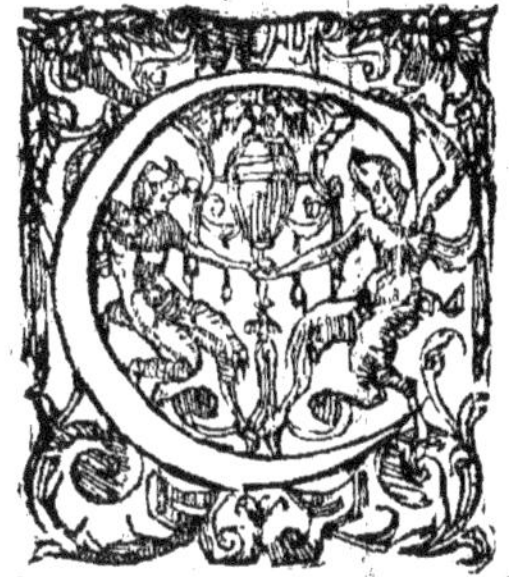

Este Serrure est difficille à faire, on la fait quelquesfois pour chef d'œuure, és plus fameuses Villes de ce Royaume, elle est composée de sept principaux pesles marquez A. B. C. D. E. F. G. Le premier & second A B se font comme d'vne serrure à deux pesles, fors que la teste du pesle B. est renuersée du costé de dehors de la serrure, ce pesle sera adiusté par soubz le pesle A. droict en parement tout au long, en façon que les barbes, des deux pesles A. B. se rencontrent à droict l'vne de l'autre, & entre les pelles sera adiusté vne fueille de sauge, ou gachette I. auec vn petit ressort qui la repoussera contre l'arrest, ou estoquiau qui sera espargné dans le pelle: par le costé, on laissera vne coulisse pour le ieu, ou ouuerture du demy tour du pelle A. Le pelle C. sera fermé auec vne S. ou bascule marqué L. La clef venant à tourner, rencontrera ladicte bascule qui pousse, & mene le pelle dans vne gachette M. où il est retenu fermé auec le ressort marqué N. & par dessouz le pelle D. y à vn ressort à boudin marqué P qui retire le pelle G. & fait ouurir promptement : lors que la clef en tournant fait rencontre de la queuë de ladicte gachette M l'ouure, & fait oster de son arrest. A costé de la clef, il y à vn pesle coudé auec vne cramaillere, marquée Q. laquelle fait tourner le pignon R. qui rencontre la cramaillere du pesle D. & le fait ouurir, & fermer. Par le haut dudit pelle D. y aura vne autre cramaillere qui fera tourner son pignon T. lequel sera adiusté contre le pignon V. qui rencontrera la cramaillere X. du pelle E. & le fera ouurir, & fermer, de l'autre costé de la clef y aura vn autre pelle coudé marqué 2. auec vne cramaillere qui sera adiustée contre le pignon 3 lequel pignon entrera dans vne cramaillere 4. laquelle sera faicte dans le costé du pelle F qui le fera ouurir, & fermer. Outre ledit pignon 3 fera tourner vn autre pignon 5 qui est à costé, lequel entrera dans les crans de la cramaillere 6. du pelle G. & fera ouurir, & fermer lesdits pelles F. G. qui seront conduits, & arrestez par le bas en lieu de cramponnets, auec des estoquiaux plats, auec des vis, & escroües par dessus, en façon de petites rozettes marquées 7. & le pelle E. retenuë pareillement. La clef monstre vne doubleforeure, ou broche en forme d'vne Croix du S. Esprit, ou estoille, ceste serrure se fera auec toutes ses pieces comme i'ay enseigné cy deuant, & comme la figure, le demonstre assez amplement sans vn plus long discours qui aporteroit plustost de l'obscurité à la chose, que de lumiere : l'artiste ouurier, y pourra facillement adiouster, changer, ou diminuer plusieurs pieces comme il pourra aussi faire aux autres precedentes.

TRENTE-SISIESME FIGVRE.

Serrure à sept pesles.

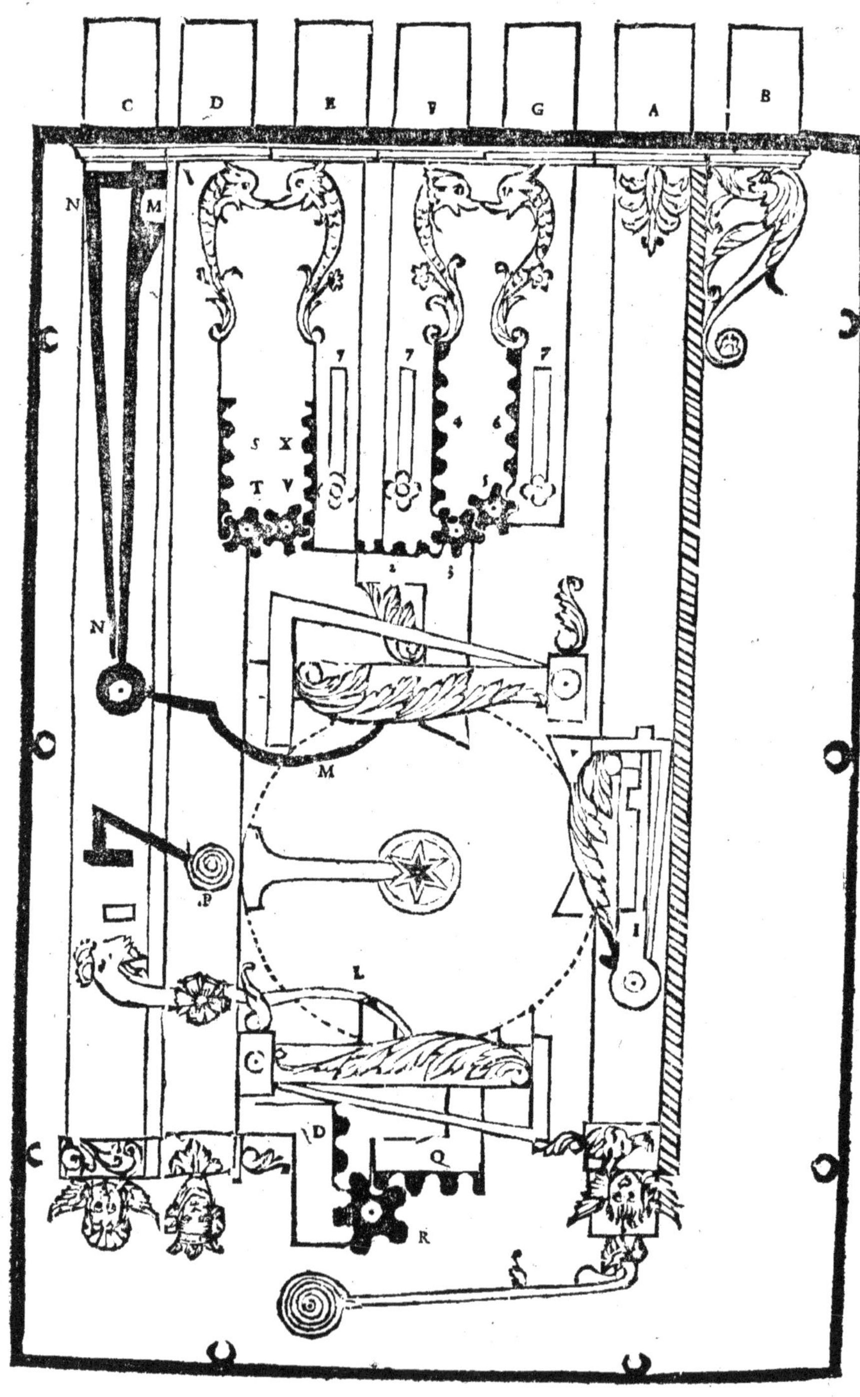

TRENTE-HVICTIESME FIGVRE.

Coronnement.

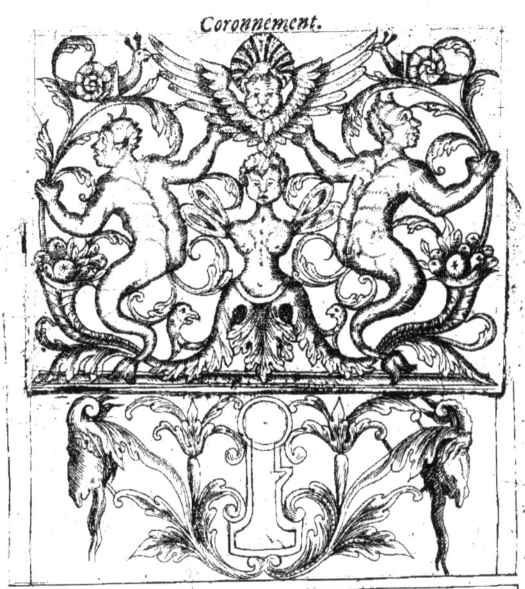

XXXIX. FIGVRE.

Escusson.

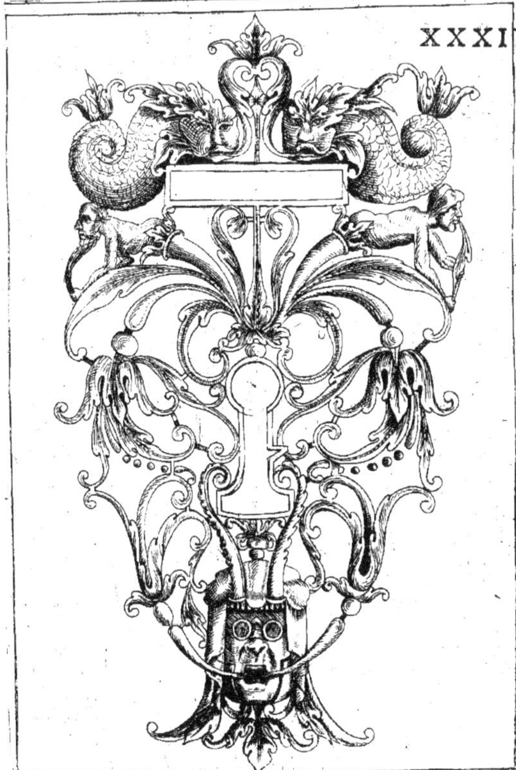

CHAPITRE XL.

Pour faire Serrure apellée passe-partout.

CESTE Serrure se nomme de ceste façon, par ce qu'il y à ordinairement deux clefs, & deux entrées, non pas qu'il faille croyre que la clef ouure toutes portes, ou vaisseaux, ou que toutes clefs les puisest ouurir: mais seulement les serrures, & clefs qui auront esté faictes expres, elles doiuent estre à tour & demy, ou deux tours: cela despend de l'ouurier, ou de celuy qui la fait faire, par ce quelle se peut faire facillement en plusieurs, & diuerses façons la plus aysée, & commode est le tour & demy.
Pour la faire il est necessaire que la clef soit grãde, & benarde pour y pouuoir mettre plusieurs sortes de gardes pour ouurir plus grand nombre de portes qui s'ouurẽt par dehors, & par dedans, ce qui se peut aisement faire, pourueu qu'il y ayt 2. clefs, & 2. entrées, encores s'en peut il faire qui n'auront qu'vne seule entrée, qui pourrõt ouurir iusques à 20 serrures, ou plus, toutes lesquelles serrures aurõt diuerses clefs, sans qu'elles se puisse ouurir, l'vne l'autre. Si cest vn tour & demy, le pesle se doit forger comme à vne serrure cõmune d'vn tour & demy, fors qu'il y faut espargner 3. barbes 2. d'icelles seruiront pour fermer, & ouurir le tour & demy, auec la grand clef qui est le passe-partout. Et l'autre 3. barbe seruira à ouurir le demy tour seullement Le tallon qui est au derriere du pesle qui fait arrest contre le crãponnet, peut seruir de barbe pour le demy tour si on veut, par ce moyen le pesle sera cõme d'vn tour & demy, fors qu'il faudra tenir ledit tallõ vn peu plus long. Apres que le passe-partout aura tourné, & fermé le tour entier du pelle, la petite clef tournera aysemẽt sans rencontrer la barbe, en façon quelle ne pourra rien ouurir. Si cest vn pelle dormant, on le pourra faire auec vn ressort double par le derriere, ou bien auec vne gachette par le dessouz comme à vn tour & demy, faut qu'il y ayt 4. barbes au pelle, & soit fait à 2. tours, 3. de ces barbes seruiront pour le passe-partout qui sera à 2. tours, & les 2. barbes de derriere seruiront à la petite clef qui ne pourra tourner qu vn tour, par le moyen de la barbe de derriere qui sera tenue longue, en façon que la clef ne pourra passer oultre, pour decocher la gachette, ou ressort, pour tout le reste de la serrure, elle se fera comme vn tour & demy, ou comme vn pesle dormant à deux tours, ainsi que i'ay enseigné assez amplement.

A Toutes lesquelles serrures, & cadenats, tant de coffres, portes, & cabinets, on peut mettre des subiections, ou secrets, en façon qu'il n'y aura que ceux qui les sçauront, qui puissent ouurir les serrures. On en peut faire de plusieurs, & diuerses façons, selon l'industrie des maistres, & compaignons, comme barbes perdues, qui s'ouurẽt en poussant, ou tirans les clefs, canõs, ou broches, ou qui ne se poussent, n'y retirent, que l'on met dans les pesles gachettes, pallastres, ou couuertures, ou, bien y mettre des bascules, en lieu de gachettes, ou rateaux qui se tournent chassepesles, ressorts S. S. estoquiaux, cloyson, balustres, consolles, moulleures, boutons, chainettes, caché, entrées, pelles, coudez, crampons, vases, glans, oliues, coquilles, ressorts, & fueilles de sauge sans gorge, pannetons, qui se mettent à queuës d'aronde dans la tige de la clef, & retenus auec vne vis qui seruira d'vn bout à la clef, laquelle pourra ouurir plusieurs serrures differẽtes, sans que l'on le puisse apperceuoir, & autres diuerses façons, chose que ie ne puis monstrer ny enseigner, & qui ne doiuent estre communiquées, mesmes à ceux de lart, la cognoissance d'icelle estant preiudiciable au public, & particulier, & qui pourroit donner subiect à plusieurs de s'en mal seruir, ceux qui ne les sçauront ayderont à les celer.

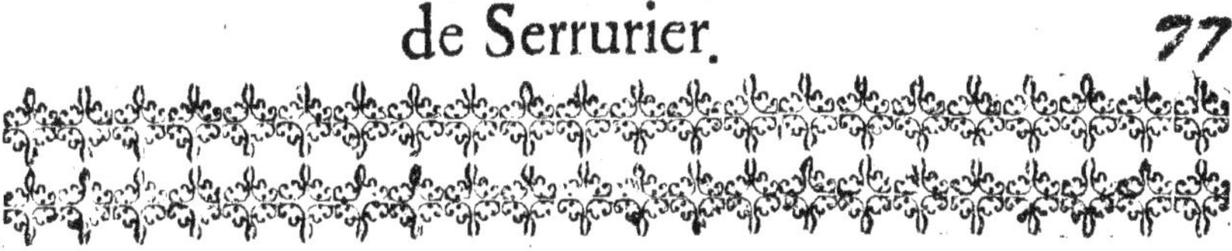

CHAPITRE XLI.

Les noms des Rouets, & autres gardes que l'on met dans les pannetons des clefs demonstrez dans les quatre figures suyuantes marquées 40. 41. 42. & 43.

L ma semblé bon, affin de proceder auec plusfacille methode, de quotter, & marquer sur les clefs contenues dans les figures cy apres les noms de diuerses ouuertures, dans lesquelles passent les rouets, & gardes des serrures, & ce par ordre de nombre, commençant à la moindre, & plus commune, & facile qui se fend dans les pannetons des clefs. En apres les roüets simples, & les autres comme il s'ensuit.

ET PREMIER.

La bouterolle marquée. 1
Le rouet simple tout droict. 2
Le plaine Croix simple marquée. 3
Faucillon en dedans. 4
Faucillon en dehors. 5
Rouet renuersé en dehors. 6
Rouet à crochet renuersé en dedans. 7
Rouet renuersé en dedans. 8
Plaine Croix renuersée en dehors. 9
Plaine Croix en fond de cuue, & en baston rompu. 10
Rouet à font de cuue. 11
Plaine Croix hastée en dedans. 12
Plaine Croix hastée en dehors, & renuersée en dedans. 13
Plaine Croix hastée en dedans, & renuersée en dehors. 14
Rouet fonsé auec vne plaine Croix. 15
Plaine Croix renuersée en dedans. 16
Rouet hasté en dedans auec vne plaine Croix. 17
Rouet en fust de virebrequin renuersé en dehors auec vne plaine Croix. 18
Rouet en fust de virebrequin renuersé en dedans auec vne plaine Croix. 19
Rouet en queue d'aronde renuersé en dehors auec sa plaine Croix. 20
Rouet en queue d'aronde renuersé en dedans auec sa plaine Croix en baston rompu. 21
Rouet fourchu auec sa plaine Croix. 22
Rouet en N. auec sa plaine Croix hastée en dedans. 23
Rouet en M. aue sa plaine Croix. 24
Faucillon en fond de cuue. 25
Plaine Croix en fond de cuue. 26. 27
Plaine Croix en fond de cuue renuersée des deux costez en dehors, & en dedans. 28
Planche foncée. 29
Planche foncée, hastée, & renuersée en dehors, & en dedans. 30
Rouet fonsé, hasté, & renuersé en dehors, & en dedans des deux costez, auec vne plaine Croix hastée en dehors. 31
Rouet en S. auec vne plaine Croix. 32

Autre Rouet en S. auec vn faucillon en dedans en baston rompu.
Rouet fonsé simple. 33
Rouet en baston rompu, auec vne double plaine-Croix. 34
Rouet en 3. de chiffre, auec vne plaine-Croix en haut. 35
Rouet à crochet renuersé en dehors auec vne plaine Croix hastée du mesme costé. 36
Rouet en baston rompu auec plaine Croix hasté en dedans. 37
Planche foncée, & hastée en crochet. 38
Pertuis en iambé. 39
Pertuis vollant. 40
Pertuis en triangle. 41
Pertuis en oualle. 42
Pertuis en cœur. 43
Pertuis rond. 44
Pertuis en M. 45
Pertuis en Croix de S. André. 46
Pertuis en estoille. 47
Pertuis volant renuersé par dehors en baston rompu. 48
Pertuis volant renuersé par dedans en baston rompu. 49
Pertuis volant hasté en dehors. 50
Pertuis volant hasté en dedans. 51
Pertuis en brin de fougere. 52
Pertuis volant auec deux plaines-Croix. 53
Pertuis en trefle. 54
Rouet renuersé en dedans, & hasté en crochet par le dehors auec vne plaine-Croix. 55
Rouet renuersé en dehors, & hasté en crochet par dedans auec sa plaine-Croix. 56
Rouet fourchu, & hasté par dedans en baston rompu, auec vne plaine-Croix renuersée en dehors. 57
Rouet en brin de fougere auec vne plaine Croix. 58
Rouet en fust de virebrequin renuersé par dehors en crochet, auec vne plaine-Croix. 59 60
Pertuis quarré canelé. 61
Rouet fourchu renuersé en dedans à crochet, & haste en baston rompu en dehors, auec vn faucillon hasté en dehors, & vn autre faucillon en dedans. 62
Rouet en fond de cuue renuersé en baston rompu, renuersé en dedans auec vne plaine-Croix. 63
Planche hastée en baston rompu. 64
Rouet hasté en dehors auec vn faucillon renuersé du mesme costé. 65
Rouet hasté en dedans auec vd faucillon hasté aussi en dedans. 66
Pertuis en iambe auec vn pertuis rond. 67
Planche en fust de vire-brequin. 68
Rouet tout droict auec vn faucillon par dehors en boston rompu. 69
Rouet en quatre de chifre auec vne plaine-Croix, & vn faucillon en dedans, par le haut. 70
Bouterolle portant son faucillon en dehors. 71
Rateaux auec potences qurrrées. 72
Rouet foncé, & renuersé en crochet des deux costez. 73
Rouet en fleche par le haut, auec vne plaine-Croix par le milieu, & par le bas vne plaine-Croix tourné en M. 74

QVARENTIESME FIGVRE.

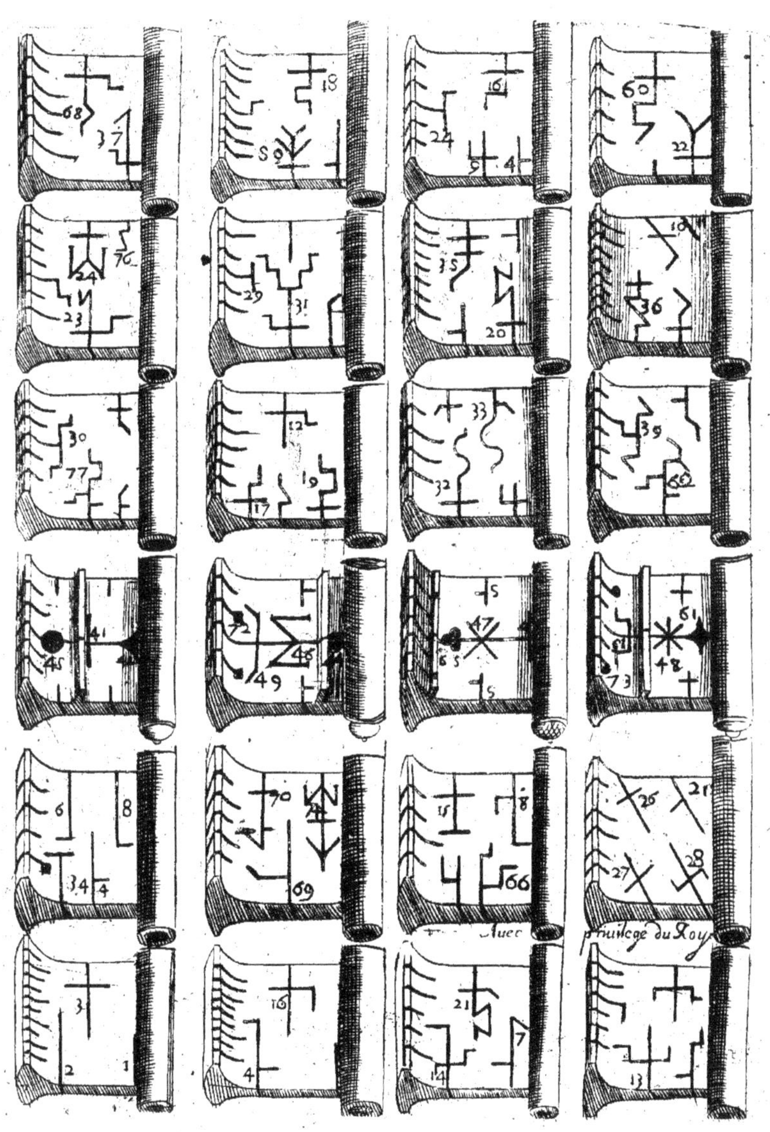

QVARENTIESME FIGVRE.

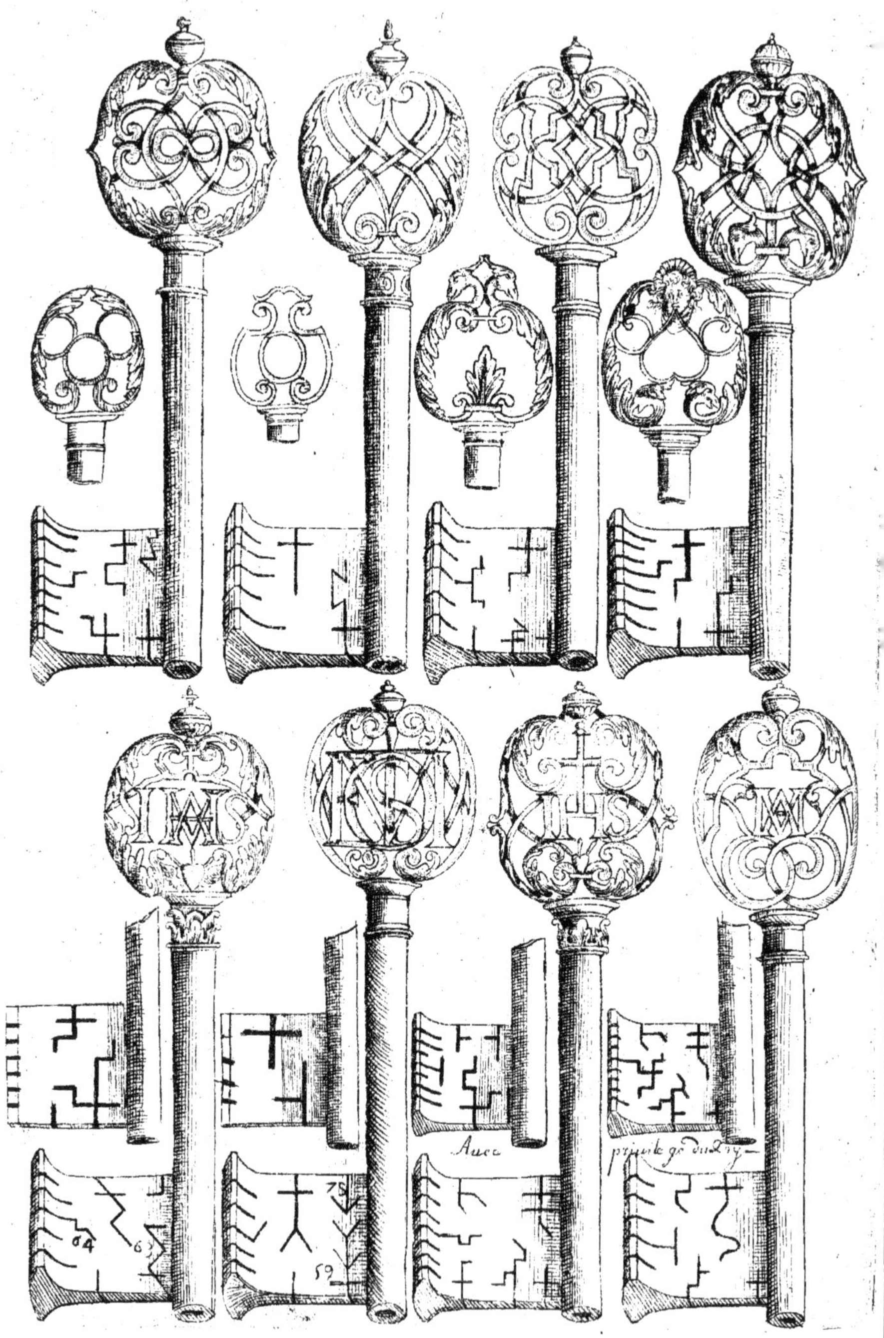

QVARENTE-DEVXSIESME FIGVRE.

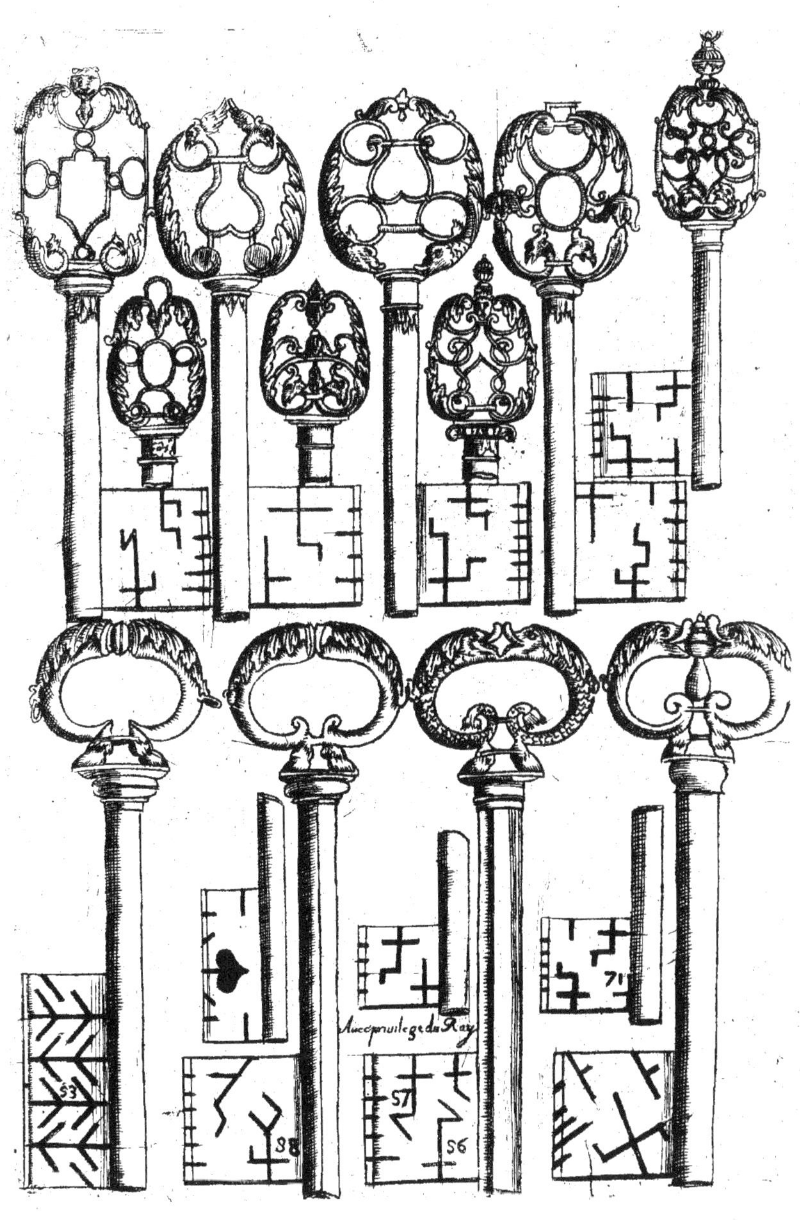

QVARENTE-TROISIESME FIGVRE.

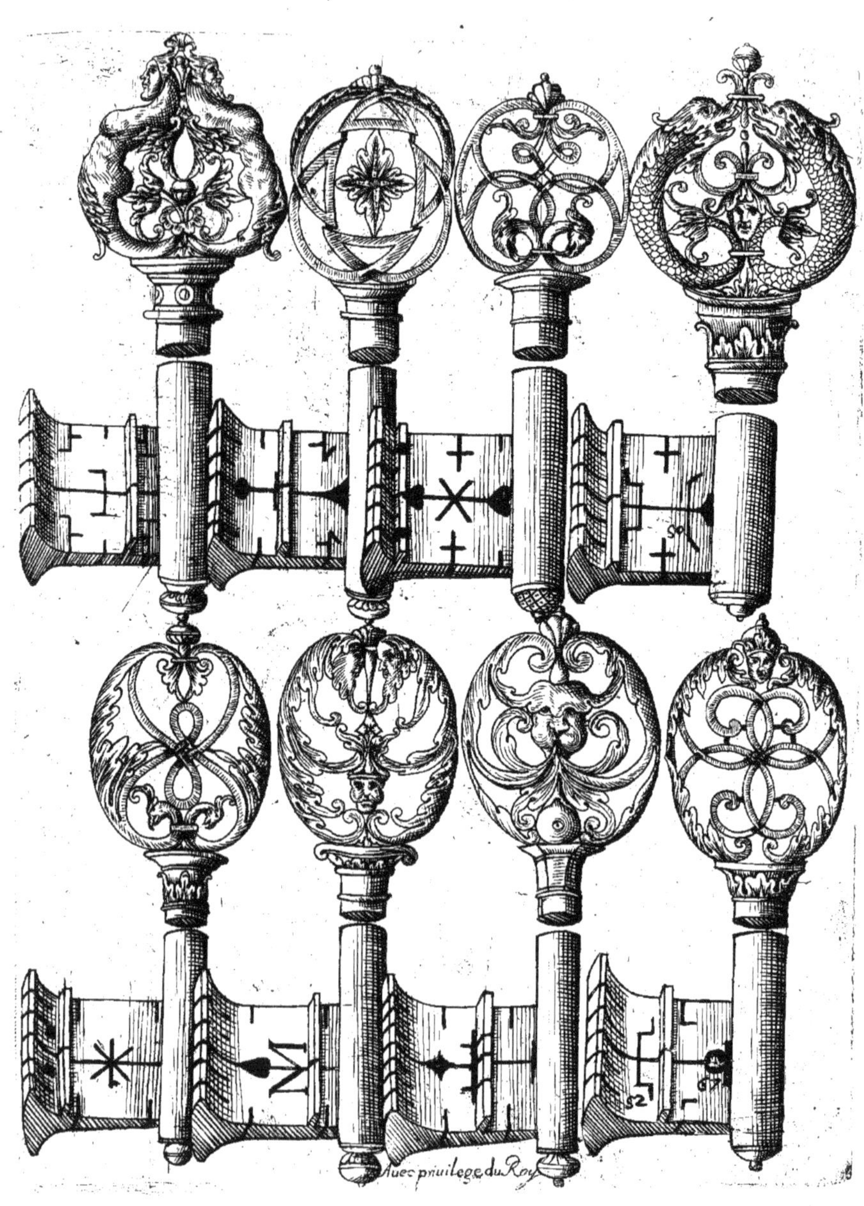

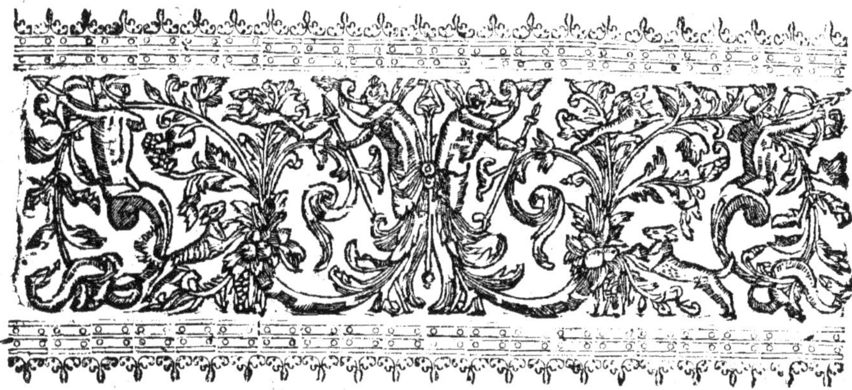

CHAPITRE XLII.

Pour faire les rouets & gardes marquez cy-dessus, & dans les figures.

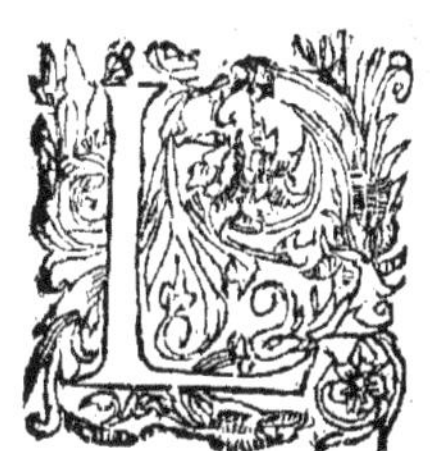

LEs pleines-croix marquez 3. qui sont fenduës dans les clefs, se doiuent faira en ceste façon.

Apres que le rouet est couppé, & limé de longueur, comme i'ay dit au 14. Chapitre, parlant des rouets communs, où i'ay enseigné le moyen d'en prendre les longueurs, en deux diuerses façons. Lors qu'il sera dressé, & couppé de longueur, vous ferez vn petit trou plat par le derriere, auec vn foret, ou burin, fait expres, d'vne ligne & demie de largeur, à la hauteur que sera fenduë la pleine-croix dans la clef, & fendrez de pareille hauteur le rouet par les deux bouts, iusques au droit des pieds, & le tournerez, & mettrez dans sa place pour le faire tourner le plus rondement que faire se pourra, par dedans la fente de la clef. Et l'ayant retiré de sa place, vous le picquerez sur vne platine de fer doux, battu si terue, qu'il puisse passer aisément par les fentes de la clef, vous le luy picquerezdroit, comme sur le pallastre: & le tracerez tout au tour des deux costez, auec la pointe à tracer, marquant par le derriere l'endroit où sera le trou, pour y espargner vne riueure. En apres vous percerez ladite platine par le milieu, & la limerez de la largeur que sera fenduë la clef du costé de la tige: & coupperez ladite platine par le milieu des traces, iusques aux trous des pieds des rouets, y espargnant par le milieu vne riueure, comme i'ay dit. Puis vous limerez d'vn costé & d'autre icelle platine, pour l'arrondir, & ouurir de l'espaisseur du rouet, auquel il faut courber les pieds en dedans, pour le faire aisément entrer dans la platine, faisant entrer la riueure de derriere, dedans le trou du rouet, & le riuer doucement: le faisant vn peu recuire si bon vous semble, & releuer le derriere de la platine doucement, sur l'estau, ou sur le taceau, auec vn petit marteau: en apres redresserez les pieds dudit rouet, & coupperez ladite plaine-croix tout à l'entour, auec des cizailles, ou cizeaux, à froid, & le limerez doucement dedans l'estau, ou fer à bouter, pour le faire passer dedans la clef. En apres vous le recuirez vn peu, à demy rouge, & passerez vn peu d'huille d'oliues, ou de suif par dessus estant chaud, & sera faict.

Pour faire faucillons en dedans marquez 4.

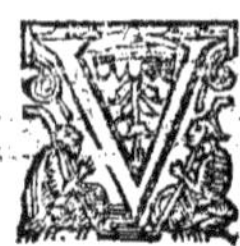
OVS ferez trois ou quatre trous au rouet à la hauteur des fentes de la clef, & le picquerez sur vne platine, comme vne pleine-croix, y espargnant des riueures, pour les riuer par les bouts, & par le derriere du rouet. En apres le coupperez, & arrondirez, & le ferez tourner doucement dedans les fentes de la clef.

Pour faire faucillons en dehors, marquez 5.

APRES que le rouet sera couppé de la longueur & hauteur qu'il faut, vous y ferez trois, ou quatre trous, vn à chaque bout, & vn ou deux par les costez, ou au derriere, selon la longueur qu'il aura, & de la hauteur qu'il sera fendu dedans la clef. Puis vous riuerez vostre rouet, sur quelque petite piece de fer doux, vn peu plus espais du costé de dehors, que par dedans: oubien replyerez vn peu le fer en double par le dehors, & le riuerez sur le rouet, puis vous frapperez doucement auec la panne d'vn petit marteau sur le derriere, iusques à ce qu'il soit tourné, auec ledit rouet, de l'ouuerture qu'il faut, le recuisant deux, ou trois fois, de peur de le corrompre en le tournant.

Pour faire les rouets renuersez en dehors, marquez. 6.

LA longueur se doit prendre comme d'vn rouet commun, & le laisser plus haut pour le rabattre, & plyer vn peu par le bord, en double, pour mieux le faire tourner en rond: puis vous le mettrez dedans l'estau, ou dedans vn fer à bouter bien droit, & quarré par dessus, pour le plyer à l'esquierre, à la hauteur qu'il sera fendu dedans la clef, le recuisant vn, ou deux fois en le tournant.

Pour faire rouets à crochet renuersez en dehors, marquez 7.

ILS se font tout de mesme que les precedents. Apres qu'ils sont tournez iustement sur le cercle, on leur rabat le bord en crochet sur vne petite bigorne, pour le faire passer dedans la clef.

Tous les rouets, & pleine-croix cy dessus, sont les plus faciles, & communs, qui se facent pour l'ordinaire. Ceux qui suyuent sont plus difficiles à faire, à cause des mandrins, & virolles qu'il y faut.

Pour faire vn rouet renuersé en dedans, marqué 8.

APres que le rouet est couppé de la longueur qu'il le faut, vous le plyerez sur vn mandrin rond, qui sera iustement de la grosseur que doit auoir le rouet par le dedans, puis vous aurez vne virolle d'vne ligne & demie d'espaisseur, qui tourne presque tout à l'entour du mandrin, sur lequel vous mettrez le rouet, qui sera plyé iustement dessus. Puis vous mettrez ladite virolle par dessus lesdits rouet, & mandrin puis les serrer dedans l'estau, à fin de rabatre & plyer doucement le fer à rouet sur le mandrin, commençant par le milieu, & le recuisant, comme i'ay enseigné, de peur qu'il ne se corrompe. Estant tout renuersé, vous le dresserez & ferez tourner doucement dedans les fentes de la clef.

Pleines-croix renuersées en dehors, marquées 9.

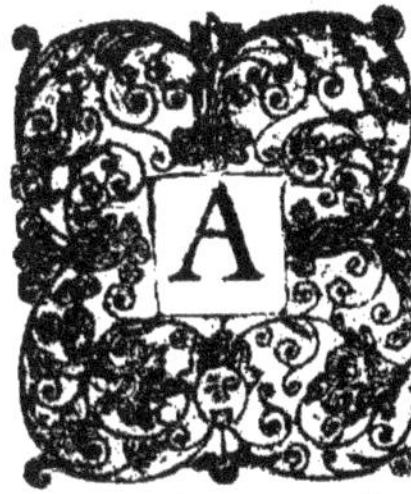

Pres que vous aurez fait vostre pleine-croix, ainsi que i'ay dit, & laissé de la largeur par le derriere, pour la renuerseure, vous aurez deux virolles de fer, de l'espaisseur de la renuerseure de la clef, sur lesquelles virolles vous renuerserez la la pleine-croix, la mettant entre les deux virolles. Puis vous commencerez la renuerseure par le milieu, & frapperez doucement, & à petits coups de marteau, la faisant recuire deux, ou trois fois, comme i'ay dit. Ce qu'il faut faire à toutes gardes, & rouets, qu'il faut battre, & faire tourner à froid: apres qu'elle sera tournée, vous la limerez, & dresserez, pour la faire passer dedans les fentes de la clef.

Pour faire rouets renuersez en dehors en baston rompu, marquez 10.

ILs se font de mesme façon que les renuersez en dehors, à crochet: fors qu'il faut les rabattre simplement sur le quarré d'vn taceau, comme monstre la figure.

Pour faire pleines-croix hastées en dedans, marquez 12.

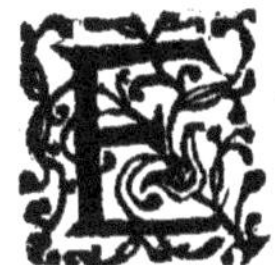

Lles se font comme les precedentes, sur deux virolles, fors qu'à la virolle de dessus, il sera espargné, & fait vn petit rebord, hasteure, ou fueilleure quarrée, & limée iustement à la hauteur de la fente de la clef: sur laquelle virolle, ladite pleine-croix se plyera, & hastera auec petits coups de marteau. En apres vous la sertirez tout à l'entour, auec quelque poinçon, ou cizelet quarré par le bout.

Les pleines-croix hastées en dedans, se font tout de mesme, fors qu'il faut mettre les virolles par dedans le rouet.

Pour faire pleines-croix hastées en dehors, & renuersées en dedans, marquées 13.

FAvt auoir quatre virolles, deux pour la hauteur, & deux pour la renuerseure, l'vne des virolles de dehors sera hastée, & celle de dedans sera toute quarrée par dessus.

Pour faire pleines-croix hastées en dedans, & renuersées en dehors, marquées 14.

ELles se font tout de mesme que la precedente, reserué que l'vne des virolles de dedans, doit estre hastée.

Pour faire les rouets foncez, marquez 15.

PRenez vne piece de fer, qui soit doux & malleable à chaud, & à froid, que vous estirerez assez terue par le bas, puis vous le mettrez dedans l'estau à chaud, & le rabattrez des deux costez, pour faire la fonceure de la largeur de la fente de la clef. En apres vous le limerez, luy laissant vne des orées plus forte que l'autre, sur laquelle vous frapperez auec la panne du marteau, comme à vn faucillon, ou rouet renuersé en dehors, sur le taceau, iusques à ce qu'il soit tourné en sa rondeur, comme il faut.

Il se peut faire de deux pieces, en riuant la fonceure auec trois, ou quatre petites riueures : puis apres le soudant, auec soudeure d'argent, ou auec soudeure de metal, ou ramas, que i'ay enseigné.

Si on n'a de ladite soudeure, ou borax, on le pourra brazer simplement, auec mitraille, encores que quelques vns le deffendent.

Pour faire pleine-croix renuersées en dedans, marquées 16.

Elles se font auec des virolles, comme les renuersées en dehors, fors qu'il faut renuerser le costé du dedans, par le costé de la tige.

Pour faire rouets hastez en dedans, marquez 17.

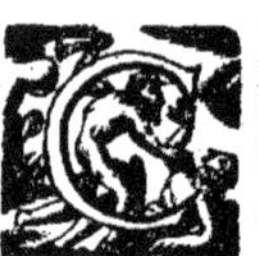

Ce rouet se fait auec vn mandrin rond, de la grosseur du rouet par le dedans, faisant au bout du mandrin, vne entaille en hasteure, aussi haute, & profonde que celle de la clef. Puis apres vous plyerez le rouet, & le mettrez sur le mandrin : en apres vous aurez vne virolle, d'vne ligne d'espaisseur, que vous mettrez sur ledit rouet, que vous serrerez dedans l'estau : laissant passer du fer à rouet par dessus, pour le rabattre sur le mandrin, & resserrer, ou restraindre doucement auec vn petit marteau, & auec vn petit cizelet quarré par le bout, pour le serrer quarrément sur le mandrin, affin qu'il passe aysément dedans les fentes de la clef.

Le rouet hasté en dehors se fait de mesme façon, fors qu'il faut entailler & haster la virolle, sur laquelle on rabattra le fer à rouet, laissant le mandrin tout quarré par le bout. A tous iceux rouets, on met quelques pleine-croix, ou faucillons que l'on y adiuste apres qu'ils sont hastez : ainsi nommez, à cause de la petite renuerseure ou hasteure qui est par le haut. Ils se peuuent aussi faire auec vne platine, comme ie diray cy apres.

Pour faire rouets en fust de virrebrequin, marquez 18.

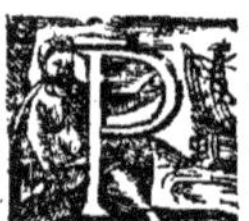

Povr faire ces rouets, faut les coupper plus longs que de mesure, & les plyer tous droicts sur l'estau, en la forme qu'ils seront fendus dedans la clef, & les y faire passer tout au long. En apres vous prendrez vne piecę, ou platine de fer doux & malleable, à chaud & à froid, qui sera de l'espaisseur de la renuerseure, & vn peu plus large que toute la hauteur dudit rouet, puis vous la fendrez droict, par deux endroicts, auec vne lime à fendre, à la hauteur du coude du rouet, & aussi long, & plus que ledit rouet, que vous coulerez doucement dedans les fentes de la platine, ainsi plyé : & qu'il aura passé dedans les fentes de la clef, alors qu'il sera tout entré iusques au bout des fentes de vostredite platine ou moulle, vous mettrez sur le bout vne petite piece de fer terue, de la largeur de deux lignes, que vous percerez auec le rouet, & platine, par trois endroicts sur le bout, pour les riuer toutes ensemble.

Ce qu'estant fait vous le mettrez dedans la forge, & le chaufferez doucement, sans qu'il prenne escaille, & le tournerez du costé qu'il sera fendu dedans la clef, sur vne bigorne, ou mandrin rond, qui soit de la iuste grosseur de la fente de la clef: la mesure prise sur la circonference du rouet, qui sera marquée sur le pallastre, & couuerture, qui est plus asseuré, que de le tourner sur la bigorne. Apres qu'il sera tourné & arrondy de la grandeur qu'il faut, que l'on pourra cognoistre auec vn faux rouet, qu'il faut necessairement auoir, pour luy faire & coupper les pieds. Et pour le mettre de bonne longueur, se prenant garde de l'oster du moulle, ou platine de fer, qu'il ne soit tourné iustement, & en rond comme il faut, ainsi que vous monstrera le faux rouet, ou autrement il ne tournera iamais rondement dedans la clef, si elle n'est vuidée, & ouuerte pour le faire passer. Lors qu'il sera tourné & arrondy sur le moulle, dressé, & resserré de tous les costez, à chaud & refroidy, faut desriuer la petite piece, & coupper le moulle, ou platine par l'autre bout, pour faire sortir les pieces du dessus, & du dedans: puis le dresser auec la lime, & luy ferez les pieds pour les mettre dedans les trous du pallastre, pour le faire passer rondement par dedans les fentes de la clef: Par apres le garnir de pleine-croix, faucillons, ou autres pieces, s'il y en a de fenduës dedans la clef.

Tous rouets en fust de virebrequin, tournez de quel costé que l'on voudra, rouets en queuë d'aronde, rouets renuersez, rouets hastez, rouets en M. rouets en N. rouets en S. rouets en Y. rouets en baston rompu, rouets en chiffres, & plusieurs autres demonstrées, & cottées dans les figures, & autres que l'on peut inuenter, se pourront facilement faire de ceste façon, qui se trouue la plus aysée, & asseurée, & auec laquelle on peut presque faire toutes sortes de rouets, que l'on sçauroit inuenter. Tellement que ie me contenteray de ce que i'ay enseigné, qui seruira comme i'ay dit, à la plus grande partie, fors les rouets & gardes cy-apres enseignées.

Pour faire rouets à fond de cuue, marquez 25. 26. 27. 28.

Ceste façon de rouets ne se met pas souuent en vsage, pour estre subiects à corrompre les clefs, à cause du grand espace qu'il leur faut. Pour les faire, on prend vne piece de fer battu, de l'espaisseur du rouet, sur laquelle piece on fait vne circonference, prise depuis le centre de la tige de la clef, iusques à l'entrée de la fente du rouet. Ceste circonference se fait en faisant entrer la clef dedans, puis la tournant tout de mesme, comme à tracer vn rouet simple. Apres que vous aurez tracé l'entrée du rouet, vous marquerez sur la circonference, l'endroit où il faut luy faire les pieds, la mesure se doit prendre auec le compas, comme à des rouets tous droits. En apres vous prendrez auec le compas la hauteur du rouet, que vous tracerez pareillement sur ladite platine, ou fer à rouet: Par apres vous la coupperez suyuant les circonferences, y laissant les pieds par dehors, ou par dedans, selon qu'ils seront fendus dedans les clefs: car de quel costé que se soit, il faut tousiours coupper, & enleuer lesdits rouets en fond de cuue, sur vne circonference: la mesure se prend tousiours du costé où il faut faire les pieds: tāt plus ils sont fendus de trauers ou en fond de cuue, & mieux vallent, pour estre plus faciles à faire, sinon qu'ils sont difficiles à riuer: faut les riuer sur du plomb, comme les precedents, de peur de les corrompre.

Pour les faucillons,& pleine croix, que l'on adiouste dedans, elles se font comme les communes, & auec des virolles, si on les veut haster, ou renuerser, ainsi que i'ay enseigné. Les rouets leur donnent la pente qu'il leur faut.

Pour faire vne planche foncée marquée 29.

CEste sorte de garde est tres-necessaire aux serrures, parce qu'elle passe par entre les barbes des pesles, & fueilles de sauge, ou ressorts, qui empeschent que l'on ne peut atteindre auec le crochet aux barbes des pesles,& fueille de sauge tout ensemble pour les ouurir. Elle orne grandement les gardes des serrures, d'autant qu'elle passe tout à l'entour,& passe par dedans les deux rateaux, & estoquiaux, dans lesquels elle est adiustée, & arrestée. Elle ne doit passer plus outre que les dents du rateau, par dedans le panneton de la clef, à cause qu'elle empescheroit d'y pouuoir fendre deux, ou trois rouets, comme il est necessaire.

Elle se fait en ceste façon: Prenez vn morceau de fer assez espais, & maleable qui soit bien soudé,que vous eslargirez des deux costez, sur l'estau En apres vous la limerez, & ferez passer par dedans la clef, la battanr par le derriere, pour la faire tourner en rond,iusques à la grandeur qu'il faut: ce qui se pourra voir par le moyen d'vne faulce planche toute droite, qui se doit faire, & adiuster premierement dedans la serrure: On la pourra tourner à chaud,& la limer, & mettre d'espaisseur, apres qu'elle sera forgée.

Si vous voulez haster, ou renuerser cesdites planches foncées, cela se fait apres qu'elles sont iustement tournées en rond,comme il faut:on prend des virolles auec vn mandrin, qu'on met par dedans, puis on les renuerse dessus, de quel costé, & en telle forme que sont limées les virolles,ou mandrins: vous ferez ainsi à toutes sortes de planches, qui se mettent aux serrures.

Pour les clefs benardes des portes.
Pour faire pertuis en iambe, marqué 40.

CE pertuis en iambe est assez commun,lequel se met contre la tige de la clef: il faut y faire vn trou par le milieu, & apres que la clef tournera dedans la planche, vous espargnerez par le derriere vn petit riuet, qui se riue apres que le pertuis est entre dans la planche, quelques vns les soudent, ou brazent, apres qu'ils sont entrez dedans la planche, auec soudure d'argent, ramats, ou mitraille, ils en vallent mieux.

Les bouterolles qui portent leur faucillon en dehors marqué 71. se doiuent faire de ceste façon,quelques vns les font tout d'vne piece, & les forent pour faire entrer le bout de la tige dedans, puis les liment, & les font tourner dedans les fentes de la clef,qui est vne chose longue à faire,& quelques fois de peu de durée.

Le pertuis triangulaire marqué 22. se fait comme le pertuis en iambe,fors que l'on fait vn petit trou par le derriere,auec vn foret,pour passer vn petit riuet à trauers.

Pour faire vn pertuis vollant, marqué 41.

CE pertuis se met en quel endroit de la planche que l'on veut. Apres que la planche tourne dans la clef, vous marquerez le pertuis des deux costez de la planche,auec la pointe à tracer, cōme si c'estoit des ronets,& prendrez la longueur auec vncompas, ou faux rouet. Puis vous prendrez vne piece de fer de la longueur & largeur du pertuis, que vous fendrez iustement par le milieu, iusques à deux lignes pres des bouts, espargnant de chaque costé vn pied, pour les riuer sur ladite planche. Puis vous le dresserez, & ferez entrer dedans la planche, iustement sur le traict, marqué auec ladite pointe, & y percerez les trous, pour les y riuer. En apres vous ferez tourner la clef, & limerez ledit pertuis par les bouts, apres que vous aurez serty, & retiré la planche dessus, en façon qu'elle ne puisse branler, & sera fait.

Pour faire pertuis en oualle, marqué 43.

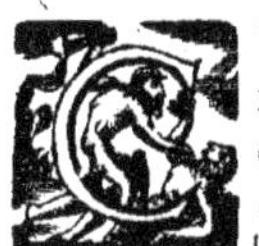

CE pertuis se met pour l'ordinaire dedans le milieu de la clef. Pour le faire, on estire vne piece de fer, de la longueur de la circonference du cercle, fait sur la planche, que l'on fait passer iustement dans le pertuis de la clef. Puis on le fend tout au long, reserué deux lignes par chaque bout: en apres on le fait entrer dedans la planche, que l'on fend, pour y loger les bouts dudit pertuis, que l'on fait entrer iustement sur les traces faites auec la pointe à tracer, au droit du pertuis de la clef, y estant adiusté, faut le resserrer sur la planche, & y percer vn trou auec vn petit foret, pour y mettre vn petit riuet: puis faut resserrer la planche par le deuant, sur les bouts dudit pertuis. En apres le limer & dresser à parement de sa planche, & le faire tourner iustement par dedans la clef.

Le pertuis en cœur, marqué 44. *Le pertuis en rond, marqué* 45.
Le pertuis en tresle, marqué 55. *Le pertuis quarré-canelé, marqué* 61.
& autres gros pertuis, se font comme les pertuis en oualle.

Pour faire pertuis en croix de S. André, marqué 47.

CE pertuis se doit faire, & coupper sur vne circonference, comme les rouets à fond de cuue, & en apres le coupperez par le milieu, & y espargnerez des riuets, comme au pertuis volant, & les ferez entrer dedans la planche.

Pour faire pertuis en estoille, marqué 48.

LE pertuis en estoille se fait premierement comme le pertuis volant, en apres on y rapporte deux autres pieces couppées en fond de cuue, que l'on fait comme le pertuis en croix de S. André. Les autres pertuis hastez, renuersez en baston rompu, marquez 49. 51. 52. 53. & autres, qui se font de fer terue, se renuersent sur des virolles, comme les pleine-croix, ou faucillons hastez, comme i'ay enseigné.

I'eusse moustré le moyen de tourner chaque rouet, planche, pertuis, & autres gardes, que l'on met dedans les serrures, & parlé de chacun en particulier, n'eust esté que i'eusse esté par trop long, & redit plusieurs fois vne mesme chose. Ie me suis contenté d'enseigner ceux cy, le plus intelligiblement qu'il m'a esté possible: m'asseurant que ceux qui les feront, y procedant de la façon que i'ay enseigné, feront facilement tous les autres, monstrez dedans les figures: & autres que l'on pourra facilement faire de son inuention.

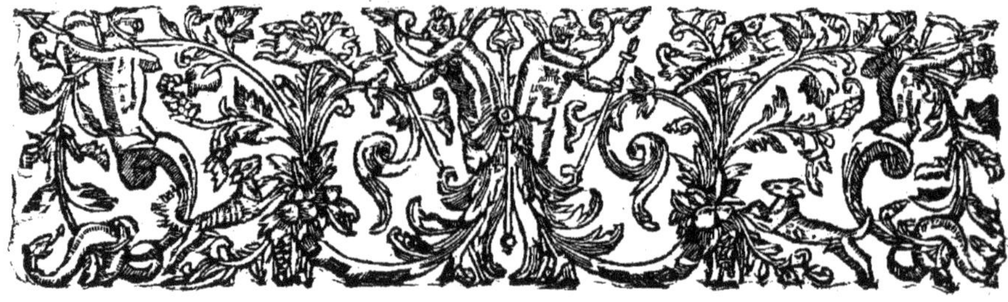

CHAPITRE XLIII.

Comme on doit ferrer les portes de deuant les logis, & autres lieux.

I'AY monſtré cy-deuant la façon de forger, limer & faire ſerrures, & rouets de diuerſes ſortes, & à diuers vſages : Mais comme la ſerrure de quelque porte, cabinet, coffre, ou autre vaiſſeau que ce ſoit, ſuppoſe vne bonne ferrure, pour auoir quelque aſſeurée fermeture, i'ay iugé à propos de mettre icy la façon de diuerſes ſortes de ferreures : commençant par les plus grandes, leſquelles quiconque ſçaura faire, viendra facilement à la cognoiſſance des autres.

Si vous voulez ferrer vne porte de deuant, pour l'entrée d'vn logis : la premiere choſe qui ſe doit ſçauoir, c'eſt le coſté où ſe doit attacher la porte: & la grandeur, & eſpaiſſeur d'icelle, affin de faire la ſerrure à la main qu'il faut, & quelle ſerrure on deſire y mettre, affin de la forger, & limer comme il faut.

S'il y a vn guichet dans icelle porte, comme l'on met preſque à toutes les portes de deuāt, & que ce ſoient portes cocheres, ou autres choſes ſemblables, que l'on fait ordinairement aux grands logis, qui ſe font de deux pieces, pour s'ouurir des deux coſtez de l'entrée du logis, elles ſont quelques fois de 6. 7. 8. 9. 10. 11 ou douze pieds de large, ou dauantage, tellement que l'on eſt contraint de faire leſdites portes briſées par le milieu : ce qui eſt requis de ſçauoir, pour bien faire la ferrure.

Il y a d'autres portes ſur l'entrée des logis, qui ne ſont que de 3. 4. 5. ou ſix pieds de large & de ſix pieds de hauteur, qui ne s'ouurent que d'vn coſté. A icelles portes il faut faire vne ferrure, d'autre façon qu'a celles qui s'ouurent des deux coſtez.

Il y a auſſi des portes de ſalles, eſcalliers, cabinets, eſtudes, de diuerſes façons, où il eſt touſiours neceſſaire de ſçauoir le coſté que l'on veut qu'elles ouurent.

Pour parler donc des grandes portes cocheres, elles ſe peuuent ferrer de pluſieurs & diuerſes façons. Premierement on y peut mettre deux, ou trois bandes de fer, nommées pantures en quelques lieux. Ce ſont des barres de fer plat, qu'il faut percer tout au long, pour les attacher contre la porte, auec des cloux riuez ou bien auec vn crampon, qui paſſe par deſſus le collet de la bande, lequel crampon paſſe au trauers de la porte, & eſt riué par l'autre coſté ſur le bois. Le bout de ladite bande ſe replye en rond, de la groſſeur du mamelon du gond, qui eſt le bout qui ſort dehors la pierre, ou bois, où il eſt poſé : lequel bout du gond, entre dedans le reply de ladite bande, qui ſera ſoudé ſi on veut, & arrondy en façon que le gond tourne ayſément dedans.

Autres y font des bandes Flamandes pour porter leſdites portes. Ces bandes ſont faites de deux barres de fer, ſoudées l'vne contre l'autre, & replyées en rond, comme la precedente, pour faire paſſer, & tourner le gond. Apres qu'elles ſont ſoudées, on les ouure & ſepare l'vne de l'autre, autant que la porte a d'eſpaiſſeur.

puis on les recourbe,le plus quarremẽt que l'on peut, pour les faire ioindre, & serrer des deux costez de la porte : Sur ces bandes on fait quelque fueillage, ou autre ouurage pour l'ornement de la porte, principallement du costé de dehors :ceste façon de bandes vaut mieux que les communes, par ce qu'elles prennent des deux costez de la porte. On y en met trois pour l'ordinaire, on y met quelques-fois 2. de ces bandes flamandes, ou d'autres droictes, auec vn piuot au bas qui prend souz la porte qui vaut encores mieux, pourueu qu'il soit bien fait, & mis comme il faut. Ce qui se fera aysémens luy pozant le bout, à droicte ligne dans le milieu du mamelon de la bande de fer, ou tourne le gond. Pour ce faire prenez vne ficelle, ou cordeau que vous ferez passer droict par dans le milieu des mamelons desdictes bandes, conduisant le cordeau iusques au bout du piuot, en façon que la pointe qui entre dans la couëtte, ou grenoüille de fer que l'on met dessouz, s'enligne iustement au milieu du mamelon de la bande. Si vous manquez à le pozer à plomb,auec lesdictes bandes, la porte venãt à tourner, fera vn quart de cercle, aussi grand comme il s'en faudra que le bout soit à plomb, & en droicte ligne au milieu du mamelon du gond. On ferre aussi cesdictes portes, auec des fiches, ainsi apellées à cause qu'elles s'entaillent dans le bois, commençant à les y entailler sur le quarré de dedans,du costé du gond d'icelles fiches, qui doiuent estre de 4. 5. ou 6. poulces de large,& de 6 ou 7 poulces de long, & forgez à pans par dessus le mamelon. Il est necessaire que la porte soit espaisse, & de bon assemblage: on y pourra aussi mettre vn piuot par le dessouz comme i'ay enseigné. Outre on y met de petites barres de fer de 2. ou 3. pieds de long,& de 5 ou 6. lignes en quarré,lesquelles barres serõt percées en 6. ou 7. endroicts, pour les attacher, auec des cloux à teste perduë, que les trous soient plus larges,& ouuerts par dehors,que par le dedans,en façon que toute la teste du clou entre dedãs la bãde, laquelle doit estre plyée en esquierre, ou autre guro comme seront les bouts, & angles des portes, ceste bande sera entaillée de son espaisseur dans les angles de ladicte porte par les bouts & par les costez, pour tenir tous les assemblages des bouts : Ceste façon desquierres vallent mieux, que d'estre posées, & entaillées simplement sur la porte, comme l'on fait aux croysées. A ces portes on met d'ordinaire de grosses serrures fortes, comme pesles dormans à vn, ou deux tours auec des gachettes par dessouz les pesles, ou bien des serrures, à tour & demy, clinhes, ou serrures à deux, ou 3. pesles, selon que le lieu le requiert, ces serrures doiuẽt estre fortes,& attachées auec cloux,à vis,& escroües par dessus. Si on attache la porte contre de la pierre de taille, faut choisir vne pierre qui soit assez grande, & solide, pour pozer le gond, lequel se doit mettre dans vn trou qui sera fait suyuant l'espaisseur de la porte, & de la bande ou d'auantage, & ferez le trou dudit gond le plus quarré, berlong sera le meilleur, & vn peu plus large au fond qu'à l'entrée, affin qne le gond n'en puisse sortir, apres qu'il sera plastré, ou plombé, comme ie diray au Chapitre suiuant.

On met quelques-fois à ces portes, de grandes barres de bois, qu'on appelle fleaux en quelques endroicts, qui se tournent sur vne cheuille de fer, par le milieu, qui seruent pour les tenir fermées, auec vne serrure quarrée, & vn verrouil, ou bien auec vn moraillon par le bout : quelques vns y mettent des barres de fer par le derriere, que l'on nomme pied de biche, ou arc bouttãt, qui tient fermée l'vne des moytiez d'icelle porte que l'on ferme aussi auec vne petite serrure quarrée, ou bocelle. Autres y mettent vn verroüil par le dedans,qui passe par dessus ladicte barre, qui est plyé en esquierre par le bout, lequel bout est entaillé de son espaisseur dans le costé de la porte, laquelle estant fermée auec l'autre costé de la mesme porte, le verrouil ne peut s'ouurir, & par consequent, il tient la barre fermée, & empesche quelle ne puisse se hausser, & par le moyen de la grande serrure peut fermer auec la clef , les deux costez de ladicte porte.

Que si vous ne voulez , y mettre des barres qui est encores le plus commode, vous le pourrez faire en mettant au costé de la porte , où il n'y à point de serrure deux verrouils , l'vn au haut, & l'autre au bas , Si vous voyez qu'ils puissent fermer, mettant par dessous lesdits verroüils de petits ressorts pour les empescher de tomber : lors qu'ils sont ouuerts , ou fermez , tenant ces verrouils assez longs , pour les pouuoir facillement ouurir, & fermer , mettant à ceux du haut des queuës assez longues,pour y pouuoir atteindre auec la main, pour l'ouurir & fermer, ou bien le riuer sur vn pallastre comme vne serrure , & mettre par dessouz le pesle , vn ressort qui le fermera en poussant la moytié de la porte , comme feroit vne serrure à ressort, lequel pesle où verroüil sera pozè au haut de la porte , la teste en haut, qui se fermera dans la pierre de la voulte,ou chapeau de la porte, & sera ouuert auec vne petite corde, qui sera attachée à vn estoquiau , ou coquille riuée sur ledit pesle, & passera au trauers du pallastre , comme à vne serrure.

Et pour empescher d'ouurir ces verroüils , vous mettrez par le dessouz d'autres verroüils courbez, comme i'ay dit, cy dessus, qui passeront iustement par contre le bout.

Vous les pourrez encores fermer , & faire en façon que la clef les fermera auec l'autre costé de la porte, en y mettant de petites pieces de fer, en façon de verroüils quarrez qui seront cloüées,& arrestées ferme dans le costé de la porte,où est la serrure , & que le bout passe iustement par le dessouz , les bouts des autres verroüils, qui seront au haut , & au bas de l'autre costé d'icelle porte : lors qu'ils seront fermées , le costé , où est la serrure venant à se fermer , lesdictes pieces estant cloüées dessus , passant iustement par dessouz les verroüils, les tiendront fermées , en façon qu'ils ne pourront estre ouuerts, sans ouurir le costé , où est la serrure. Ie trouue ceste façon la plus commode, facile, & à moings de coustz , sans auoir affaire d'aucune barre de fer, n'y de bois.

S'il y à vn guichet dans ladicte porte : il se doit ferrer auec couplets , ou fiches à doubles neüds,ou charnieres faictes selon la pesanteur,& force du bois. On y met pour l'ordinaire des clous riuez sur les barres , & queuës d'arondes , auec des contreriuets, ou fauses pieces de fer par le derriere de la porte. Ces clous,& autres que l'on met sur cesdictes portes , se font de plusieurs,& diuerses façons. Premieremēt quarrez , & à l'ouzange qui sont entaillez dans le bois, de l'espaisseur de la teste. Autres les font en pointe de Diamans, teste de potiron, teste ronde canelée; autres teste ronde auec des Rozes, & fueilles de relief par dessous , testes quarrées decoupées , en façon de fleurs de Lys , & plusieurs autres façons que l'on y faict , pour l'ornement des portes,par dessouz ces clous,on y met des rozettes, rondes, & releuées simplemēt par dessouz les fueilles, auec vn poinçon rond par le bout, pour les emboutir, On met quelques-fois,deux,ou trois de ces rozettes, les vnes sur les autres. On y met pareillement d'autres façons de rozettes doubles , & simples qui sont vuidées auec la lime, qui ont 3.4.5. ou six fueilles , grauées, & refendues auec le burin coulant,ou sizelet,& releuees, auec le poinçō par le dessouz,sur du plomb, autres en font de decoupees, & releuees comme ie diray au Chapitre des targettes. Tous ces clous , & rozettes se doiuent estamer en poisle , comme ie diray cy apres, ou bien les polirez auec la lime douce auec de l'huille : mais la pollisseure ne peut gueres durer quelle ne s'enrouille à cause de l'eau , & humidité qui gaste incontinent le fer, lors quelle tombe dessus.

S'il arriue qu'il n'y ayt de bonnes pierres au portal, où l'on ne puisse poser les gonds pour porter la porte, vous y pourrez mettre vn piuot par le bas, qui entre vn poulce dans sa coüette de fer , & mettre vn autre piuot par le haut , qui entrera dans vne coëtte de fer qui sera platree dans la voulte de la porte, ou arrestée dans vne poutre que l'on y met quelques-fois, laquelle coëtte sera adiustée, en façon que l'on ne puisse hausser, & faire sortir la porte, & piuot, du pas de la couëtte, autrement on ouuriroit la porte facillement, affin que vous y preniez garde.

CHAPITRE XLIV.

Pour ferrer petites portes pour l'entrée des logis & autres lieux.

ON met pour l'ordinaire aux petites portes qui sont à l'entrée des logis des bandes qui trauersent la porte, si elle est enrazée par dedans, ou des bandes flamandes, selon la pesanteur de la porte, auec verrouils ronds, ou plats, qui tiennent auec aneaux sur la porte, ou bien les riuer sur lesdictes bandes qui serõt attachées comme i'ay dit. Si la porte n'est enrazee, & quelle soit auec simples paneaux, on y mettra des paumelles quarrées, ou de bout, portant leur esquierre, qui tiendront l'assemblage de la porte.

On y mettra de bonnes serrures, cõme pelles dormans, auec locquets à poussir, ou clinches, pour s'ouurir auec vne petite clef, comme i'ay dit, où bien y faire vn locquet à vielle que l'on met par le dehors, le pallastre lequel est vuidé, & poly de telle façon que l'on veut, où l'on fait vne petite clef de la longueur d'vn poulce de tige qui fait vn demy tour, pour leuer vn folliot qui fait leuer le battant qui est par le derriere de la porte, ce folliot est tourné en esquierre, auec vn petit bouton au bout qui trauerse la porte, & par l'autre bout, on fait vn trou rond pour passer l'estoquiau qui est riué dans le pallastre. Ie croy que nos Antiens ont nommé ceste serrure locquet à vielle, à cause du folliot qui est fait presque comme la manielle d'vne vielle.

Aucuns y mettent des locquets qu'on appelle cordelieres. Ie croy que l'inuention en a esté trouuee, par des Religieux de l'ordre de S. François, ou bien à cause qu'ils s'en seruent le plus souuent à fermer les portes de leurs Conuens, ces locquets n'ont pour toutes gardes, qu'vn rateau fait en telle façon que l'on veut: Les clefs, ou locquets sont tous plas que l'on hausse pour leuer vn bouton qui tient au battant, lequel se ferme par derriere la porte dans vn mantonnet.

Pour la ferrure des portes de Salles, Antichambres, Cuisines, & autres, on y met pour l'ordinaire des serrures à tour, & demy, ou pelles dormans, auec vn locquet à poussier qui se leue auec vne coquille, glan, bonton, oliue, console, ou autre chose semblable, ou autres sortes de serrures, selõ l'vsage du pays, & capacité de ceux qui les font, ou font faire. Ces portes doiuent estre ferrees auec paumelles quarrées, dont i'ay parlé cy dessus, ou autre façon: lors que les portes sont d'assemblages, & enrasees par derriere, ou embouties par les bouts comme vne table, on y met des bandes au trauers, dans lesquelles faudra faire des trous au droit du milieu de chaque paneau, & monstant de la porte, & releuer tout le long par le milieu vn peu lesdictes bandes par le dessonz, affin quelles se ioygnent, & serrent sur le bois.

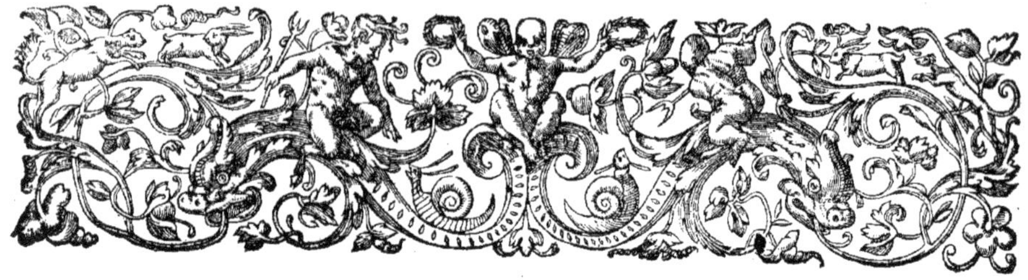

CHAPITRE XLV.

Pour ferrer portes qui s'ouurent & ferment des deux costez.

SI c'est pour vn Cabinet d'estude, de quelqu'vn qui par curiosité desire que la porte s'ouure des deux costez l'vn apres l'autre, ou l'entrée soit de pierre, ou en façon qu'il y faille mettre des gonds, vous y mettrez des couplets doubles, qui passerõt des deux costez de la porte, recourbez & repliez de l'espaisseur d'icelle. Tellemēt qui les faut tenir en les forgeāt aussi lōg que la largeur de la porte, & y adiuster d'auātage 2. fois l'espaisseur d'icelle, & y faire vne charniere à vn bout, ou sera adiusté vn couplet, qui sera attaché par le deuant de la porte, & à l'autre bout, y faire vn mamelon, ou recourbeure ronde pour passer le gond, pour l'attacher d'vn costé, & faire tout de mesme des deux costez, au haut, & au bas : tellement qu'il y faut quatre couplets doubles, deux au haut, & deux au bas, auec quatre gonds, qui feront qu'icelle porte se pourra ouurir facillement des deux costez, & sera fermée auec vne serrure, ou l'entrée sera, au milieu de la porte, laquelle serrure sera faicte auec deux pesles à pignon, qui trauerseront la porte, qui fermera, & ouurira des deux costez à la fois, en tournant la clef 1. ou 2. tours, ou la fermer auec autres serrures de portes que i'ay mōstré.

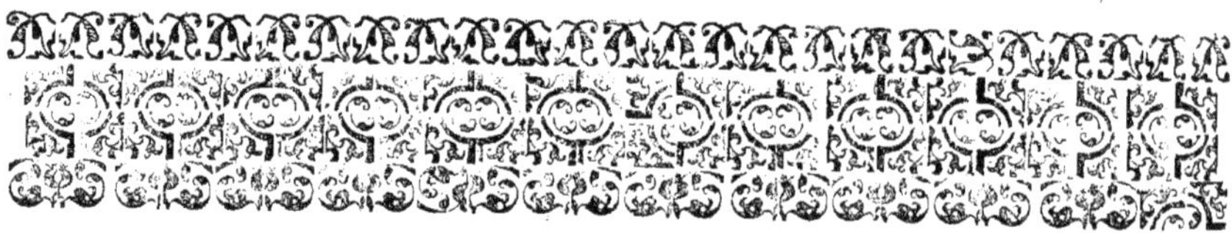

CHAPITRE XLVI.

Pour faire fermer les portes d'elles mesmes.

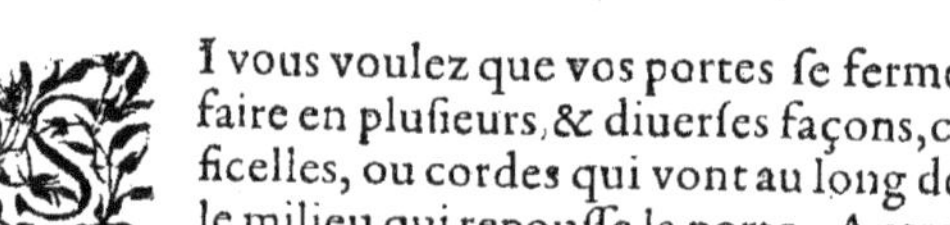

SI vous voulez que vos portes se ferment d'elles mesmes, cela se peut faire en plusieurs, & diuerses façons, comme auec vn sac plain de sable, ficelles, ou cordes qui vont au long des portes, torses auec vn bois par le milieu qui repousse la porte. Autres auec vn piuot, ou varlet coudé, qui se met par le bas de la porte : Autres y mettent des bandes qui sont forgées, & tournées par le bout du mamelon, en queuë d'aronde, en forme de volute qui passe par dessus le gond, lequel gond est chanfraint pour respousser la porte. Autres y mettent vn ressort double qui bande contre la fueilleure de la porte, lors quelle s'ouure. D'autres y mettent vn ressort à boudin, qui est enfermé dans vn petit tambour, ou il y à vne queuë, auec vne petite poulie au bout, qui repouſſe la porte.

La plus aſſeurée eſt de faire vn des gonds, à vis, auec trois, ou quatre fillets, auec ſon eſcroüe comme la vis d'vne preſſe d'Imprimerie. La porte venant à s'ouurir tourne ſur ladicte vis, qui la faict refermer ſans iamais y manquer: ces deux dernieres façons ſont les plus aſſeurées.

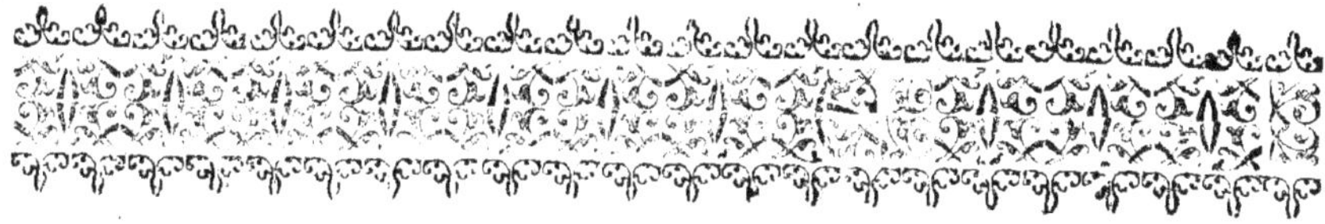

CHAPITRE XLVII.

Pour cognoiſtre, & faire cuire le plaſtre, ou gyp, pour plaſtrer gonds, ou autre choſe.

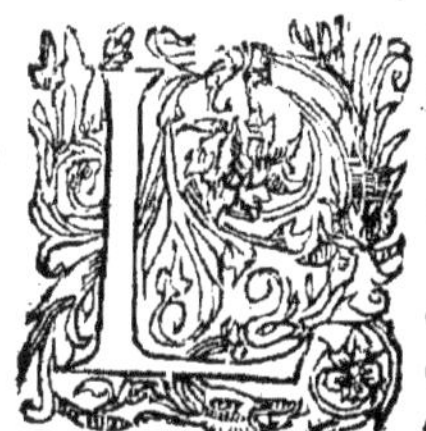

LE bon plaſtre ſe cognoiſt lors qu'on le void cler, & luyſant comme du talc, apres qu'il eſt rompu, ſans qu'il y aye par le dedans des vaines, comme ſable blanc, ou farine: le plus pezant, cler, & luyſant eſt le meilleur.

Pour le faire cuire, faut le caſſer par petits morceaux gros comme des œufs de poule, que vous mettrez dans le feu, ou dans le four, & les ferez chaufer, iuſques à ce qu'il n'y ayt plus de cruditez, ou vaines claires au milieu deſdits morceaux, & qu'ils ſoient blancs, & trauerſez tout au trauers, ſe prenant garde de les faire rougir au feu.

Apres que le plaſtre eſt cuit, & froid: il faut le piller, & paſſer par vn gros tamis, & le detremper tout incontinent qu'il eſt broyé, ou battu: car s'il s'euente par 7. ou 8 iours. Il n'en ſera pas ſi bon, s'il n'eſt tenu enfermé en lieu, ou il ne puiſſe prendre l'air

Lors qu'il ſera detrépé auec eau clere & vn peu tiede vaudra mieux, vous le detrépez eſpais cōme mouſtarde, & le mettrez prōptement dans les trous de la pierre, l'empliſſant comme à la moytié, l'ayant moüillé premierement que d'y mettre le plaſtre. En apres vous mouillerez auſſi le gond, ou autre piece que mettrez promptement dans le trou, auec ledit plaſtre; puis vous prendrez des morceaux de bricque, tuille, ardoiſe, ou pierre que vous pouſſerez dans le trou, auec vn pouſſoüer de fer, en façon que le plaſtre ſe meſle auec la bricque, puis vous remettrez encores du plaſtre, & de la bricque, ou autre pierre; tant que le trou ſoit tout plain, & ferez en façon que les gonds, ou autres pieces ſoient droictes, & fermes dans les trous, faiſant ainſi à toutes-ſortes d'ouurages que l'on plaſtrera, & le plus promptement qu'il ſera poſſible: autrement le plaſtre ſera pluſtoſt endurcy que vous n'aurez mis, & poſé la bricque dans les trous: faut faire les trous plus larges, au fond qu'à l'entrée, & bien quarrées.

Il y en à apres qu'ils ont preſque emply le trou de plaſtre, & mis la piece de fer qu'ils veulent plaſtrer dedans le trou. Ils ont des coins de bois bien affuſtez, & ternes par vn bout, puis mettēt vn d'iceux coings, le gros bout le premier dans le trou, l'y pouſſant iuſques au fond. En apres ils mettent d'autres coings, le petit bout qui eſt affuſté le premier, & ſerrent par ce moyen la piece tant qu'ils veulent. Ceux qui voudront leur ſeruir de bois auec le plaſtre, doiuēt faire en ceſte façon, mettāt tousiours le gros bout du premier coing le premier : mais ie n'aprouue point que le bois soit bon pour mettre auec le plastre, par ce que le bois se pourrit, & fait que les pieces qui en sont arrestées, sont subjettes à sortir de la pierre, prennez y garde.

Si vous voulez plomber gonds, ou autres pieces, détrempez de la terre franche en consistance de plastre, comme pour brazer, & en mettrez tout à l'entour de l'entrée du trou, laissant par dessus vn peu d'espace, pour y ietter le plomb apres qu'il sera fondu, tant que le trou soit tout plain : faut faire le trou plus large au fond qu'à l'entrée bien quarré, & sec, autrement la pierre s'éclateroit, ou cracheroit le plomb en hazard de vous blesser.

CHAPITRE XLVIII.

Pour ferrer les Cabinets de bois, pour mettre dans les Salles ou Chambres.

LA Serrure estant faicte de la longueur, & du coste qu'il faut, vous verrez si vous pourrez ferrer les quadres, ou armoyres auec fiches comme l'on fait d'ordinaire, ce qui se fera aysément, pourueu que les quadres ne soiét point par trop haut, & trop pres du pillastre, où il y à quelques-fois des colomnes balustres, ou autres ornemens en saillie, tellement que l'on est contrainct de les ferrer auec des piuots qui sont adiustez, & entaillez dans le quadre, & retenus auec des vis, ou iceux piuots faits en esquierre, & entaillez dans le mittan des angles desdits quadres, qui est la meilleure façon pour ferrer les piuots, qu'il faut entailler de leur espaisseur, dans les angles dudit quadre apres qu'ils auront esté plyez : & ferez en façon que la pointe du piuot soit aussi esloygnée du pilastre comme les moulleures, ou autres ornement qui seront sur les quadres auront de saillie. Apres que lesdits piuots seront entaillez iustement au long, & au bouts d'iceux quadres, vous osterez lesdits piuots de leur place, les posans iustement dans la fueilleure, & place du quadre, & auec vn marteau vous fraperez dessus au droict du bout du piuot qui marquera, où il faut faire son trou dans le bois, ou bien en prendrez la mesure auec vn compas, puis les ferrerez iustement. Nottez qu'il est necessaire de tremper le bout desdits piuots, affin qu'on ne les puisse couper : ie ne veux point dire auec quoy, les bons ouuriers qui en ferrent souuent m'entendront bien. A ces cabinets on y met pour l'ordinaire, de petites serrures à tour, & demy, ou à deux pesles polis, auec des secrets, & bonnes gardes aux serrures.

CHAPI-

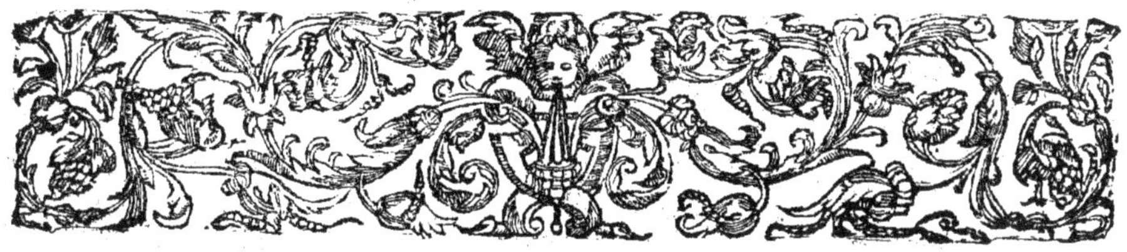

CHAPITRE XLIX.

Pour ferrer coffres.

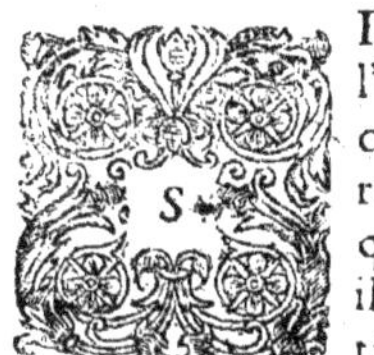

SI vous voulez ferrer simples coffres, ou boëttes, on y met pour l'ordinaire des serrures quarrées qui se mettent par le dehors, comme l'on fait aux bahus, & autres choses semblables. Les serrures qui se mettent par le dedans, se sont houcettes, pesles en bort qui sont les moindres qui se mettent aux simples coffres: Celles ou il y à plus d'asseurance, que l'on doit mettre aux coffres forts, & autres choses semblables, sont serrures à 2. 3. 4. 5. 6. 7. 8. 9. 10. 11. ou douze fermetures que i'ay monstré cy deuant par figures, & le moyen de les faire, toutes lesquelles serrures depuis qu'elles passent trois fermetures sont extraordinaires, & difficilles à faire, par ce qu'il y faut mettre doubles gachettes, pesles à pignons, pesles brizez, ou pesles à S. comme vous pourrez voir dans les figures, qui ne se practiquent que peu souuent, par faute que ceux qui en ont affaire, n'en ont la cognoissance, & quelques-fois les ouuriers faute de ne prendre peine à rechercher ce qui despend de cest Art.

A ces coffres on met quelques-fois des tournoueres que l'on met par le derriere du coffre, & riuées par le dedans auec le lacet qui à deux pointes. La tournouere est vne autre piece de fer pointu par vn bout, qui entre iustement dans le milieu du couuercle du coffre par le derriere. L'autre bout de la tournouere est percé pour passer ledit lacet, auec vn petit tallon qui fait arrest: lors que l'on veut ouurir le couuercle du coffre, plus que son quarré.

Ceste façon est ancienne, & tres-bonne n'estoit que le couuercle du coffre ne tombe pas iustement, comme auec des bandes lardées, qui sont bandes de fer, adiustées à simple, ou double charnie, comme coupplets, ou fiches françoises, quelles bandes l'on fait passer, & larder au trauers du derriere d'iceluy coffre, & recourbées par dedans, & retenu auec du clou: l'autre bout de ladite bande passe par dessous le couuercle du coffre, attaché, & riué par dedans auec cloux riuez, qui ont la teste quarrée, ou en louzange, pollie, & entaillée par dessus le couuercle du coffre. Ceste façon est tres-bonne, pourueu que les cloux soient bien riuez, & que la riueure de la charniere soit bien riuée en demy rond, en façon qu'on ne la puisse desriuer, lors qu'elle est attachée au couuercle du coffre: autrement elles ne valent rien, affin que l'on s'en prenne garde.

Il est necessaire de ferrer les coffres forts, auec ces bandes lardées, pour faire entrer les auberons qui sont riuez sur les bandes, iustement dedans leurs auberonnieres, qui sont dedans le bord de la serrure: & aussi que ces bandes lardées tiennent & empeschent qu'on ne puisse fendre & rompre le coffre, pourueu qu'il soit garny de bonnes esquierres, entaillées de leur espaisseur dedans les angles dudit coffre: faut aussi vn recouurement au couuercle, en façon qu'on ne puisse passer aucun outil entre le couuercle & le bord de la serrure.

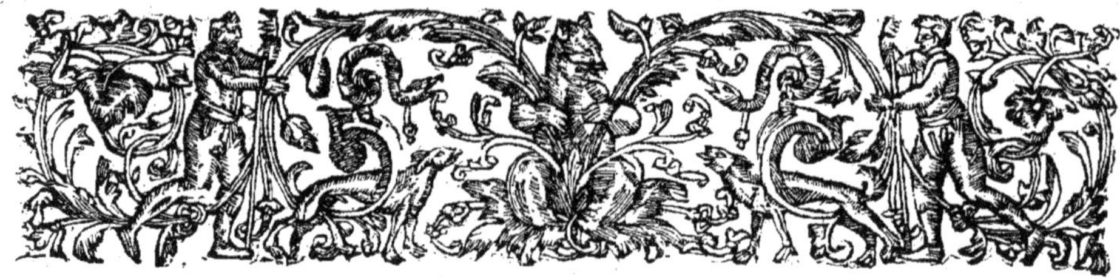

CHAPITRE L.

Pour faire boucles, heurtoüers, tiroüers, platines, & escussons, pour mettre aux portes, & cabinets, respondant aux figures suyuantes, marquées 44. 45. 46. & 47.

LES boucles representées dans la quarante-quatriesme figure, monstrent comme il en faut faire pour des grandes, & petites portes: & pour des cabinets, contoüers, & layettes, qui serõt faites selon la grandeur des portes, auec pareil ornement que monstrent les figures, si on veut: on en pourra faire d'autre façon selon le merite du lieu où elles doiuent estre mises.

LA quarante-cinquiesme figure, monstre comme il faut faire les Escussons pour mettre aux clinches dont i'ay perlé cy deuant, elle pourroit seruir à mettre dessous des heurtoüers, pourueu que l'on n'y face point d'entrées pour les clefs.

LEs deux platines representées en la quarante-sixiesme figure, peuuent seruir à faire des locquets à poussier, ou à mettre à des pesles dormans, auec vn locquet que l'on met dans le pallastre. Elles peuuent aussi seruir à faire des escussons pour des clinches dont i'ay parlé cy deuant, & à mettre sous les heurtoüers representez dans la figure suyuante.

EN la quarante-septiesme figure, est demonstré des heurtoüers pour mettre aux grandes portes, pour les entrées des logis: auec deux petits tiroüers, auec leurs rozettes, pour mettre à des cabinets, layettes, & contoüers: lesquelles pieces se doiuent faire de relief, comme on peut voir dans les figures.

LEs deux rozettes cy dessous, peuuent seruir à mettre sous les boucles, ou tiroüers demonstrées dans les figures suyuantes: elles peuuent aussi seruir à mettre sous les cloux que l'on met aux portes, & au milieu des croysées. On en pourra faire de diuerses façons, selon le merite du lieu où on les desire mettre.

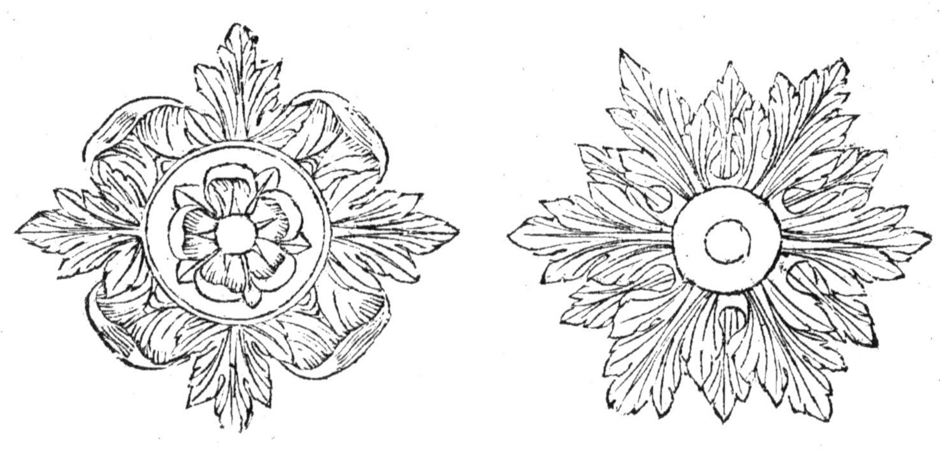

FIGVRE. XLIIII. F. 99

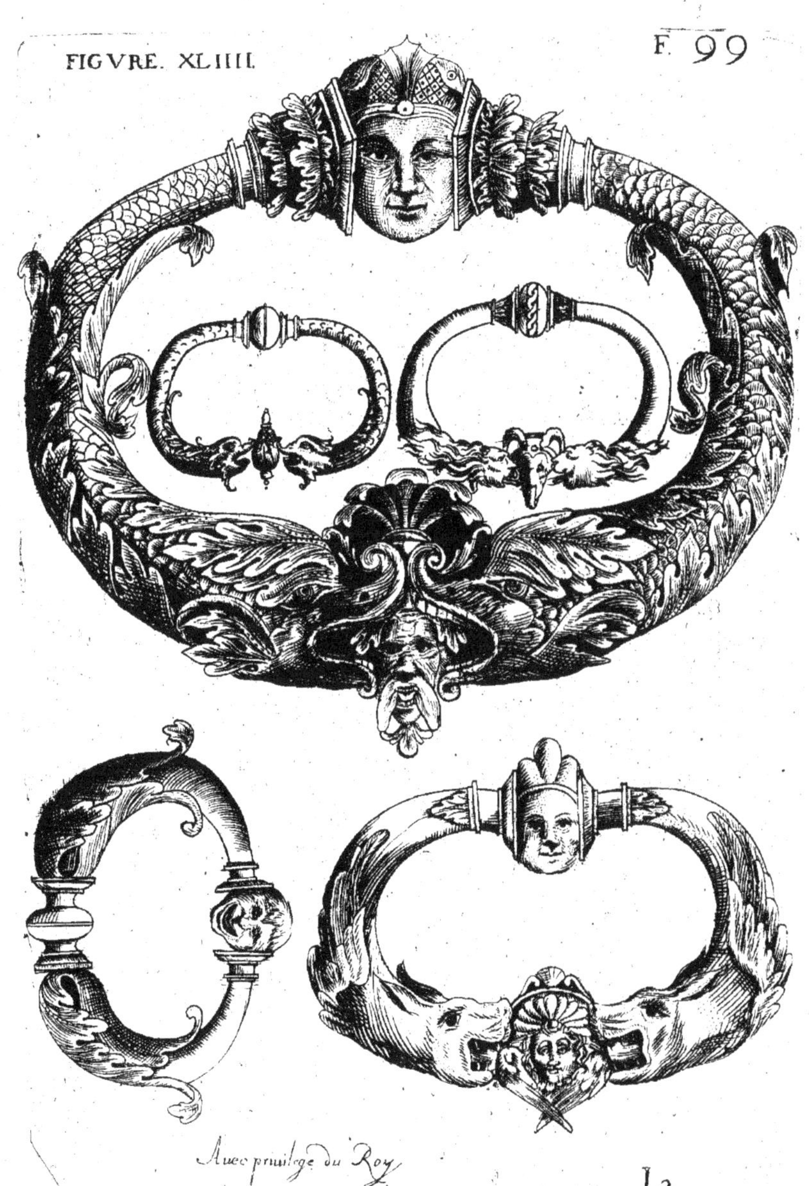

Auec priuilege du Roy

I 2

FIGVRE XLV.

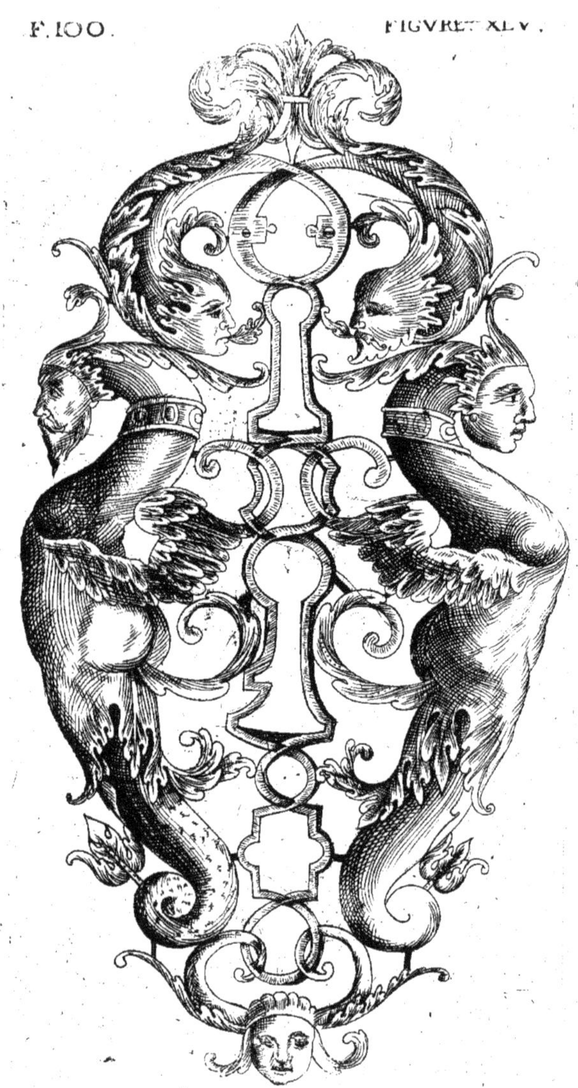

FIGVRE. XLVI.

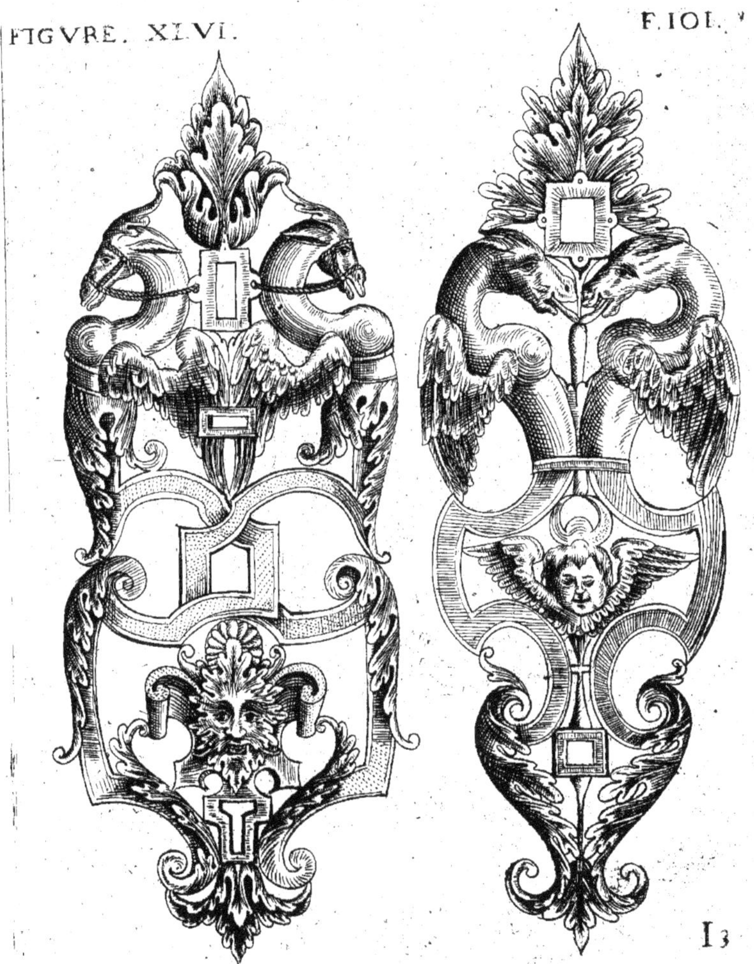

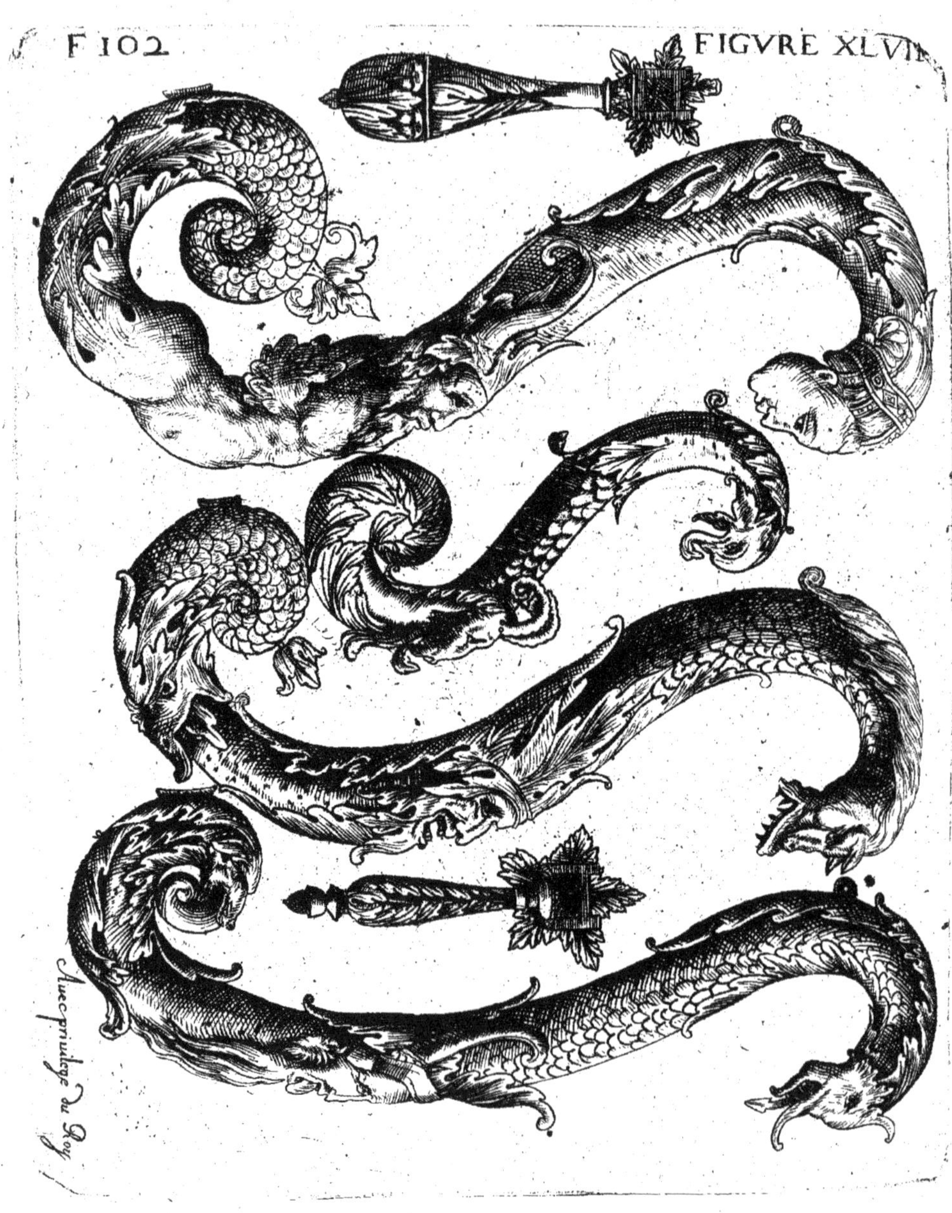
F 102
FIGVRE XLVIII
Auec priuilege du Roy

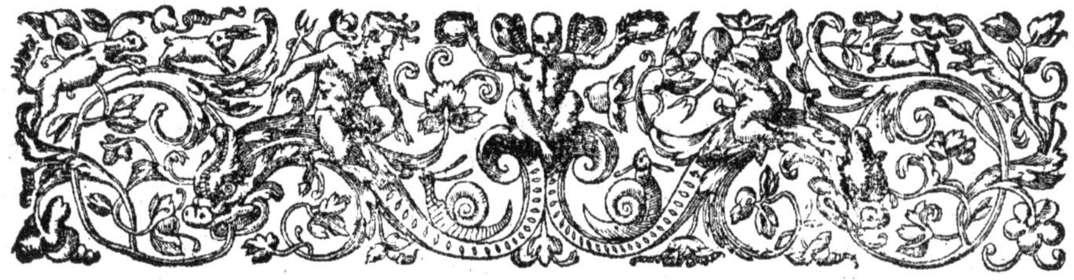

CHAPITRE LI.

Pour faire targettes, respondant à la 48. figure.

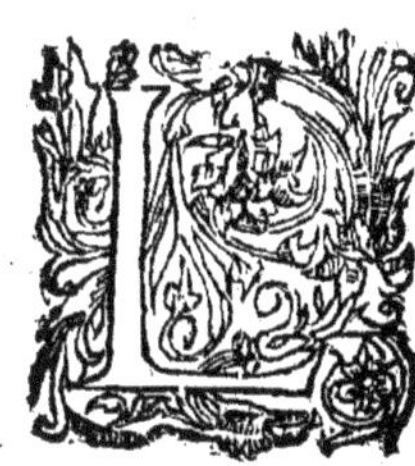

LE bois des fenestres & croisées, se fait de diuerses façons: c'est pourquoy il y faut diuerses ferrures. On est contrainct en quelques endroits de les ferrer auec fiches, qu'il faut poser sur le quarré: oubien les ferrer auec des coupplets qui portent leur paumelle, qui est recourbée en esquierre, sur lesquelles on vuide quelquesfois des fueillages, chiffres, ou autre ornement: on met par le dessous quelque couleur de peincture. ou autre chose, qui donne de l'esclat dauantage à l'ouurage: comme il faut faire à tous ouurages vuidez à iour. De l'autre costé de la paumelle, il y faut vne charniere, où est adiusté le coupplet, qui est pareillement vuidé auec tel ornement que l'on veut, qui trauerse le vanteau de la croisée. Ces paumelles, & coupplets sont pollis, ou estamez en poisle, comme ie diray cy-apres. On fait ceste façon de ferrure, lors que les croisées, ou fenestres sont enrazées, & que les guichets affleurent les fusts à verre, par le dedans.

On met à ces croisées des targettes vuidées, & entaillées de leur espaisseur dedans le bois: quelques vns mettent les varroüils des targettes par dessous la platine, retenus auec vne petite couuerture, ou deux cramponnets, aussi entaillez dedans le bois. Nos Anciens les faisoient de ceste façon, que quelques vns de nos modernes practiquent encores, lors que le bois des croisées est fait comme i'ay dit.

Si les croisées sont auec vn recouurement par le dedans, on les ferre en quelques lieux auec fiches à gonds, fiches à piton, de deux ou trois façons, fiches à simple charniere, fiches à double, ou double-double charnieres, qu'on appelle fiches Françoises: toutes lesquelles fiches sont bonnes, pourueu qu'elles soient bien soudées, adiustées, & riuées auec riueures qui soient bien rondes, & iustes dedans les nœuds, limées, desgauchies, & bien ferrées dedans le bois.

On met à cesdites croisées des targettes, de plusieurs & diuerses façons, où l'on met quelques fois les chiffres, ou armoiries de ceux qui les font faire: ou y mettre autres targettes de relief, decouppées sur du plomb, tout au trauers: autres targettes de relief, où le fond, ou champ est seulement enfoncé, sans estre couppé.

Pour faire ces targettes de relief, il faut premierement auoir vn dessein, fait sur du papier, ou parchemin, de la targette, ou autre chose que vous voudrez releuer, que vous picquerez auec vne esguille pour en faire vn ponsif. Ce qu'estant fait, vous prendrez vne piece de fer doux & malleable, de l'espaisseur de trois quarts de ligne, ou enuiron, & vn peu plus grande que le dessein, que vous mettrez sur vne piece de plomb, meslé auec vn peu d'estain, pour le rendre vn peu plus ferme. Apres vous moüillerez vn peu vostre platine de fer, & poserez vostre ponsif & dessein dessus, & prendrez vn peu de croye blanche battuë en pouldre, mise dans vn petit sac, auec lequel vous frapperez vn peu sur le ponsif, qui marquera vostre dessein sur la piece de fer, qui sera retenuë sur le plomb auec cinq, ou six petits crochets, qui entreront dans vne piece de bois de bout, en façon que la piece de fer ne puisse se mouuoir en frappant dessus, pour la releuer. En apres vous aurez vn cizelet, fait en demy rond par le deuant, auec lequel vous marquerez, ou couppe-rez tout au trauers vostre piece de fer, traçant à petits coups de marteau tous les endroits marquez auec le ponsif, & croye blanche : puis apres vous enfoncerez tous les fonds, ou champ, & refendrez toutes les figures, fueillages, & autres choses marquèes sur la platine & dessein : puis apres l'estamer, & esmailler, comme ie diray cy-apres.

On fait aussi des targettes d'estain, que l'on iette en moulle fait de plastre, & ciment, ou pour le mieux, dans vn moulle fait de plomb.

Pour faire les moulles de plastre, & de plomb, pour faire targettes, & autres pieces, d'estain.

VOus ferez premierement vn modelle de fer, de la targette, ou autre piece que voudrez ietter en moulle, d'vne ligne d'espaisseur, ou enuiron, selon l'espaisseur que l'on voudra donner à la targette : lequel modelle sera vuidé, polly, graué en relief, ou en plat, de telle figure que vous voudrez faire la targette, mesmes y faire les trous pour les cramponnets, & estoquiau pour le battant, & ressorts s'il y en faut, pour repousser le battant, que l'on ouure auec vne ficelle, ou autre chose : vous y ferez aussi les trous, pour les riuer sur vne platine de fer, & pour les attacher au bois. Toutes lesquelles vuidanges, graueures, & trous, seront faits plus ouuerts par le dehors, que par le dedans, affin que les pieces se puissent aysement leuer, & despoüiller de dessus le moulle. Apres que le modelle sera fait, vous ietterez vostre plastre cuit, comme i'ay enseigné, & meslé auec vn peu de brique, que vous detremperez auec eau claire, mettant vn carton à l'entour, pour arrester le plastre, qui sera détrempé clair comme moustarde, ou dauantage : puis vous huillerez vostre modelle auec huille d'oliues, ou le moüillerez auec eau de sauon : apres vous ietterez vostre plastre ainsi détrempé, sur ledit modelle, de l'espaisseur d'vn poulce, & tout à l'entour, que vous laisserez secher à demy, puis vous l'enleuerez, & y ferez de petites entailles en deux, ou trois endroits, pour seruir de repaires, ou mammelles, du costé de la figure, auec vn iect, le dresserez de tous les costez, & en osterez le modelle, le faisant sortir doucement, de peur de rompre quelque piece du moulle : Par apres vous remettrez le modelle dedans le moulle, & l'huillerez par dessus, pour y ietter dessus du plastre, de pareille grandeur & espaisseur du premier costé, & le laisserez secher à demy, lors vous le dresserez tout à l'entour : Puis vous ouurirez le moulle auec le taillant d'vn cousteau, & le laisserez secher. I'eusse descrit entierement la façon de faire des moulles de plastre, pour faire figures, & autres choses, dont plusieurs se seruent : mais cela ne concernant point l'art de Serrurier, & ces moulles estant de fort peu de durée, s'ils ne sont bien faits, & conduits doucement, ie m'en tairay.

Pour faire moulles de plomb.

SI vous voulez faire moulles de plomb pour faire lesdites targettes, & autres menus ourages, il faut tousiours faire vn modelle de fer, ou laton, comme i'ay enseigné : puis vous le noircirez auec fumée de chandelle de rousine, ou autre, & le mettrez sur vne pierre droicte, & seche, puis vous l'entourerez tout à l'entour auec

auec du carton, ou autre chose,& ietterez du plomb dessus, de l'espaisseur de huict ou neuf lignes, en pesant sur ledit modelle auec quelque fer pointu, pour empescher qu'il ne s'enleue, & qu'il n'aille du plomb par dessous le modelle: estant ainsi ietté, & froid, vous le dresserez de tous les costez, & adiusterez dessus vne pierre, ou tuffeau,qui puisse endurer le feu sur ledit moulle,par le costé du dedans,auparauant que d'en oster le modelle, quelle pierre sera faite de la grandeur du moulle, que vous marquerez l'vn sur l'autre, auec de petites marques pour les remettre iustement en leur place, lors que l'on iettera les pieces dedans, & y faire vne ouuerture par vn bout, pour ietter l'estain dedans. Apres que le moulle sera fait, & ladite pierre adiustée dessus, vous prendrez de la chandelle de rouzine, ou autre, auec laquelle vous enfumerez le moulle, en façon qu'il soit noircy par tous les endroits par le dedans: autrement l'estain se souderoit, & attacheroit contre le moulle en iettant les pieces dedans. Lors que le moulle sera bien noircy, & enfumé, vous le ferez vn peu chauffer, & ietterez l'estain fondu dedans, qui viendra graué, & vuidé comme le modelle, sur lequel le moulle aura esté fait.

Apres que vos pieces auront esté iettées vous les dresserez auec le cousteau, s'il y a quelques petites barbes, & les pollirez doucement auec vn brunissoüer. Ce qu'estant fait, vous ferez des platines de fer battuës assez terue, que coupperez de la grandeur de vos targettes, y marquant les trous pour les riuer sur la platine, & pour les attacher sur le bois, & les trous des cramponnets, estoquiaux, & ressorts. En apres vous aurez vne piece de drap, ou autre chose, de quelle coulleur que bon vous semblera, qui sera de la grandeur de la targette, que vous mettrez entre la platine & la targette: puis vous les riuerez l'vne sur l'autre auec les cramponnets, estoquiau, & ressort, & auec deux petits riuets par les bouts, & sera fait.

Il se fait de plusieurs sortes de targettes, comme vous pourrez voir dans les figures suyuantes, lesquelles pourront seruir en diuerses façons, parce qu'elles sont my-parties, à fin qu'on s'en serue de quel bout que l'on voudra, ou des deux ensemble si on veut. I'en eusse representé où il y eust eu dauantage de besongne, n'eust esté la grande longueur du temps qu'il faudroit à les faire. Celles-cy sont faciles à faire, & auec peu de temps: elles sont faites particulierement pour les faire de relief, & decouppées sur le plomb, comme i'ay enseigné: on les pourra vuider, & pollir auec la lime, si on veut: on y pourra adiouster ou diminuer, selon l'industrie des ouuriers, & le merite du lieu où elles doiuent seruir, mesmes y faire les chiffres, ou armoiries de ceux qui les feront faire.

CHAPITRE LII.

Pour estamer en poisle, targettes, & autres pieces.

SI vous voulez estamer en poisle, targettes, ou autres pieces, qui ne soient de relief, vous les limerez & blanchirez auec la lime, en façon qu'il n'y demeure point de taches noires: puis apres vous les huillerez tout aussi tost qu'elles seront blanchies, oubien vous les mettrez chauffer sur le feu, fait de charbon de bois, si chaudes que la rouzine puisse aysément se fondre dessus, se donnant garde qu'elles ne chauffent par trop, par ce que si elles prennent couleur sur le feu, on ne sçauroit les estamer iusques à ce qu'elles soient reblanchies. Lors qu'elles seront chaudes vous les prendrez auec des tenailles, & vous passerez de la rouzine qui soit bien claire, & nette, sans estre sablonneuse, par dessus lesdites targettes tant qu'elles soient couuertes par tous les endroits, qui empeschera que la roüille ne pourra les gaster, & les conseruera plus long-temps que l'huille.

Lors que vous voudrez les estamer, faut auoir vingt-cinq ou trente liures d'estain fin, sans estre meslé de plomb, que vous mettrez dans vn vaisseau de fer, soit chauderon, cuillere, ou poisle faite expres, que l'on fait d'vne grande piece de fer, battuë de telle espaisseur, grandeur, & figure que l'on veut: à laquelle poisle vous mettrez des pieds pour la supporter sur le feu: puis vous la mettrez chauffer sur le feu fait de charbon de bois. L'estain estant fondu vous mettrez les targettes dedans, iusques à ce qu'elles prennent vne belle couleur iaune: les ostant de dedans pour voir la couleur, & si l'estain prend par tous les endroits, sans y auoir aucune tache, s'il y en a vous passerez de rechef la rouzine par dessus, iusques à ce qu'elles soient estamées comme il faut. Si elles ne prennent vne belle couleur dans l'estain, vous passerez vne plume par dessus, pour les nettoyer, & en oster l'estain, ou escume en sortant de la poisle: estant bien nettoyées vous les mettrez sur le feu, iusques à ce qu'elles prennent vne belle couleur. C'est le seul remede que i'aye peu trouuer pour leur donner bonne couleur, lors que l'estain n'est pas bon.

Si ce sont des targettes, ou autres pieces de relief, que l'on ne peust blanchir auec la lime, apres qu'elles sont releuées, & embouties, vous les mettrez tremper cinq, ou six heures dans du vin-aigre, ou lye de vin: en apres vous les ferez boüillir dedans, puis vous les escurerez, & nettoyerez auec du sable, iusques à ce que toutes les taches en soient ostées. Puis vous les essuyerez, & ferez secher promptement sur le feu, autrement la roüille s'y accueilleroit: en apres vous les huillerez, ou rouzinerez, & estamerez comme i'ay dit.

Vous pourrez encores estamer autrement, apres que la besongne est blanchie auec la lime, ou vin-aigre, vous la tremperez dans de l'eau claire, puis vous la mettrez dans de la rouzine battuë en pouldre, en façon que la besongne soit toute couuerte d'icelle pouldre: puis vous mettrez lesdites pieces promptement dans l'estain, qui doit estre fondu sur le feu: & faire ainsi à toutes les pieces l'vne apres l'autre, ne les moüillant qu'à mesure qu'on les estame. L'estain prend promptement sur le fer de ceste façon, il ne faut pas qu'il y ayt par trop d'eau sur vos pieces, il suffit qu'elles soient moüillées simplement, pour faire prendre la rouzine par tous les endroits de la piece.

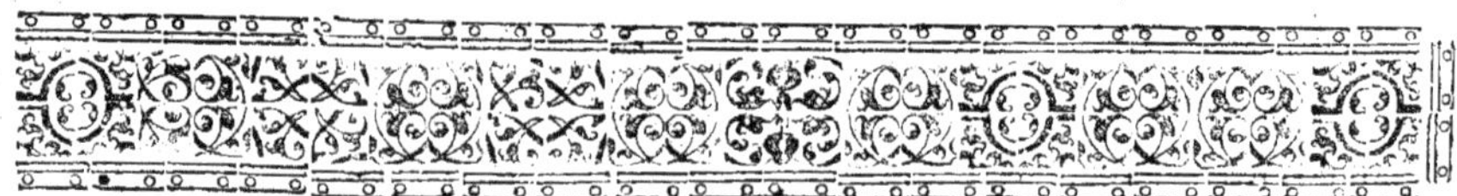

CHAPITRE LIII.

Pour faire émail, pour émailler targettes, & autres ouurages de relief.

PRENEZ vne once de poix rouzine, vn quart d'once de sandaras, & vn quart d'once de mastic en carme, que puluriserez chacun à sa part: puis les ferez fondre dans vn creuset, ou autre vaisseau de terre. Le tout estant fondu, vous y mettrez telle couleur que bon vous semblera. Si vous voulez auoir beau bleu, prenez émail fin, pour le rouge, du vermillon, ou laque: pour l'orangé, mine de plomb: pour le verd, verd de gris: & ainsi des autres couleurs mises en pouldre, lesquelles vous ferez fondre, & meslerez auec vostre rouzine, sandaras, & mastic : puis vous les laisserez vn peu refroidir, en consistance de paste, & d'icelle vous en ferez de petits bastons, auec lesquels vous émaillerez vos targettes, & autres pieces, apres qu'elles seront estamées comme i'ay dit. Vous nettoyerez, & raclerez auec quelque outil, le lieu où vous voudrez mettre l'email, puis apres vous les mettrez chauffer sur vn peu de feu, tant que vostre émail puisse fondre en le passant par dessus, le luy mettant doucement sur tous les endroits, & de telles couleurs que vous voudrez, l'vne apres l'autre : se prenant garde qu'ils ne se meslent les vns auec les autres : puis vous le laisserez refroidir, & sera fait.

Ceste façon d'émail est tres-belle, de longue durée, & faite auec peu de fraiz, & de temps.

XLVIII. FIGVRE.

Targettes.

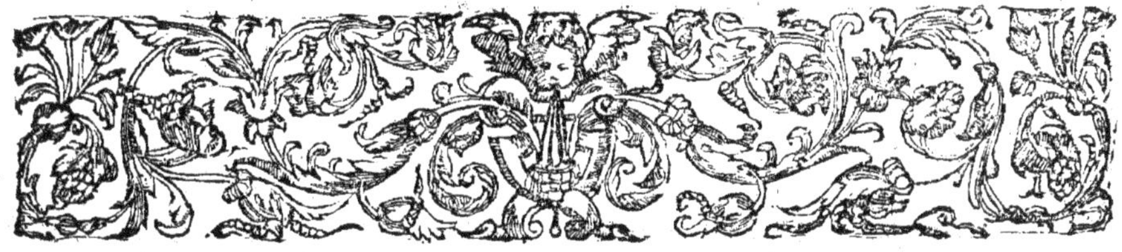

CHAPITRE LIV.

Pour faire Grilles entrelacées pour mettre au deuant des croisées, ou fenestres des logis, respondant aux figures 49. & 50.

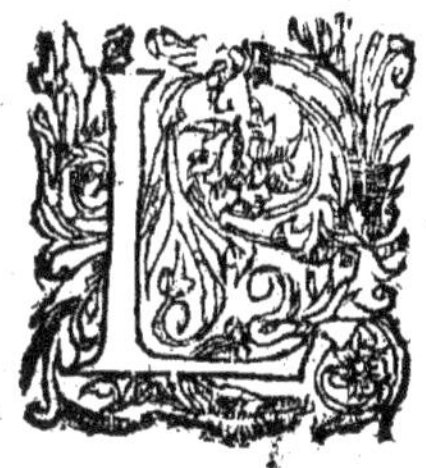

A quarante-neufiesme figure, monstre vne Grille entrelacée, ainsi appellée, à cause que tous les montans marquez A. & les trauers marquez B sont percez : dans laquelle grille y a vn quarré où il y a vn Nom de Iesvs, qui sera soudé dans le montant A. & dans le trauers B Icelle grille sera faicte de fer doux & malleable à chaud, & à froid, & que tous les montans, & trauers soient tous d'vne grosseur, & mis le plus droit, & quarré que l'on pourra : puis apres il faut y marquer tous les trous, droit sur le quarré. Ce qu'estant fait il faut les percer auec vn cizeau d'acier, quarré tout au long, & platy par le deuant sur le quarré, pour le faire en taillant par le bout comme vn cizeau commun, fors que le taillant sera au droit des quarrez, auec lequel vous fendrez la barre vn peu plus long que la diagonalle du trou quarré, affin que le cizeau, ou mandrin puisse facilement entrer dans le trou, sans le corrompre : ce qui se fera aysément en refoulant vn peu la barre apres qu'elle sera ainsi fenduë. Par apres vous prendrez vne perçoüere qui soit d'vn, ou deux poulces d'espaisseur, le plus vaut le mieux, & qu'elle soit de 5. ou 6. poulces de haut : sur laquelle perçoüere vous ferez vne coche des deux costez, en façon d'vn suage, droit par le milieu, en sorte qu'on y puisse mettre dessus les barres, ayant le quarré droit en bas, qui fera que lesdits quarrez ne se gasteront point, & les trous seront percez droit, & quarré par dessus les angles desdites barres : puis y passerez le mandrin à la grosseur des barres, en sorte qu'elles puissent entrer iustement dans les trous, les sertissant tout à l'entour dudit mandrin auec vn petit marteau.

Il faut percer les montans des costez de la grille, & les trauers des bouts tout au long, pour fermer ladite grille, ainsi qu'on void dans la figure.

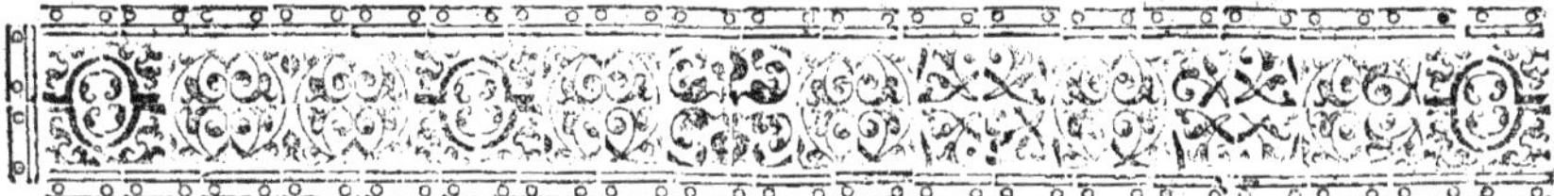

LA cinquantiesme figure monstre vne autre grille, auec cinq quarrez garnis de fleurons. Elle se doit faire & percer comme i'ay enseigné, fors qu'il faut briser les montans A. B. pour la monter. On la pourra faire de fer rond, ou quarré pour estre plus beau, & aussi plus difficile. On en pourra faire de diuerses façõs, entrelacées & coudées en cœur, en louzange, en quarré, ayant les pointes ou angles en bas : mais ie trouue celles-cy de bon seruice, & des plus faciles à faire, encores les ouuriers y seront assez empeschez s'ils ne sont bien experimentez, & s'ils ne percent iustement les trous de pareille distance, & droit sur les quarrez. On coude les bouts des montans, & trauers, apres que les grilles sont toutes montées, pour fermer la grille.

XLIX. FIGVRE. *Grille.*

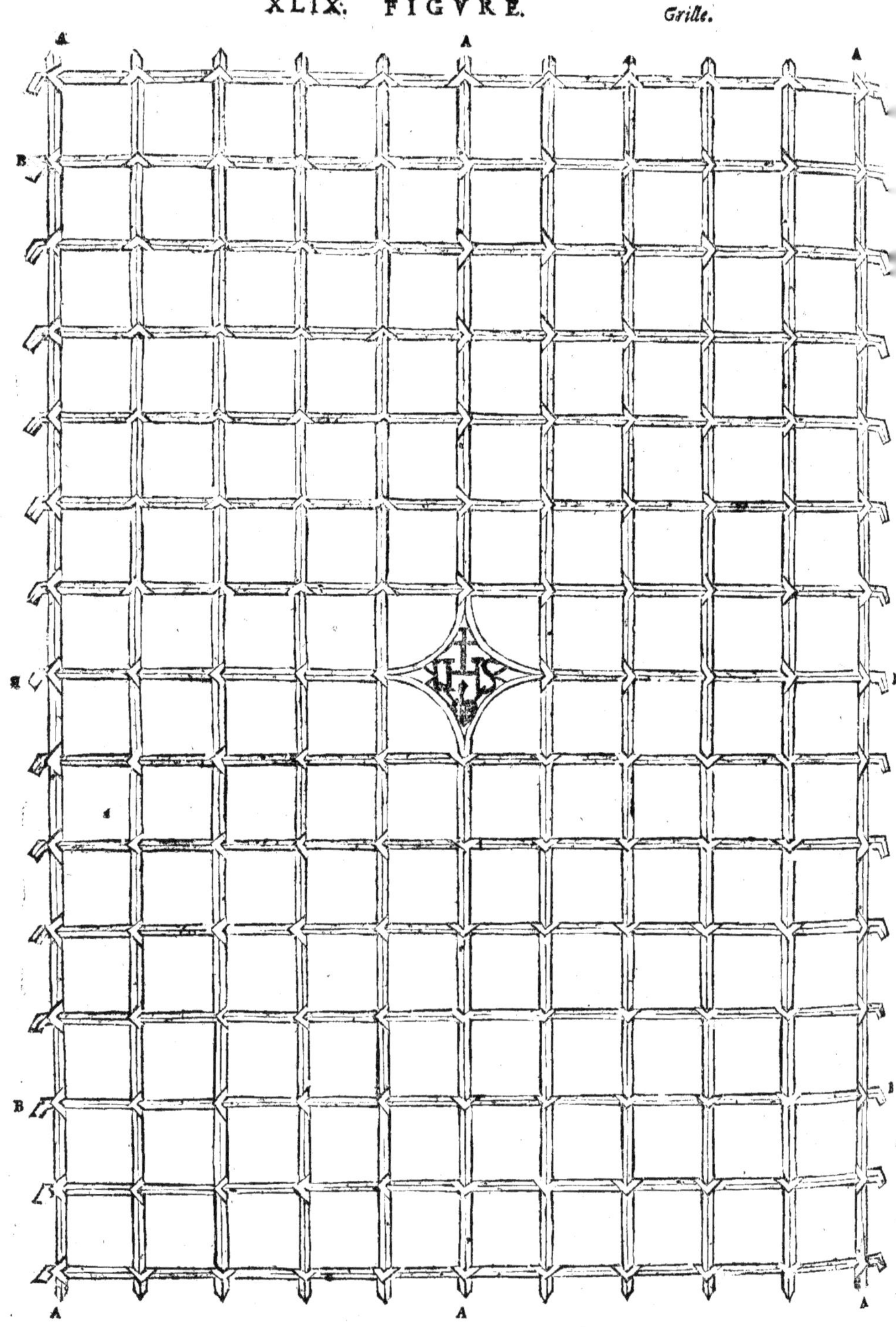

L. FIGVRE. *Grille.*

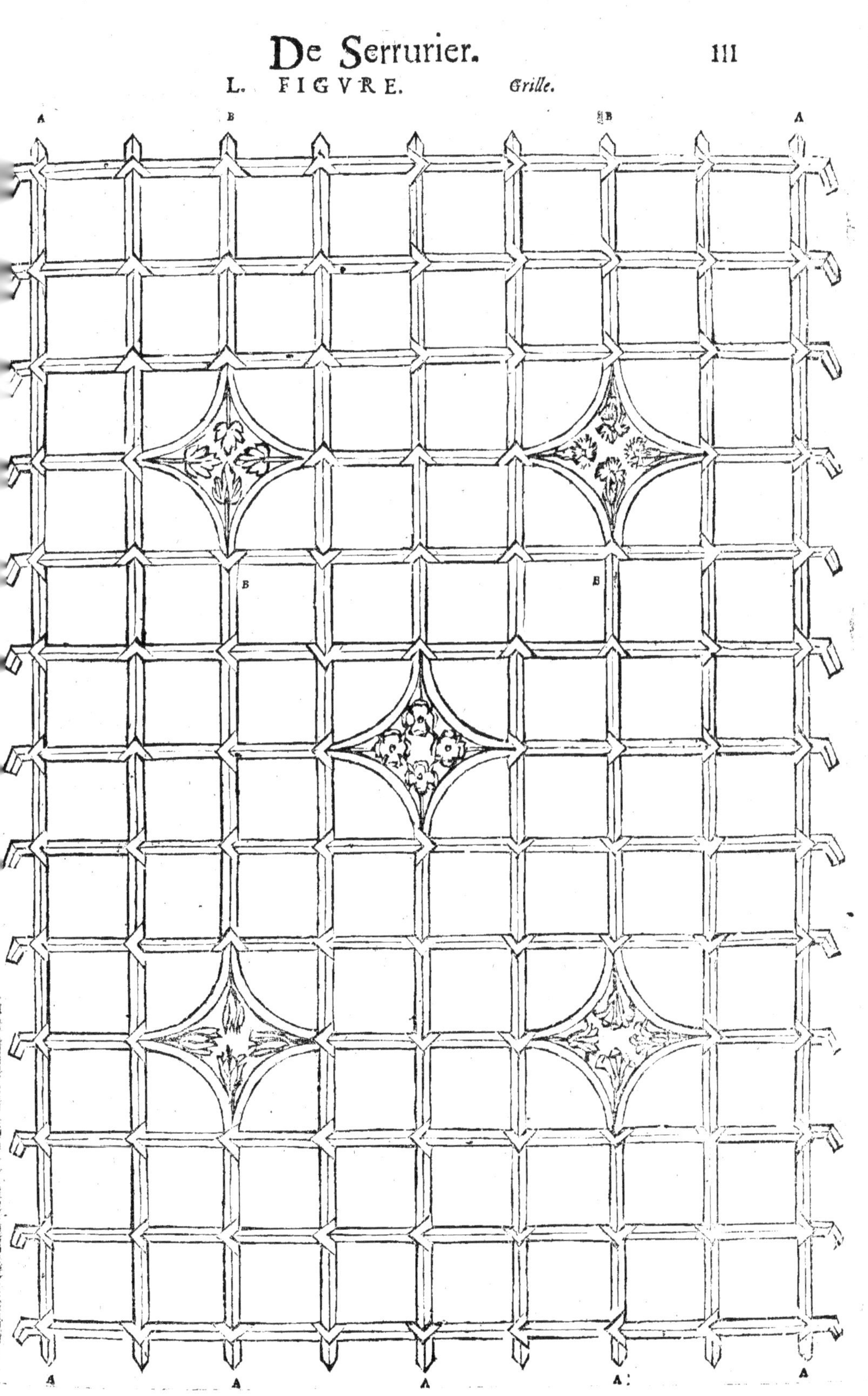

CHAPITRE LIV.

Pour faire Enseignes à mettre au deuant des logis, respondant aux figures 51. & 52.

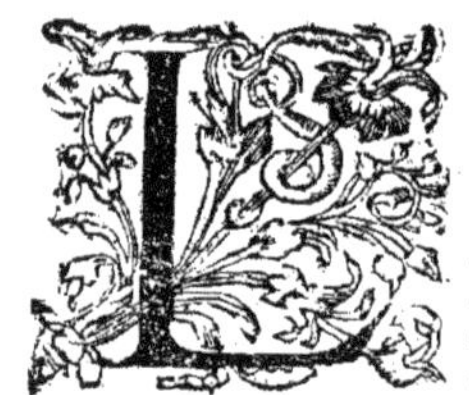

LES figures suyuantes, seruent pour porter les Enseignes, ou tableaux que l'on met pour marque au deuant des logis. Toutes ces enseignes se doiuent faire de fer doux & malleable à chaud, & à froid, à fin de pouuoir dresser, & tourner les pieces qu'il y faut: soient fleurons, fueillages, volutes, & autres pieces, comme on peut voir dans les figures, ou d'autres que l'on pourra faire de son inuention, y adioustant si bon vous semble, par ce que celles cy sont des plus communes, & plus faciles à faire qu'il m'a esté possible de desseigner.

Auant que commencer à les forger, faut premierement en faire vn dessein, qui sera fait selon la grandeur, & proportion du tableau qu'on y desire mettre: & faire ledit dessein de pareille grandeur, & mesure que l'enseigne que l'on veut faire, à fin que sur iceluy dessein on puisse forger, dresser, & tourner les pices necessaires: & faire en sorte que les principalles pieces qui doiuent porter plus de poix, soient les plus fortes, & principalement les endroits où seront soudées les petites pieces, d'autant que le fer se diminuë, & affoiblist en le chauffant. S'il faut souder plusieurs pieces ensemble, & en mesme endroit: on les pourra souder l'vne apres l'autre, ou les faire tenir auec vn lien, ou riuet, puis les souder legerement si on veut.

Apres que vostre piece sera toute soudée, & assemblée, vous la tournerez sur le dessein, qui sera fait aupres de la forge, à fin de tourner les pieces estant chaudes dessus. Ce qu'estant fait, faut les peindre & dorer à huille, selon la volonté de ceux qui les font, ou font faire.

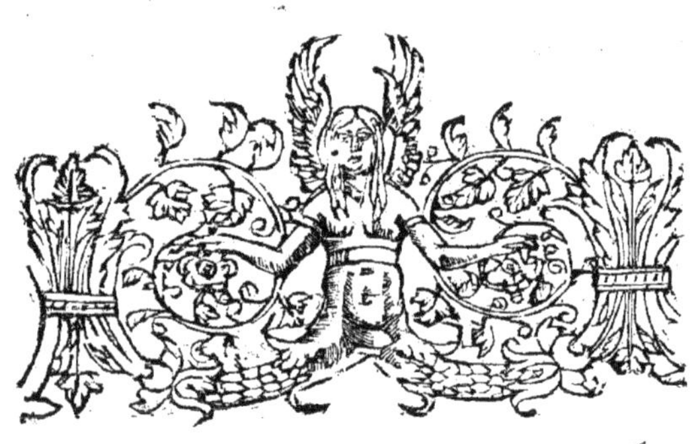

LI. FIGVRE. *Enseignes.*

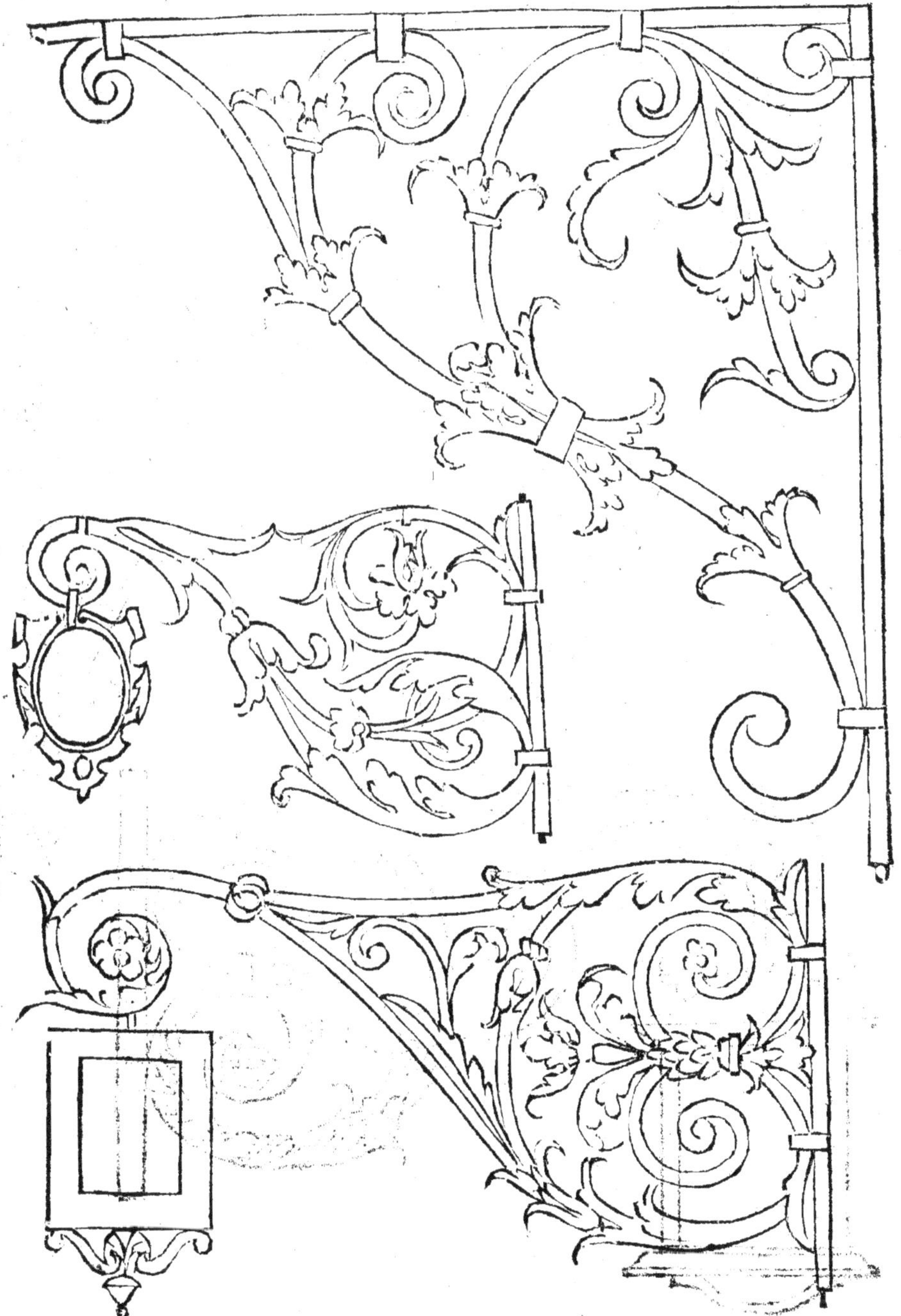

LII. FIGVRE. *Enſeignes.*

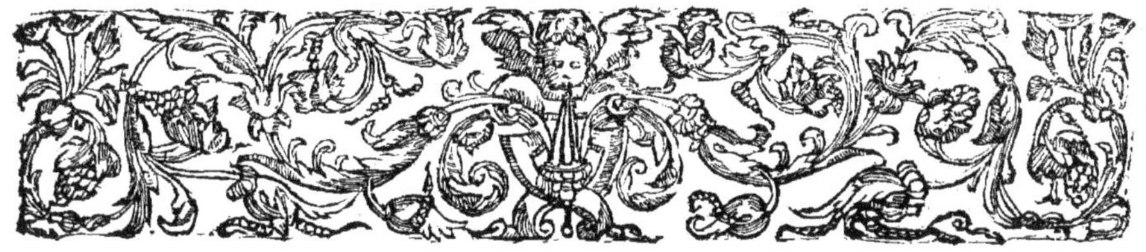

CHAPITRE LV.

Pour faire ferrures de Puits, respondant aux 53. & 54. figures.

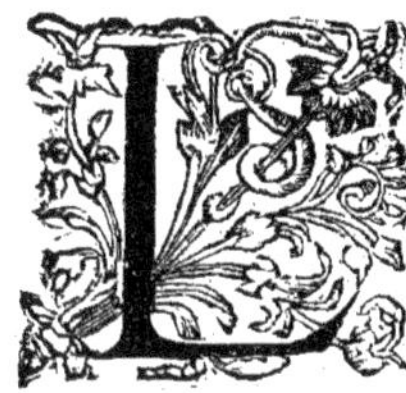

LES quatre figures suyuantes, monstrent des pilliers de fer, auec chapiteaux, fueillages, & autres pieces necessaires, pour seruir d'ornement, & pour porter des mouffles, & poullies que l'on fait pour tirer l'eau des puits. Toutes lesquelles pieces se doiuent faire de fer doux, & de force suffisante pour estre fermes, & solides. Ces colomnes, ou pilliers seront plombez sur le bord, ou accoudoüer des puits. On les pourra faire auec deux, trois, quatre, cinq, six, sept, ou huict pilliers, ou plus, selon la grandeur des puits. L'on en pourra faire de plusieurs & diuerses façons, outre ces figures que i'ay icy representées, pour estre des plus faciles, & belles, pour le peu de besongne qu'il y a. On en pourra faire auec vne consolle, ou à vn, ou deux pilliers, lors que le puits est proche de quelque muraille, ou pan de bois, dans lesquels on pourroit mettre lesdites consolles, ou autre tel ornement que l'on voudra.

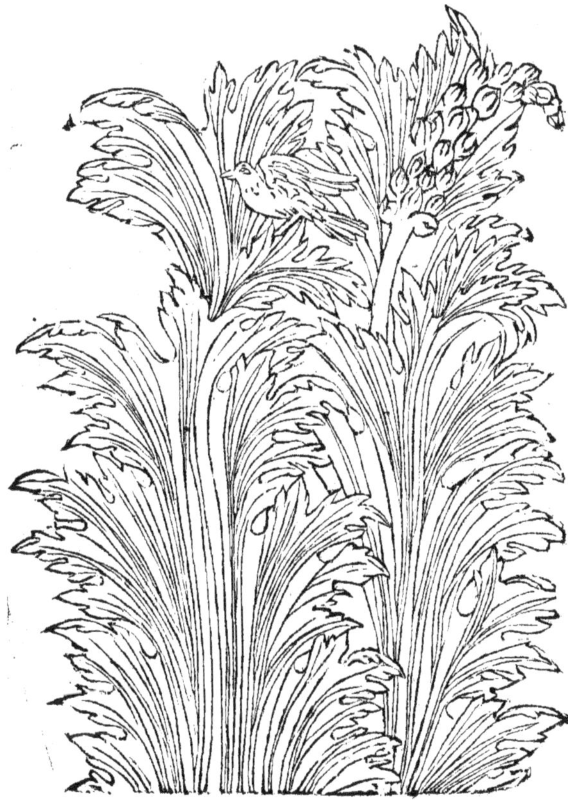

LIII. FIGVRE.

Ferrures de Puits.

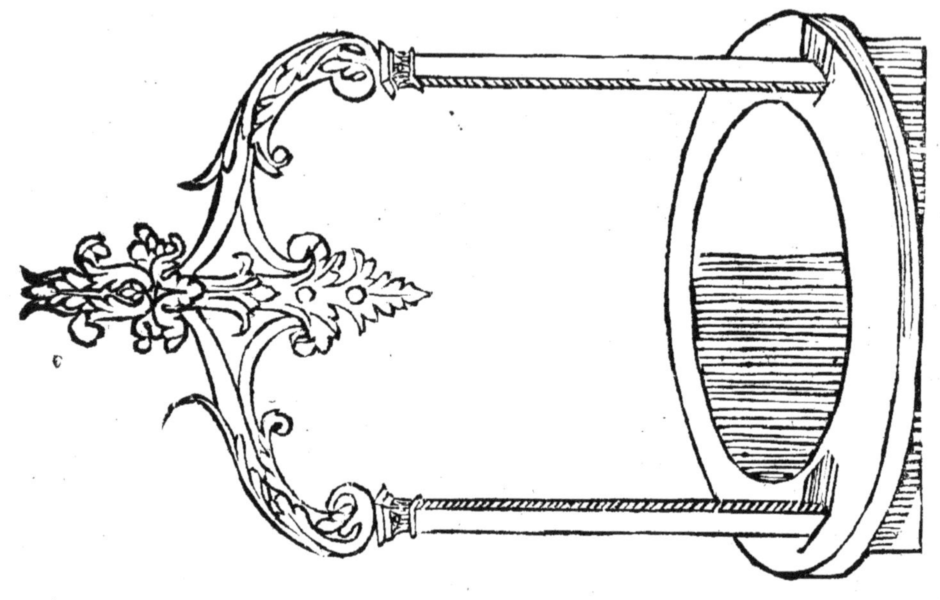

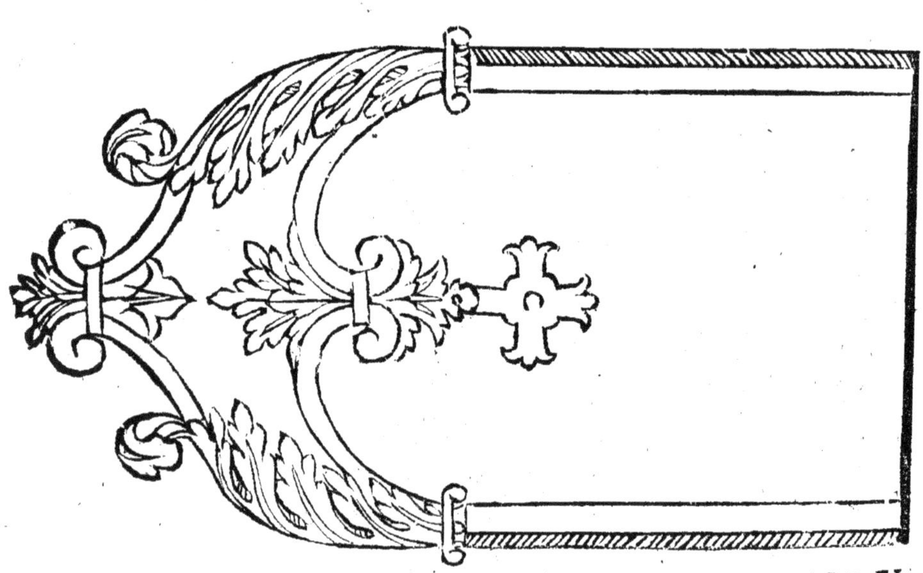

LIV. FI-

LIV. FIGVRE. *Ferrure de Puits.*

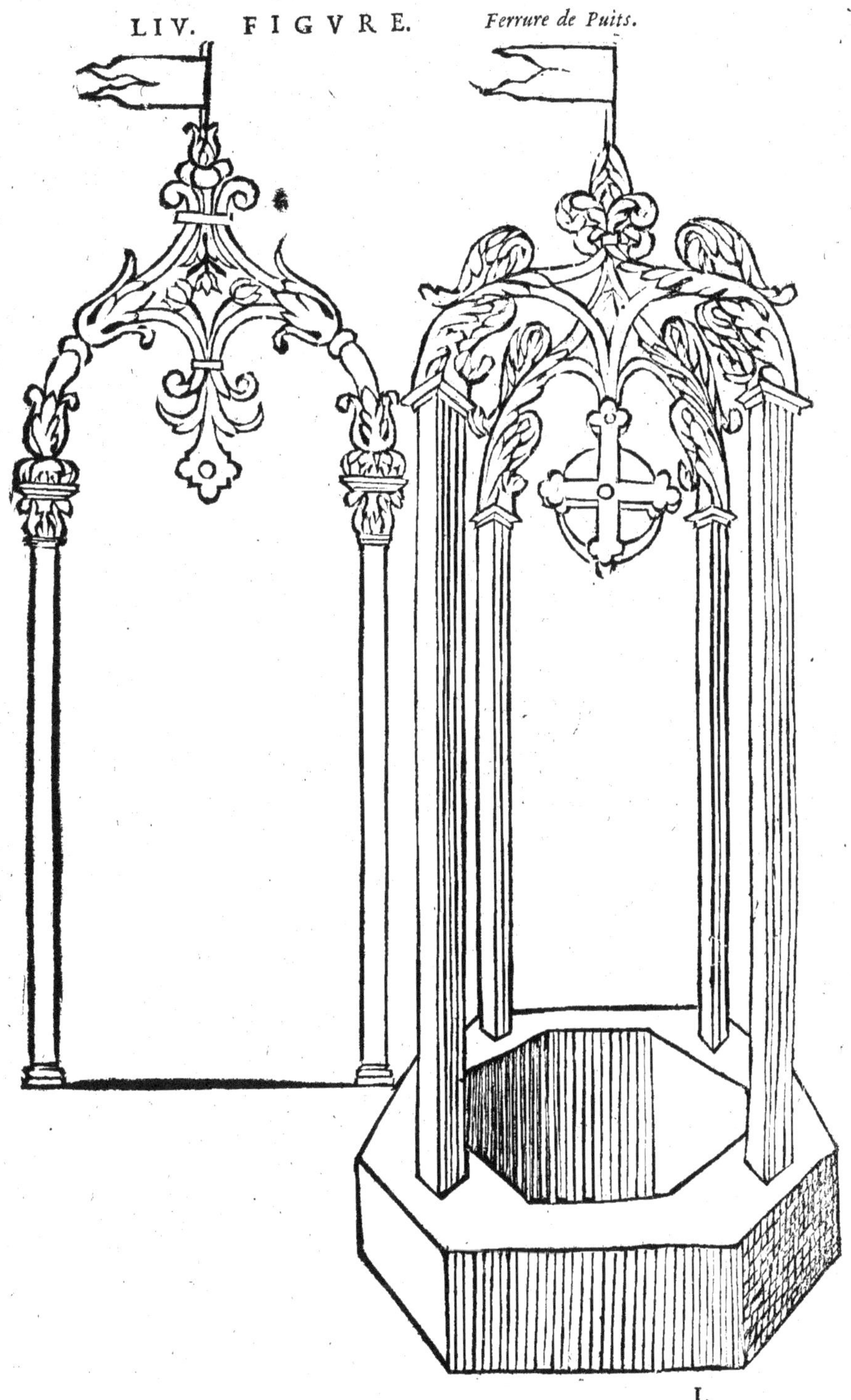

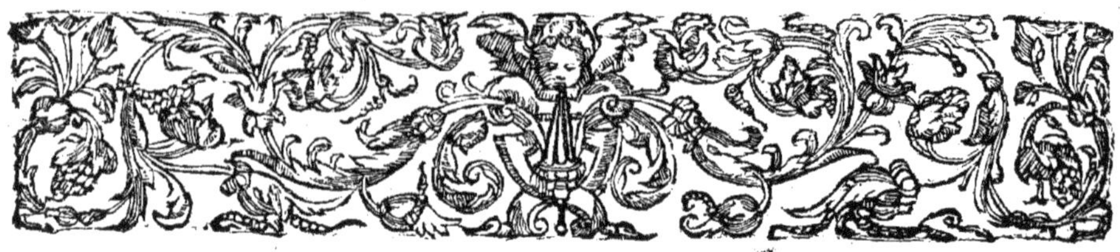

CHAPITRE LVI.

Aduertissement pour ceux qui font des fleaux de balances.

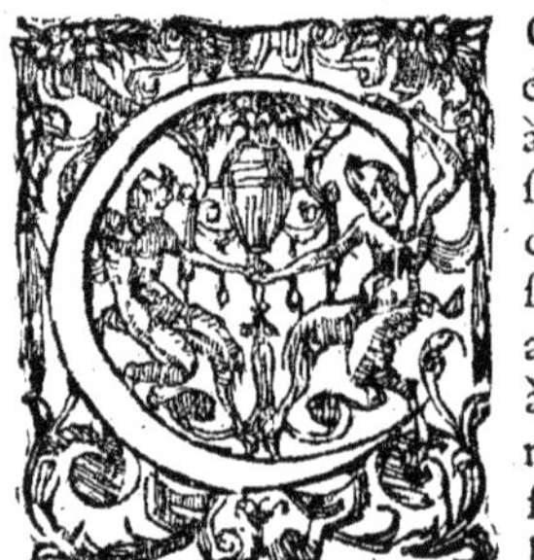

OMME en tout ce traicté ie me suis proposé de soulager en tout mon possible le Serrurier, seruant au public, & à l'vtilité d'vn chacun en particulier : aussi ay-je voulu (en suitte des serrures, & autres diuerses pieces couchées cy deuant) ioindre quelques machines despendantes de nostre art, la cognoissance desquelles ne sera moins (à mon aduis) belle & agreable, que l'vsage vtile, & profitable à ceux qui s'en seruiront. En premier lieu donc, ie parleray des fleaux de balances. Ceux lesquels en feront, ou feront faire, doiuent bien prendre garde sur tout, que l'essieu soit mis iustement au milieu du fleau, & tenu le plus rond qu'il sera possible, lequel doit entrer dans les trous de la porte, qui doiuent estre aussi faits bien ronds pour y faire entrer l'essieu iustement, lequel sera trempé, & pareillement les trous de la porte, le plus dur que l'on pourra, à fin qu'ils ne puissent s'vser l'vn l'autre.

Les fleaux les plus longs sont les meilleurs, pourueu qu'ils soient iustement percez au milieu, le plus pres du dessous que l'on pourra, autrement il s'y trouuera vn grand deffaut, & abus incogneu à la plus grande partie de ceux qui ont des balances, c'est pourquoy prenez y diligemment garde. Ie ne veux dire la tromperie qui s'y trouue, de peur de l'apprendre à quelques vns qui en vseroient mal.

Ceux qui feront des plumées, ou roumaynes, doiuent faire aussi les essieux, & portes les plus rondes & menues que faire se pourra, & le plus loin du centre, ou crochet qui porte le poix, autrement il s'y trouuera de l'abus.

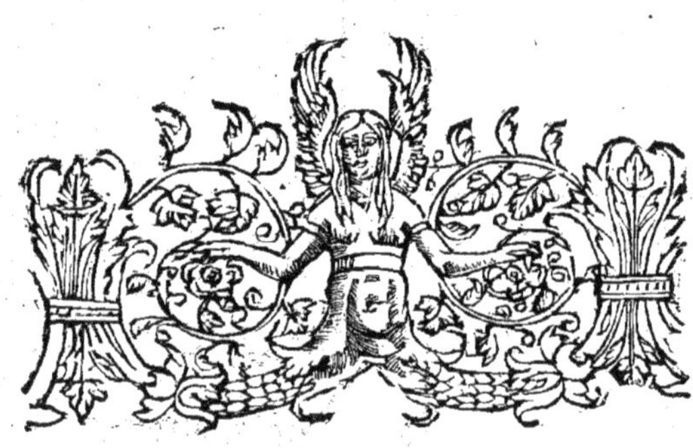

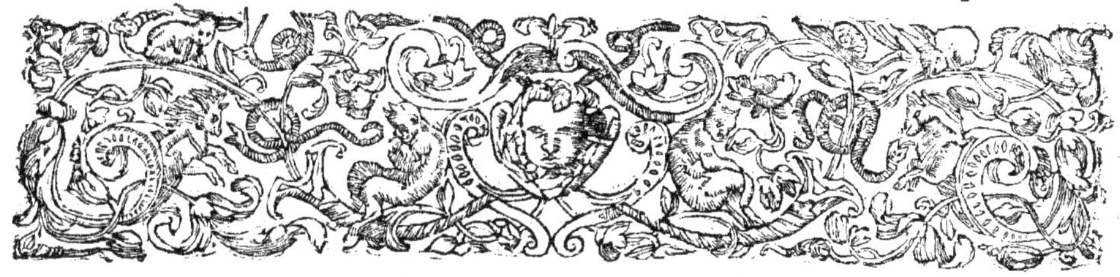

CHAPITRE LVII.

Inuention d'vne Chaire par laquelle on peut aduancer, reculer, & se tourner de tous costez, par vn simple & seul mouuement, respondant à la 55. figure.

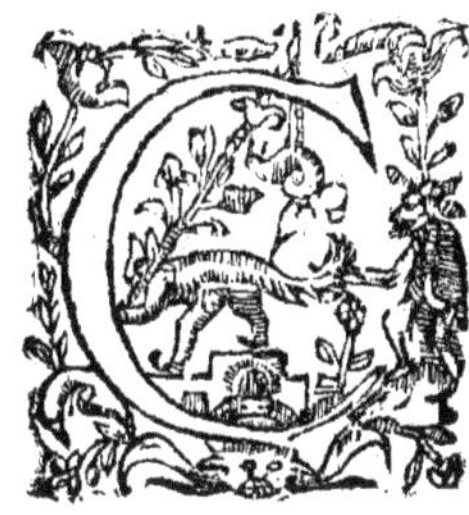

Este Chaire doit estre faite de bois de noyer, ou autre bois fort, & tous les assemblages forts, & iustement faits, à fin qu'elle puisse resister aux efforts en la poussant, & tournant de tous costez, pour la conduitte de celuy qui s'en sert. Elle sera faite de hauteur & largeur conuenable, laquelle ie ne puis dire : car cela despend de la fantaisie & commodité de ceux qui s'en voudront seruir. Toutesfois celles que i'ay fait faire estoient de vingt poulces de hauteur, depuis le marche-pied iusques au siege, & autant de largeur. Il y doit auoir six pillastres, quatre desquels se voyent dans la figure, & deux autres qu'il faut mettre sous le marche-pied qui doit estre au deuant de la chaire, dans lesquels seront assemblez deux entre-toises, qui trauerseront iusques aux deux pillastres du derriere, où lesdites entre-toises seront assemblées par l'autre bout, lesquelles porteront les pilastres du deuant, qui supporteront le siege, & les accoudoüers par le deuant. Et par sous ces pillastres vous mettrez quatre poullies de fer, ou de cuiure tournées en rond, & en osterez les quarres, à fin qu'elles puissent mieux tourner de tous les costez. Ces poullies serõt mises dans vne fourchette de fer, coudée de deux poulces & demy, laquelle doit auoir le bout du haut arrondy, de 5. ou 6. poulces de longueur, pour mettre dans vn canon de pareille grosseur & hauteur, où ladite fourchette tournera sur vn arrest, ou embasse qui sera le plus pres de la poullie & coude que l'on pourra. Ceste fourchette sera riuée auec vne contre riueure par dessus le canon, au bas duquel sera soudé, ou riué vne petite platine de fer, qui sera percée pour l'attacher par dessous les pillastres. Apres que vous aurez adiusté les canons, & fourchettes, vous ferez en sorte que les poullies soient mises de niueau par dessous la chaire, à fin qu'elles se tournent de mesme hauteur. Si on veut on peut mettre dans les accoudoüers d'icelle chaire de petites barres de fer, assez fortes pour pouuoir mettre dessus quelque petite tablette pour seruir à escrire, ou à mettre quelqu'autre chose, soit pour boire, ou pour manger. Vous en voulant seruir vous tirerez lesdites barres de fer des accoudoüers de la chaire, & poserez la tablette dessus : puis vous en estant seruy, vous la pourrez remettre en sa place, & les repousser dans lesdits accoudoüers, sans qu'ils parroissent, fors seulement par le bout de deuãt, qui sera vn peu à crochet par le haut pour arrester la tablette, & pareillement coudées par l'autre bout, à fin qu'elles ne sortent du tout en les tirant. Lequel crochet, & barres serõt entaillez dans les accoudoüers, qui seront de deux pieces chacun, & collées l'vne sur l'autre : par ce moyen icelles barres pourront aller & venir aysément par dedans les accoudoüers sans pouuoir sortir. Et aux deux costez des deux pieds de deuant qui supportẽt les accoudoüers, vous y mettrez deux verroüils de fer pointus, & acerez par le bout d'embas, auec vn ressort par le dessous : lors que vous aurez mené vostre chaire où vous voudrez, vous abbaisserez lesdits verroüils, & les ferez entrer vn peu dans le paué de la chambre, par ce moyen la chaire sera sans pouuoir aller ny venir.

Lors que vous voudrez vous mener en quelque lieu, vous pousserez estant dans vostre chaire auec vn baston, ou corde estant attachee de quelque costé que vous voudrez aller : ce qui se fera facilement par le moyen des poullies qui sont sous les pieds de ladite chaire, qui se tourneront & mouueront de tous costez facilement. Ceux qui s'en voudront seruir y pourront mettre des bandes de cuir, ou baudrier pour leur reposer le dos, auec de petites consoles pour se reposer la teste, au costé du haut du dossier : comme on pourra facilement remarquer en la figure.

Autre Chaire par laquelle on se peut porter facilement où l'on voudra, respondant à la 56. figure.

Ceste Chaire doit estre faite de mesme bois que la precedente. Les deux poullies marquées A. qui sont par le deuant, tout de mesme façon. Dans les deux pillastres du milieu E. vous mettrez la manivelle B. qui fera tourner vne fusée C. garnie de six fuseaux qui entreront dans la roue D. qui aura vingt-quatre dents, qui sera mise dans vn autre arbre qui sera adiusté dans lesdits pillastres E. Ladite roue D. rencontrera vne autre fusée F. dans laquelle il y aura vn autre arbre, qui sera mis dans les deux pieds du derriere, auec deux roues marquées G. qui seront d'vn pied de diametre, & d'vn poulce d'espaisseur, bien arrondie tout alentour, & sur les quarres, sans qu'il y ayt aucunes dents sur icelles roües G. qui porteront le derriere de la chaire, & les deux petites roües A. porteront le deuant. Celuy qui sera dans la chaire venant à tourner la manivelle B. se pourra mener facilement où il voudra, pourueu que le lieu oú il sera soit droict & solide : & se pourra facilement destourner auec vn baston. Ie croy que les figures seules sont assez suffisantes de faire entendre le moyen de la faire : Il sera necessaire de mettre de petites viroles de cuiure dans les pilliers où entrent les bouts des arbres, pour tourner facilement. Si vous voulez vous pourrez mettre vos pieds du milieu en coulisse, en façon qu'ils se pourront approcher ou reculer de ceux du derriere, à fin d'y mieux adiuster les mouuemens. Vous pourrez aussi y mettre des barres de fer dans les accoudoüers, & verroüils aux costez, comme à la precedente.

On pourra pareillement faire que le derriere s'abbaissera, & que l'on y pourra mettre des sangles, ou baudriers pour poser vn matelas où coucher celuy qui s'en voudra seruir, lors que l'on ne peut l'oster de la chaire sans douleur, & y apporter plusieurs autres commoditez, selon l'industrie des ouuriers.

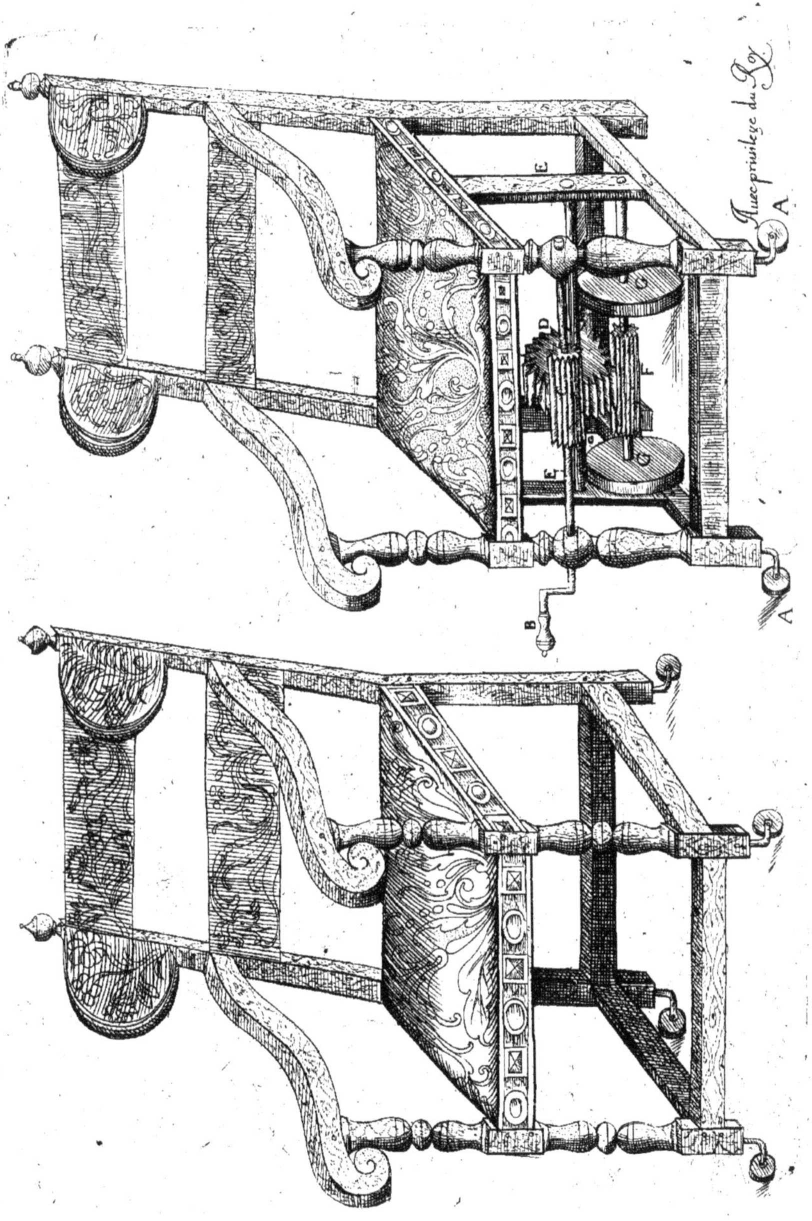
Auec priuilege du Roy
A
A
B
C
D
E
F
G

CHAPITRE LVIII.

L'inuention d'vne main de fer pour les mutilez, par le moyen de laquelle on pourra mesme trauailler, respondant aux 57. & 58. figures. Auec vne iambe de fer, respondant aux 59. & 60. figures.

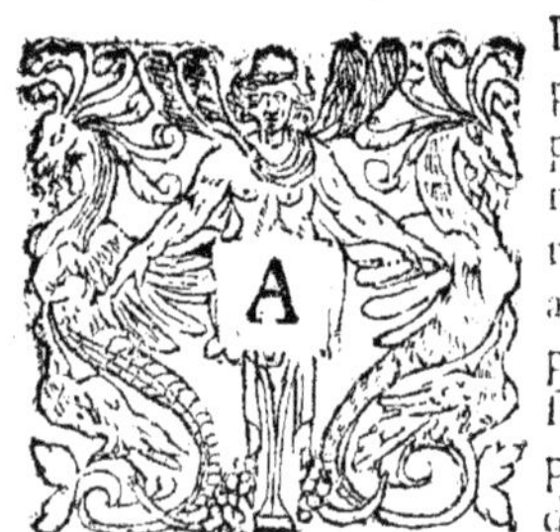

PRES auoir traicté de plusieurs & diuerses pieces dépendantes de cest art, i'ay iugé n'estre hors de mon propos, & subiect, d'exposer en ce traicté la façon, & maniere de faire quelques bras, & iambes de fer pour les mutilez : Mais d'autant que Maistre Ambroise Paré, autheur experimenté en son art de Chirurgie, en represente quelques vns auec beaucoup d'industrie, i'estois en resolution d'en taire ce que i'en sçay : mais parce que celles que i'explique, & mets icy, se font d'autre façon, & ont d'autres ressorts, & par consequent les mouuemens & autres pieces toutes differentes, ie les enseigne librement, ne craignant luy faire tort en cela : ny moins d'encourir le blasme (comme l'on dit) de me couurir du plumage d'autruy. De plus i'aurois ensemblement traicté & demonstré plusieurs instrumens qui viennent de nostre main, n'estoit les raisons cy dessus alleguées, comme ne voulant repeter, ne redire apres ce docte personnage, qui les a appliquez en ce qui touche & appartient à son art.

Le dessus de ceste main doit estre tout de mesme qu'vn gantelet d'armeure, & pareils mouuemens, fors qu'à l'endroit du poulce A. on y doit espargner vn bout qui s'aduancera vn peu, en demy rond, qui seruira au lieu de poulce pour tenir ferme ce qu'on voudra serrer auec ladite main, & par le dedans d'icelle vous mettrez deux ressorts à boudin marquez B. lesquels seront tournez, plyez en rond, & attachez sur vn arbre marqué C. & l'autre bout d'vn desdits ressorts sera attaché au bout du grand doigt E. & l'autre ressort sera retenu au bout du doigt annulaire F. Ces ressorts feront ouurir toute la main, d'autant que le doigt index G. doit estre attaché & retenu auec le grand, & le doigt annulaire attaché auec le petit doigt auriculaire H. Pour tenir la main fermée faut qu'il y ayt deux détentes marquées I. lesquelles doiuẽt s'encocher dans deux crans quarrez qui sont aux bouts des doigts E. F. par le dedans, sous lesquelles détentes il y aura deux ressorts pour les faire fermer, & repousser dans leurs arrests, tout ainsi qu'à vn rouet d'harquebuse, ou à vn bandage d'arbalestre à iallet : laquelle détente s'ouurira à tirer, ou bien à pousser ou peser dessus le bout, qui sera fait en bouton marqué L. Par les deux costez du bras il y aura deux bandes de fer, ou acier battu assez terue, & en demy rond, marquées M. qui seront percez pour y passer des couroyes auec des boucles N. pour les serrer sur le bras, & pour y faire tenir la main ferme : lesquelles bandes yront iusques contre le coulde, pour estre plus fermes.

LA cinquante-huictiesme figure, monstre vne autre main auec le bras, qui sera faite comme la precedente, & au bout d'icelle vous y adiusterez vn bras, qui sera fait de fer, comme vn brasselet d'armeure, que l'on fait aux cuirasses, & auec pareils mouuemens par le coulde, & au poignet, tant par dehors que par dedans: vous y mettrez vn ressort à boudin marqué P. qui sera plyé en rond sur vn arbre. Ce ressort P. sert à faire retourner le bras tout droit, apres qu'on a tiré vne petite couroye, ou bouton marqué Q il est aussi facile l'vn que l'autre: lequel bouton fait décocher vne petite detente, qui entre dans vn cran, lors que l'on plye le bras, qui sera recouuert de cuir, ou autre chose: & attaché par le haut au pourpoinct auec des rubans, ou couroyes.

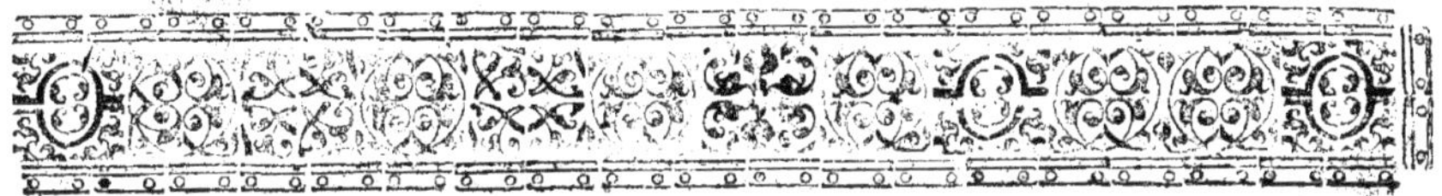

Pour faire vne iambe de fer pour les mutilez.

LA cinquante neufiesme figure, monstre vne iambe de fer, la tige marquée R. doit estre faite d'vne petite barre de fer, de force suffisante pour porter celuy qui s'en voudra seruir, & pour pouuoir enleuer des charnieres par le bas du genoüil marqué S. & vne autre charniere au bas du pied T Ces charnieres doiuent estre faites, & adiustées en façon qu'elles ne puissent tourner que d'vn costé, & que la iambe, & le pied se tiennent tous droits, & qu'elle ne puisse se plyer que d'vn costé seulement. Le pied sera adiusté auec la iambe à la charniere T. & repoussé auec vn ressort à boudin, qui passera par dessus. Et au haut de la tige y aura vne double charniere S. qui sera adiustée auec la genoüillere V. qui sera tenuë ferme, & droite auec vne gachette X. qui aura vn ressort double par dessous, qui la fera encocher dans vn arrest qui sera au derriere de la iambe: & sera ouuerte, & décochée auec vne ficelle Y. qui sera attachée au bas de ladite gachette, au poinct X. par le derriere du genoüil. On tire la ficelle Y. par le haut de la bande lors que l'on veut plyer la iambe, soit pour s'assoir, ou pour aller à cheual.

Pour ce qui est de la genoüillere, vous la ferez de fer, ou de bois assez espacieux pour y mettre vn petit coëssin pour reposer la iambe, & y ferez aussi des trous dans les aisles, assez larges à passer des bandes, pour lier, & tenir ferme la cuisse dans la genoüillere: elle sera attachée par le haut au pourpoinct auec des boucles & couroyes à fin de tenir le tout bien ferme. Vous y pourrez faire, si bon vous semble, vn baston par le costé auec vne pomme, pour vous appuyer & tourner, & vne boucle au deuant pour destourner la iambe. Ceux qui se sont seruis de celles que i'ay faites n'en ont que faire, d'autant qu'il vaut mieux auoir vn petit baston en la main, pour se tenir plus ferme & asseuré.

Apres que vous auez fait ainsi ceste iambe, qui sera faite de pareille longueur que la naturelle, vous recouurirez le tout d'vne botte de cuir boüilly, ou chose semblable, qui sera faite en forme de iambe auec le pied, que vous couurirez auec vne chausse, ainsi que monstre la 60. figure.

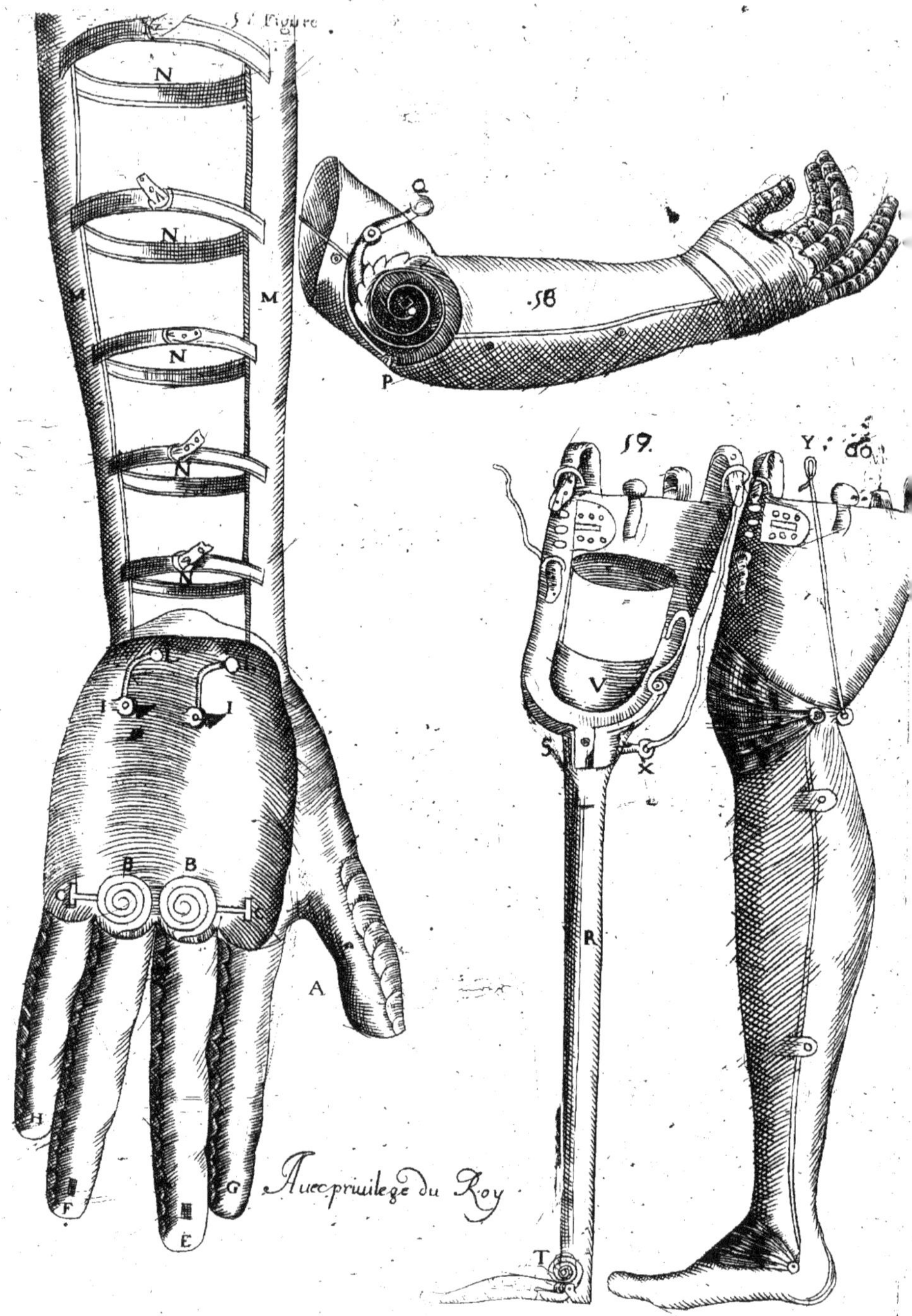
N
N
M
M
N
N
N
L
L
I
I
B
B
C
A
H
F
E
G
Q
58
P
59
Y
60
V
S
X
R
T
Auec priuilege du Roy

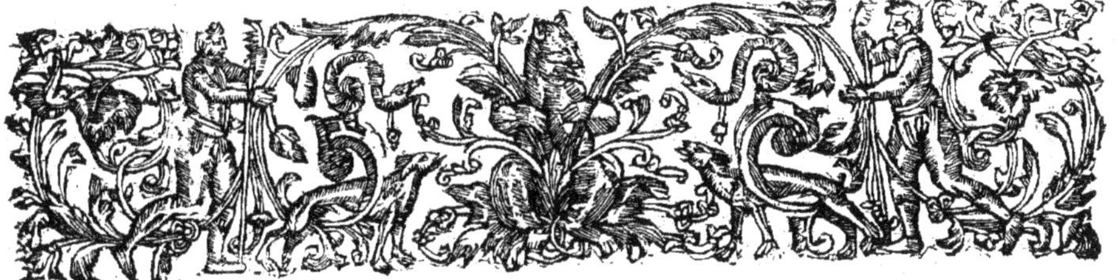

CHAPITRE LIX.

Pour faire Vis de fer à la filiere, pour les Serruriers & autres, respondant à la figure 61.

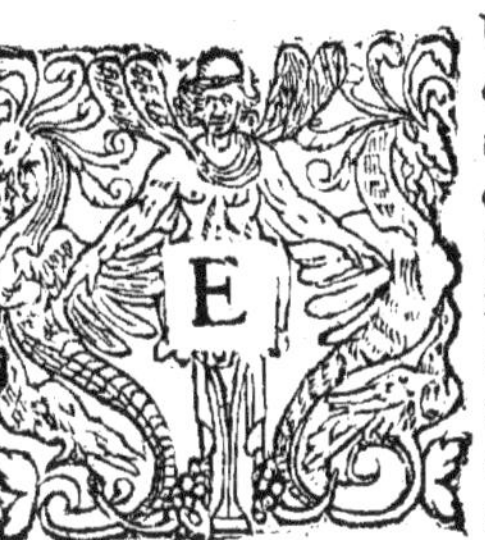

ENTRE les outils neceſſaires au Serrurier, il n'y a point de doute que c'eſt l'eſtau dont il ſe peut moins paſſer: mais qui pour eſtre gros, lourd, & maſſif, eſt le plus difficile, long, & laborieux à forger, limer, & accommoder. Et parce que toute la difficulté preſque, eſt à limer & faire les filets de la vis, ie n'ay voulu obmettre vn beau moyen de la faire mieux, & plus facilement auec grande eſpargne de temps, & de trauail. Ce ſera par le moyen d'vn inſtrument fait expres, pour lequel affuſter, vous ferez premierement vne faulſe vis de fer, de laquelle le filet ait le pas duquel vous deſirez auoir l'autre. Vous ferez par le bout de la faulſe vis vn trou quarré, à fin d'y emmancher celle que vous deſirez faire : l'ayant au prealable bien limée & arrondie, puis vous aurez vne eſcrouë, où ſera mis & accommodé vn bon & fort burin, fait en bedanne, à ce que quand la faulſe vis viendra à pouſſer l'autre à proportion qu'elle s'engagera dans l'eſcrouë, ledit burin face le filet, lequel burin vous ferez aduancer peu à peu, par le moyen d'vne vis qui ſe met au derriere dudit burin.

Cela fait vous ferez l'eſcroüe auec vn double filet, que vous braſerez dans la boëſte, apres y auoir rapporté & adiuſté les virolles, & autres pieces neceſſaires, la brazant ainſi que i'ay enſeigné. Oubien vous les ferez de fonte, ou mitraille, que vous ietterez en ſable en ceſte façon. Apres que vous aurez fait voſtre vis, prenez bonne terre à brazer, que vous deſtremperez en de l'eau en conſiſtance de mouſtarde, ou plus claire, & enduirez voſtre vis de l'eſpaiſſeur de deux ou trois fueilles de papier, la faiſant ſecher doucement. Cela fait, vous l'enduirez encor vne fois d'eau meſlée auec de la cendre, & la ferez ſecher doucement à petit feu.

Puis vous aurez vn modelle de bois, de la groſſeur que vous deſirez l'eſcrouë, & l'ayant imprimée dans de bon ſable à mouller, vous y enfermerez voſtre vis, pour ietter deſſus, voſtre mitraille fonduë, & ainſi vous aurez vne eſcroüe telle que vous la voulez. Et par ce moyen vous pourrez faire des vis, & eſcroües propres à eſtaux, tant grands que petits, à grandes preſſes des Libraires, Tondeurs, Drappiers, Bonnetiers, & auſſi pour les Preſſoirs, & Huilliers : parce qu'on les fera de telle longueur & groſſeur que l'on voudra, & qui preſſeront beaucoup plus fort que non pas celles de bois, parce que les filets n'ont pas tant de pente : tellement que l'on les ſerrera facilement, tant que l'on voudra, ſans grand peine.

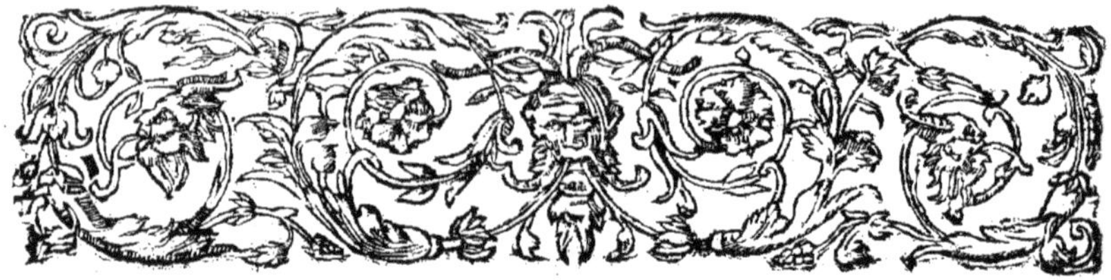

Pour faire Vis pour les preſſes des Imprimeurs

BIEN que i'aye dit que par l'inſtrument dont i'ay parlé cy deſſus, il ſoit aiſé de venir à bout de toutes ſortes de groſſes vis : cela ſe doit entẽdre principalement des vis qui n'ont qu'vn ſimple filet. Car pour celles qui ſont à pluſieurs, comme celles des Imprimeurs, bien que peut-eſtre les peuſt-on faire par le moyen que i'ay enſeigné cy deſſus, neantmoins la peine d'appreſter & affuſter vn inſtrument à ceſt effect, ſeroit plus grande que le ſoulagement qu'on en pourroit receuoir : & partant le plus expedient eſt de les faire auec le burin, & la lime. Mais comme il y a vne particuliere difficulté à les tracer, & auoir la iuſte pente, groſſeur, diſtance & longueur des filets, i'en ay curieuſement recherché la proportion, & ay iugé n'eſtre hors de propos de coucher en ce lieu celle qui m'a ſemblé la meilleure, & plus aiſée à reduire en reigle, & qui eſt de cinq filets.

Pour ce faire donc, prenez vn papier de la longueur de la circonference de la vis. (Or ladite circonference ſera de telle longueur qu'il vous plaira, ſelon que vous voudrez qu'elle hauſſe, ou baiſſe, plus ou moins. Celle que ie mets icy m'a ſemblé la meilleure : que ſi vous voulez qu'elle hauſſe dauantage, vous ferez la vis plus groſſe, ou plus petite ſi vous voulez qu'elle hauſſe moins.) Prenez donc vn papier auſſi long que la circonference qui ſera A. B. & diuiſez la ligne de ſa longueur A. B. en dix parties eſgalles, & donnerez de ces dix parties, quatre à la largeur A. C. puis ayant tiré la ligde C. D. parallele à la ligne A. B. de ces diuiſions A. E. F. G. H. I. K. L. M. vous tirerez des lignes perpendiculaires ponctuées comme il ſe void en la figure, puis pour auoir la groſſeur des filets, vous diuiſerez la largeur B. D. en dix, pour en donner de deux parties vne, au filet, & l'autre au vuide, & pour auoir la pente deſdits filets, vous tirerez par les diuiſions de largeur B. D. des lignes occultes paralleles à la ligne A. B. Et par où elles viendront à coupper les perpendiculaires, vous conduirez vos filets, ainſi qu'il eſt aiſé de voir dans la figure.

Ie croy que c'eſt le ſeul moyen de la tracer exactement, à fin qu'elle tourne, hauſſe, & baiſſe doucement, rondement, & de meſure. Cela fait vous collerez voſtre papier, ainſi tracé, auec colle d'empois ſur la vis, bien dreſſée & arrondie, & ſuyuant les traicts, vous emporterez le fond auec vn burin de bon acier : & apres y paſſerez la lime douce pour la bien dreſſer & polir. Vous pourrez faire le meſme effect ſans lignes occultes, tirant des diagonalles d'vn des coſtez, aux diuiſions de l'autre, & c'eſt le plus court. Que ſi vous voulez faire continuer les filets plus d'vn tour ſur la vis, vous diuiſerez & tracerez de la meſme façon vn autre papier, que vous appliquerez au coſté du premier, mettant les filets bout à bout.

Par le meſme moyen vous en pourrez tracer à vn filet ſi vous diuiſez la hauteur & la longueur chacune en deux parties, & procedez comme en l'autre.

LXI. FIGVRE.

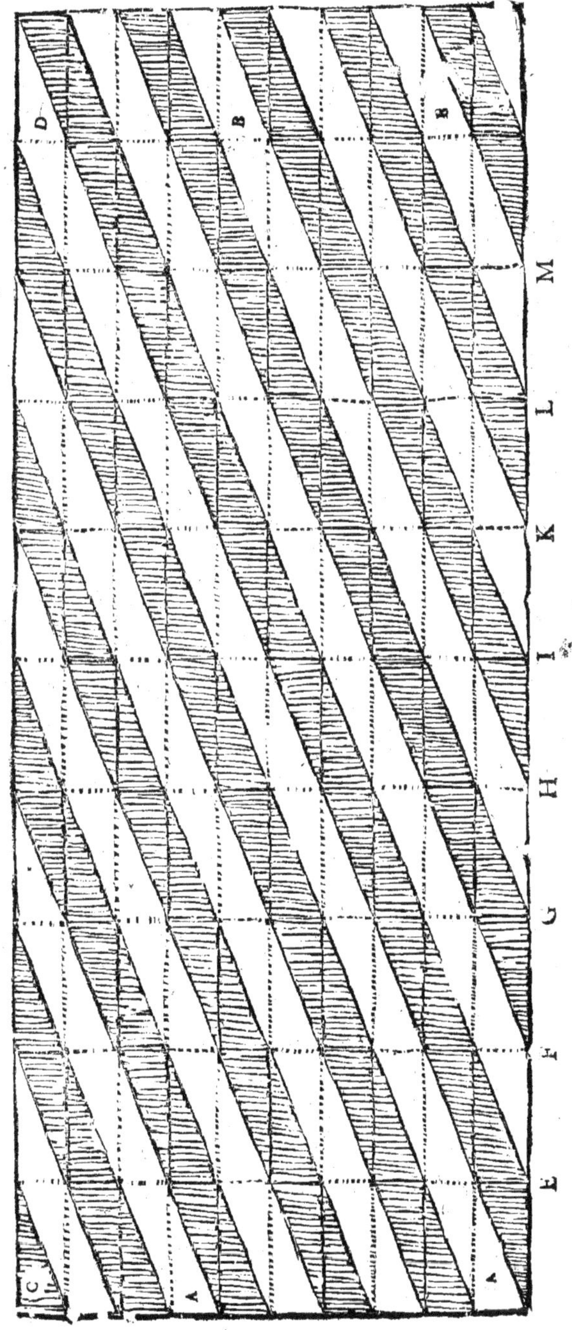

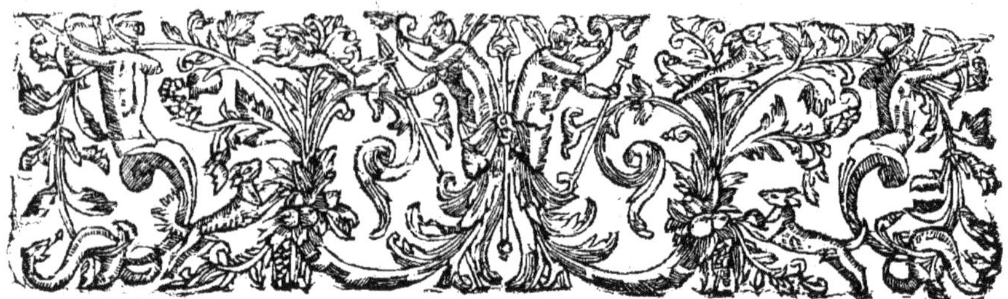

CHAPITRE LX.

Tire-plomb, ou roüet auec lequel les Vitriers estirent le plomb pour mettre aux vitres, respondant a la figure 62.

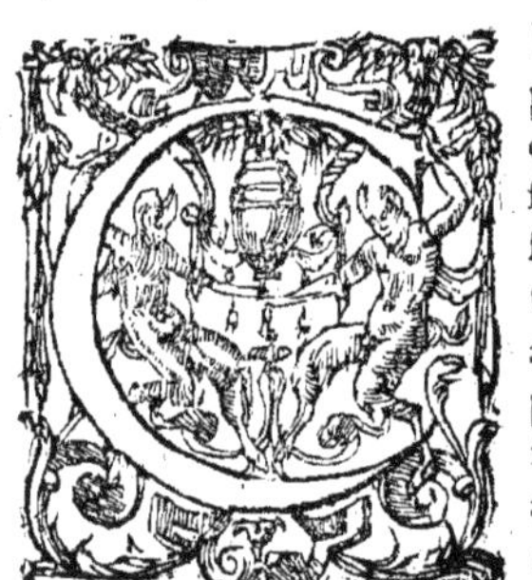

Este machine est composée de quatre principalles pieces: à sçauoir deux placques de fer A B. C D. & de deux essieux, ou arbres E F. G H à l'vn bout desquels sont deux pignons I K. Ores pour venir à bout de la structure d'icelle: faictes moy les deux placques A B. C D. assez larges & espaisses, bien ioinctes & assemblées auec deux forts estoquiaux de pareille largeur desdites placques, qui se démonteront auec escrouës & vis, qui seront à vn bout d'iceux estoquiaux. Puis apres vous y adiusterez entre-deux deux coëssinets d'acier, entre lesquels passeront les deux rouës des deux arbres F. H. L. M. quelles rouës seront de l'espaisseur de la fente que voudrez donner à vostre plomb, & aussi pres l'vne de l'autre que desirerez faire espais le cœur ou entre-deux de vostre plōb. Et ainsi quand vous viendrez a tourner l'essieu E F. son pignon K. venant à encocher dans le pignon I. fera tourner l'arbre G H. par ce moyen les deux petites rouës L M. en tournant par entre lesdits coëssinets, entreront petit à petit, & formeront comme desirerez vostre plomb, qui sera au preallable ietté en petits lingots. Il faut que ces arbres & rouës soient tournées arrondies, & polies sur le tour, autrement ils ne vaudroient rien. Apres que toutes les pieces seront limées, polies & adiustées, & que ledit rouët fait le plomb comme vous desirez, il faut tremper le tout en pacquet comme les limes, ainsi que i'enseigneray cy apres.

LXII. FI-

LXII. FIGVRE. *Tire-plomb pour les Vitriers.*

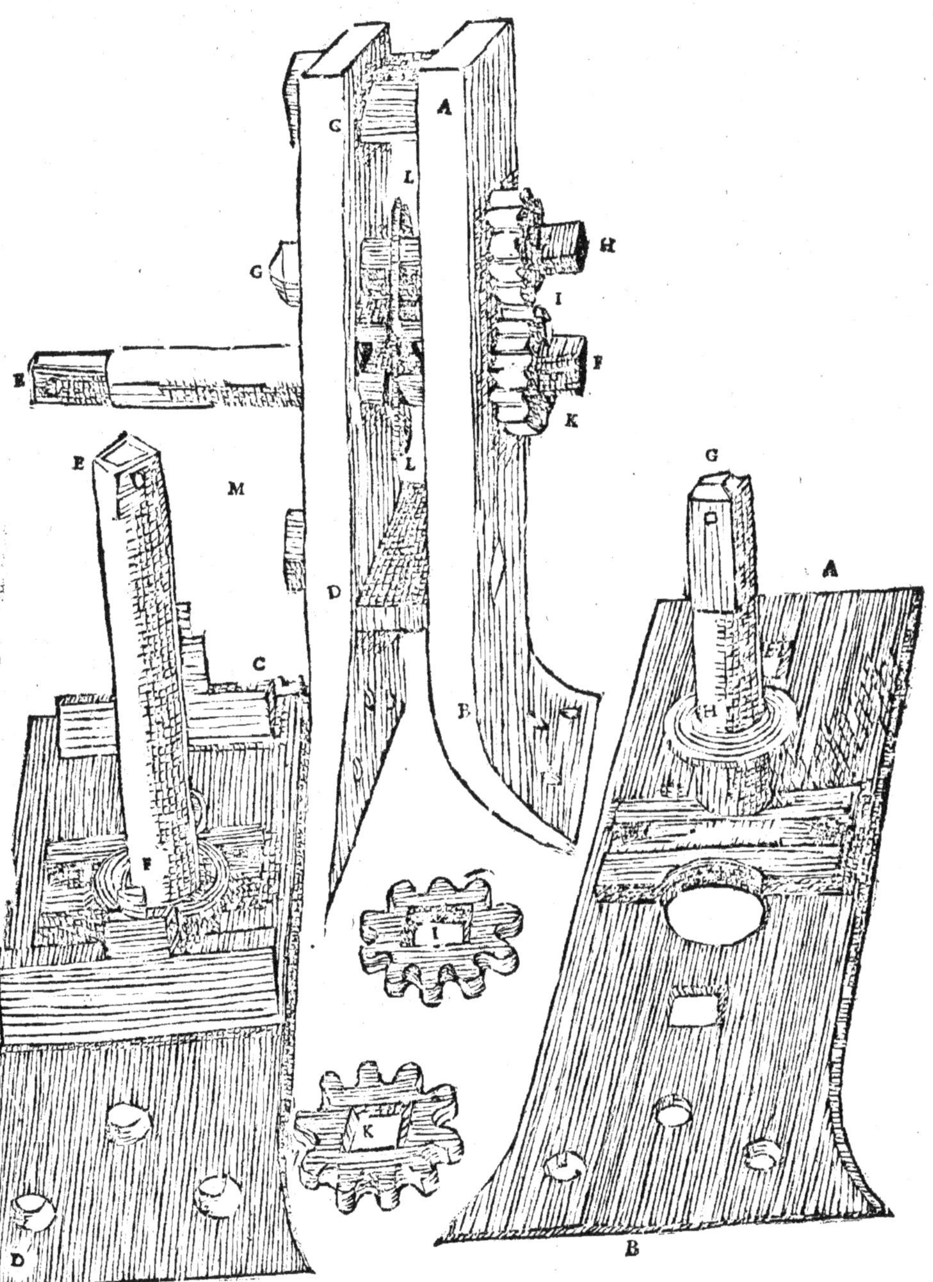

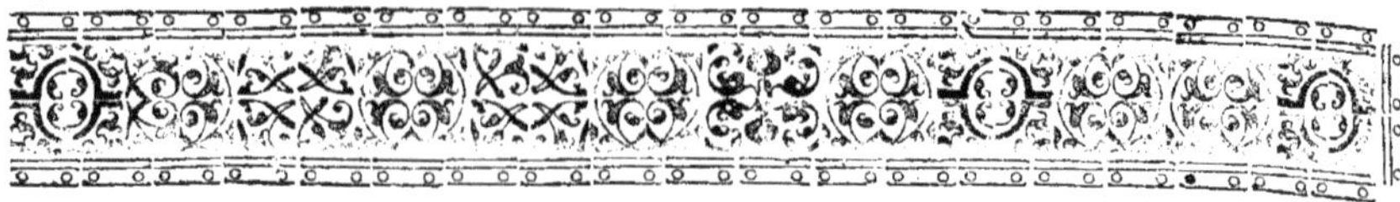

CHAPITRE LXI.

Moyen de ferrer vne Cloche pour la faire sonner aysément, respondant aux figures 63. & 64.

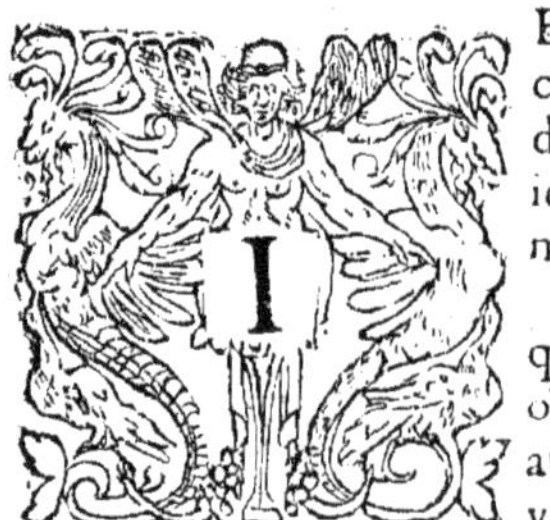

IE pourrois icy mettre & exprimer plusieurs autres pieces, mais elles viennent si peu en vsage qu'il n'est besoin d'en faire plus long discours : i'en apporteray seulement icy vne que le Serrurier ne doit ignorer, pour estre extremement vtile & commode.

C'est le moyen de monter vne cloche en telle façon qu'vn, ou fort peu d'hommes, branlent, & facent aussi, ou plus facilement sonner, que beaucoup n'eussent faict auparauant. Cela se fait en deux façons, comme il se void dans les deux cloches A. B & tout cela ne despend que de bien faire & monter l'essieu. Or le premier C. se fait comme en cœur, à fin que les deux pointes D. E. se viennent engager dans les deux cauitez F. G qui sont faites dans le coëssinet, lesquelles, auec l'essieu, doiuent estre de fer doux & malleable à chaud, & à froid, & acerez de bon acier, & trempé le plus dur que faire se pourra pour empescher de s'vser si tost. Vous ferez vn trou dans ledit essieu C. lequel trou sera percé au long de l'essieu, l'ouuerture duquel sera fort petite par le dessous, & ouuerte assez grande par le dessus, en façon d'entonnouër, où vous mettrez de l'huille d'oliues qui sera retenüe dans ledit trou auec la pointe du coessinet H tellement que l'essieu C. venant à entrer dans les cauitez F. G l'huille sortira librement de l'essieu, & s'espandra sur la pointe H. & dans lesdites cauitez, qui empeschera d'vser & eschauffer ledit essieu & coessinet, oubien y mettrez de la graisse, ou oing de porc : car si vous manquez à huiller ou graisser ledit essieu & coessinet incontinent le tout sera vzé, si la cloche est grosse & pesante. Notez que ces deux cauitez F. G. ne doiuent estre ronds, mais vn peu panchez, & couppez plus cours des deux costez de la pointe H. à fin que le costé du cœur E. venant (par le branlement) à se leuer de G. l'autre costé D. vienne à se tourner facilement, en glissant vn peu dans la concauité : & ainsi de l'autre costé. Par ce moyen vous experimenterez que deux hommes la branleront plus aysement, que six ou sept n'eussent fait auparauant.

L'autre mouuement qui est à la cloche B. se fait en ceste façon. L'essieu L. de ladite cloche sera forgé tout rond, sous lequel vous mettrez trois pieces, I K. I L. K L. en sorte que I K soit creux par les deux bouts I, K. pour y mettre les deux extremitez des deux fourchettes I K. puis vous croiserez les deux fourchettes en L pour y assoir l'essieu : toutes lesquelles fourchettes & coessin, seront acerez & trempez le plus dur que faire se pourra. Lesquels seront engraissez auec de la graisse douce : quelques vns y mettent au lieu de graisse de la brique pilée, qui empesche que les pieces ne s'eschauffent ny n'vzent pas tant. Ce mouuement est encores tres asseuré & facile : & notez qu'il faut tant à mouuement icy, qu'aux autres, que les cloches soient mises, & montées a niueau, qui est tres-facile a recognoistre, auec vne ficelle, en voyant si le batail est iustement au milieu de la cloche par le gros bout d'embas. Car si vous manquez a mettre la cloche de façon qu'il tombe iuste par le milieu, iamais la cloche ne sonnera en plein son comme il faut, & que le batail ne frappe plus fort d'vn costé que d'autre.

LXIII. & LXIV. FIGVRES. *Ferrures de Cloches.*

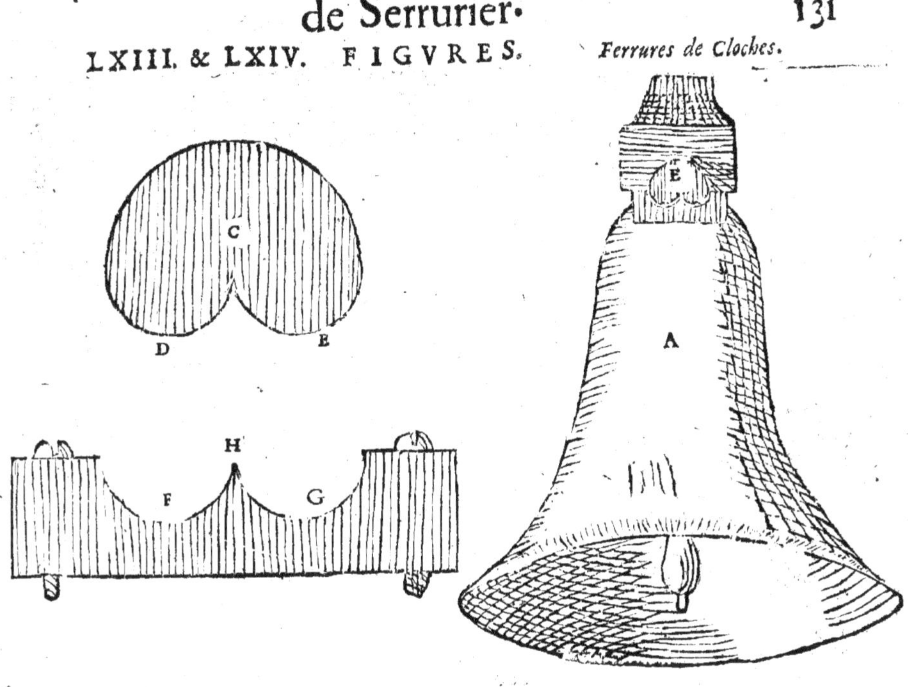

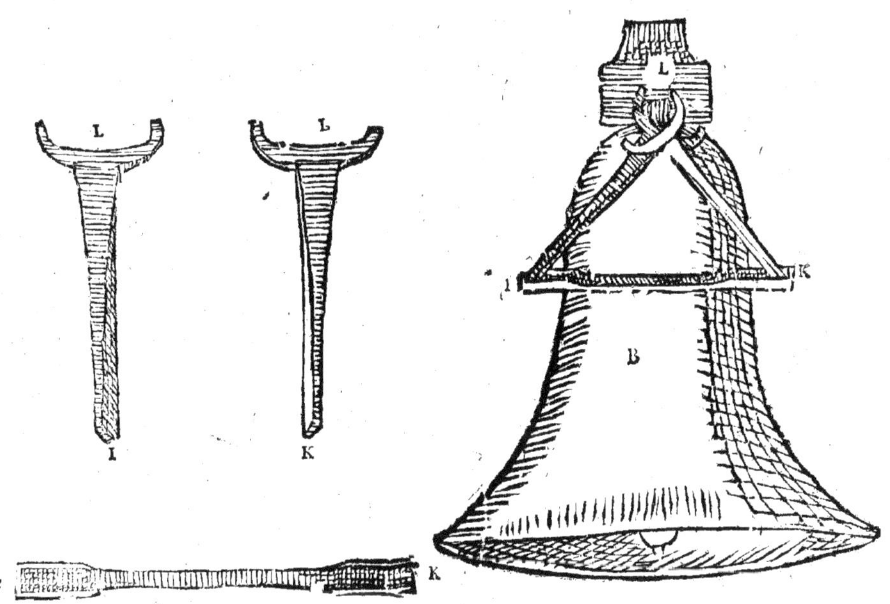

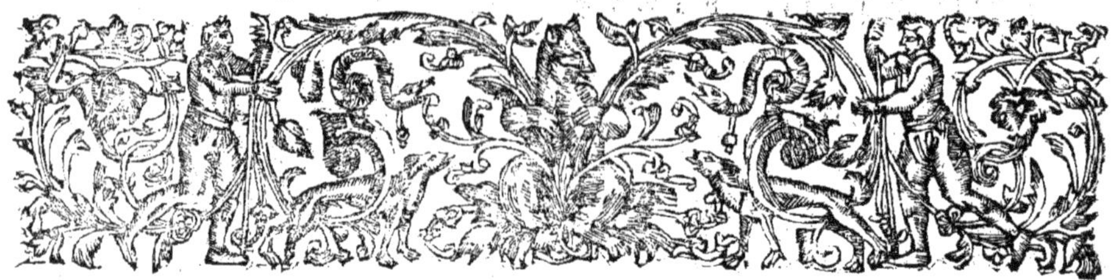

CHAPITRE LXII.

Pour mettre le fer & acier de telle couleur qu'on voudra.

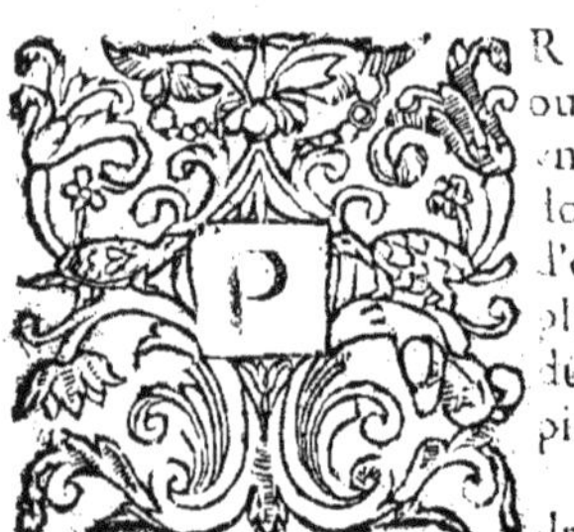

PREMIEREMENT vous limerez & polirez voſtre fer ou acier auec limes douces, & apres vous le brunirez auec vn bruniſſouër, ou le polirez (apres y auoir paſſé la lime douce) auec emery en pouldre deſtrempé auec huille d'oliues: puis apres auec potée que ie diray cy-apres, le plus poly ſera le meilleur, vous prenant garde d'y mettre du fer cendreux, le plus dur ſe polira le mieux, cõme les pieces trempées & repolies, elles prennent belle couleur.

Apres que vous aurez poly voſtre ouurage, vous prendrez cendres chaudes,& paſſées premierement par le crible, mettant voſtre beſongne dedans, & l'y laiſſerez chauffer iuſques à ce qu'elle prenne telle couleur que bon vous ſemblera. Premierement elle viendra en couleur d'or, apres en couleur ſanguine, violette, bleuë, & apres en couleur d'eau. Lors qu'elle ſera en la couleur que deſirez, vous l'oſterez promptement auec petites pincettes.

Si vous n'auez cendres vous luy pourrez donner telle couleur que vous voudrez faiſant chauffer quelque fer aſſez gros, & mettant voſtre beſongne polie deſſus, incontinent vous luy verrez prendre les couleurs que i'ay dit cy-deſſus. Tout auſſi toſt qu'elle ſera en la couleur que voulez, vous l'oſterez promptement & la laiſſerez refroidir ſur quelque fer, ou pierre froide, ſans qu'elle touche à greſſe ny bois, durant qu'elle ſera chaude, car cela luy gaſteroit ſa couleur.

Pour mettre fueillages, ou eſcritures blanches ſur le fer, apres qu'il ſera mis en couleur.

APres que voſtre fer ſera mis en couleur bleuë, violette, ou autre, vous prendrez vernis fait auec mine de plomb & cire iaune fonduë enſemble, puis vous ferez vn peu chauffer voſtre fer, & appliquerez vn peu de voſtre vernis deſſus,& le laiſſerez vn peu refroidir. En apres vous pourtrairez ſur ledit vernis & fer, ce que vous voudrez: eſtant tout pourtrait, comme l'on fait pour grauer à l'eau forte, vous aurez de bon vinaigre, que ferez boüillir dans vne eſcuelle ſur vn réchaut, & comme il boüillera, vous tremperez voſtre fer dedans, & auec vn linge blanc frapperez doucement deſſus, vous prenant garde d'oſter le vernis, & incontinent voſtre vinaigre aura emporté la couleur de deſſus le fer, où il ſera pourtraict ce que pourrez voir, le tenant auec petites pincettes. Lors que vous verrez la pourtaaicture deuenir blanche, vous ietterez voſtre fer dans de l'eau claire, eſtant froid vous le ferez vn peu chauffer, & l'eſſuyerez doucement pour oſter le vernis de deſſus. Ce qui aura eſté pourtraict ſera blanc, & le reſte violet, ou d'autre couleur.

AVTREMENT.

APres que voſtre fer ſera en couleur, vous le vernirez auec vernis de Fourbiſſeurs, fait auec huille de noix, blanc de porreaux, & galipot, qui eſt vne gommé que l'on trouue chez les Droguiſtes, le tout boüilly enſemble : & pourtrairez comme i'ay dit. Vous prendrez fueilles d'eſtain que vous broyerez auec eau fort en quelque vaiſſeau de verre, ou de terre, y mettant vn peu d'argent vif, & meſlerez le tout enſemble : puis vous prendrez vn auiuoüer fait de franc cuiure, & le tremperez de l'eau fort, ou à deffaut, en du verjus, & auec ledit auiuoüer vous blanchirez & auiuerez ce qui ſera pourtraict, puis y mettrez de voſtre eſtain ainſi moulu, & chauf-ferez voſtre ouurage, y remettant de rechef vn peu dudit eſtain deſſus : en apres vous le ferez bien ſecher & exhaler l'argent vif en fumée.

Pour oſter la couleur de viollet, ou autres, de deſſus le fer, ſans le limer.

FAictes chauffer le fer comme pour le mettre en couleur, & le iettez tout chaud en du vinaigre, & le frottez auec vn linge blanc, & ſera fait.

Pour faire potée à pollir fer, acier, & autres ouurages.

PRenez demie liure d'eſtain fin, que vous mettrez dans vne petite eſcuelle, ou creuſet de terre non verny, qui puiſſe endurer le feu, puis mettez ledit creuſet dans quelque petit fourneau à vent fait de brique ou autre choſe, & mettrez voſtre-dit creuſet & eſtain ſur la grille du fourneau, puis mettrez du charbõ tout à l'entour, ſans qu'il touche au creuſet, & le laiſſerez allumer & chauffer doucement. Inconſtinent qu'il ſera fondu vous verrez venir deſſus vne creme qui s'enleuera peu à peu, en forme d'vn petit pain, que vous enleuerez doucement auec vne petite pallette de fer, le laiſſant ſans ceſſe ainſi chauffer doucement, garniſſant le fourneau de charbon, & vous aurez toutes les demy-heures ou pluſtoſt, vne crouſte d'eſtain calciné, qui s'enleuera : & continüerez de chauffer, & d'enleuer ce qui viendra deſſus, tant que tout l'eſtain ſoit en potée, vous prenant garde qu'il n'y ayt rien de meſlé auec.

Si vous voyez qu'il y ayt quelque choſe de meſlé auec voſtre potée, vous la mettrez dans vn linge blanc, puis vous verſerez de l'eau claire deſſus, & la ferez paſſer à trauers le linge, & les ordures demeureront ſur le dit linge, l'y faiſant paſſer par deux fois, ſi bon vous ſemble : puis la faictes ſecher. Ladite potée s'employe eſtant deſtrempée auec eau de vie, oubien à ſec.

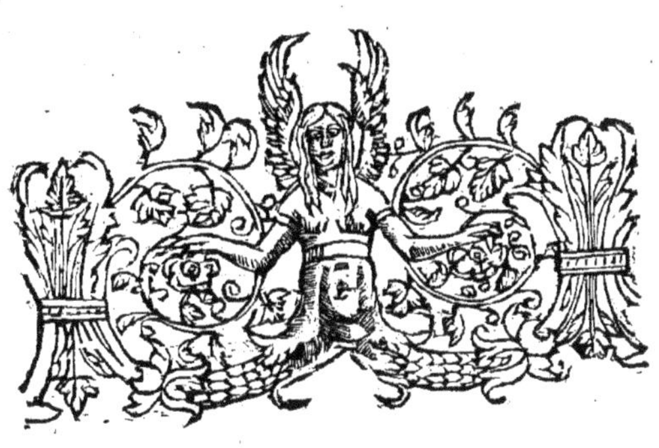

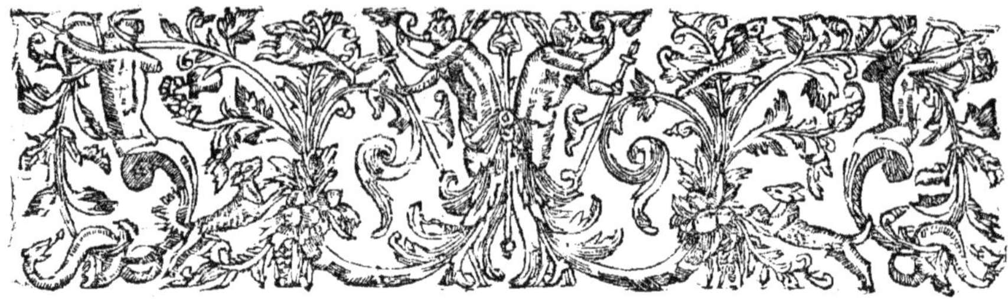

CHAPITRE LXIII.

Pour faire Soufflets doubles, & simples, pour les Serruriers, & autres trauaillans a la Forge.

PREMIEREMENT faut considerer l'espace que vous aurez pour loger vos soufflets. Si c'est pour mettre dans vne boutique qui soit vostre, & qu'il y ayt assez d'espace pour y loger de grands soufflets, & que vous vueilliez faire de gros ouurages: comme enclumes, bigornes, taceaux, batails & ferrures de cloches, ancres de mer, & autres masses, gros marteaux, estaux, croix, ou estaux à mettre sur clochers, ou pauillons, pointes de paux, où l'on met d'ordinaire quatre aisles soudées sur le bout, chenets, corbeaux, consoles, ferrures de pontsleuis, vis & ferrures d'Imprimerie, ferrures de pressoirs, fleaux de balances, vis sans fin, & plusieurs autres grosses pieces, que les Serruriers font coustumierement. A chauffer telles grosses pieces, faut auoir de bons soufflets, car ce sont les outils les plus necessaires à celuy qui trauaille à la forge: car auec vne bonne chaufferie il fera mieux la besongne, plus promptement, & auec moins de charbon: tellement que c'est (comme ie croy) où les forgerons doiuent estre plus curieux, qu'a bien dresser leurs forges & soufflets.

Lesquels soufflets doiuent estre faits de bois de noyer, ou autre bois tendre, à fin que le clou duquel on le clouë ne face fendre les fusts. La longueur du fust de dessous sera de cinq pieds, ou dauantage, & de dix-huict, vingt, vingt-deux ou vingt-quatre poulces, qui est deux pieds de large, ou plus, par le derriere, & d'vn poulce & demy d'espaisseur ou dauantage. Vous les ferez presque quarrées par le derriere, y laissant vne queuë d'aronde pour les tenir sur le cheualet, & pour les leuer, & les faire en appointant par le deuant, à la grosseur de cinq ou six poulces, faisant vne ouuerture de huict poulces de longueur, & de cinq de largeur, le tout proportionné à la grandeur des soufflets: quelle ouuerture sera à huict poulces pres du bout de derriere, à l'endroit le plus large, iustement au milieu du fust de dessous, qui sera bien dressé & desgauchi, y faisant (à vn poulce pres du bout) deux petits trous de brequin à passer vne corde, ou couroye pour tenir & démonter quand on voudra la soupape, qui sera adiustée dessus l'ouuerture, en façon qu'elle ne puisse se destourner, & la ferez d'vn poulce plus grand tout à l'entour que l'ouuerture du trou du soufflet, & faite de bois de chesne sec, & plus espais par le milieu qu'aux orées, sur laquelle ouuerture vous collerez des bandes de cuir de mouton, mettant le costé de la chair en dehors, à fin que le poil qui est sur la peau retienne mieux le vent, & en mettez tout de mesme sur la soupape. On peut aussi couurir lesdites soupapes de bonnes peaux de lieures, passées & habillées comme les autres peaux desquelles on fait les foureures. Si on veut on s'en pourra seruir apres qu'elles sont ostées de dessus le lieure, faisant tremper le costé de la chair dans du vinaigre, les maniant & tournant auec la main pour les amolir, & faire passer auec le vinaigre, & voir que le poil tienne bien, & qu'elles soient prises en hiuer lors qu'elles ne muent pas, prenant garde de ne les mettre sur la soupape à contre-poil, qui empescheroit le vent d'entrer dans le soufflet. En apres vous ferez la teste qui sera de huict ou dix poulces de longueur, & de huict de large, en appointant par le bout de deuant, dans laquelle teste vous adiusterez vn canon de fer, d'vn pied & demy, ou deux pieds de long, le plus ouuert par le derriere que l'on pourra, à fin que le vent y coulle plus promptement: & faut en faire le canon en appointant à vn poulce de diametre par le deuant, puis vous le clouërez sur le fust de dessous, & y poserez la teste bien adiustée, laquelle vous ferez tenir par les costez auec clous riuez, & vn petit cercle de fer par le deuant. Ce qu'estant fait vous adiusterez l'autre fust dessus, le faisant tenir auec deux coupplets, ou tournouëres qui seront retenuës & riuées sur le fust de dessus auec clous riuez, & auec vn crampon rond qui trauersera iustement dans icelles tournouëres, qui seront riuées sur le fust de dessous. Par apres vous y mettrez trois cercles de bois, qui seront adiustez & tournez suyuant les fusts, & retenus par le deuant dans de petits trous auec de petites couroyes, qui seront attachées à la teste du soufflet. Puis vous ouurirez vostre soufflet de deux pieds trois poulces, ou deux pieds & demy par le derriere, mettant vn petit baston entre les fusts pour les tenir ouuerts: puis vous ferez ouurir les cercles suyuant l'ouuerture desdits soufflets, les faisant tenir en raison, & pereille distance auec couroyes ou ficelle, qui sera attachée & cloüée aux fusts & aux cercles par quatre ou cinq endroits, en façon que le soufflet venant à s'ouurir, fera pareillement ouurir iceux cercles, qui se refermeront comme le soufflet.

En apres, vous aurez vne peau de vache, bien foullée à l'eau, dressée, & baissée en façon qu'elle soit forte esgallement par tous les endroits, sans qu'il y ayt des trous, la laissant toute rouge sans la noircir, laquelle peau de vache sera engraissée auec suif de bœuf & huille d'oliues, & refoullée de rechef apres qu'elle sera engraissée. Ce qu'estant fait vous mettrez ladite peau de vache sur les fusts ainsi ouuerts, & la clouërez d'vn costé, dressant & faisant tirer le cuir le plus que l'on pourra, mettant par dessus des bandes du mesme cuir, d'vn poulce ou quatorze lignes de large, que vous clouërez tout à l'entour du soufflet, auec clous faits expres de fer doux & plyant, qui ayent la pointe de quinze ou seze lignes de long, vn peu platte, & la teste d'vn poulce ou quinze lignes de long, & de quatre lignes de large. Vous attacherez les cercles par le dedans contre le cuir, qui sera cousu auec filet ou petite ficelle par six ou sept endroits: & ferez en sorte que la ficelle ne trauersera le cuir, lequel vous tirerez bien droit sur les fusts & cercles. Ce qu'estant fait vous clouërez le cuir sur le fust de dessus, auec pareil clou, & bãdes. Puis apres vous aurez du feutre de chappeau, & bourre de poil, que vous mettrez sur la teste par dessus les tournouëres, & par dessus le ioinct de la teste, que vous arresterez auec petit clou. Apres vous ferez passer le cuir de vache par dessus, que vous arresterez pareillement auec petit clou par endroits: ce qu'estant fait vous coupperez vne piece dudit cuir, qui sera d'vn pied & demy de long, & aussi large en pointe comme la teste du soufflet, que vous mettrez par dessus, que vous cloüerez auec bon clou, mettant des bandes du mesme cuir par dessous, que vous serrerez, & tirerez pour mieux le faire ioindre. Ce qu'estant fait vous fermerez le soufflet, luy donnant son ply, en faisant plyer le cuir en dedans, auec ficelle qui le dressera, & fera entrer entre les cercles, & le laisserez ainsi plyé, & fermé: puis le mettrez en presse pour mieux luy faire prendre son ply, & sera fait.

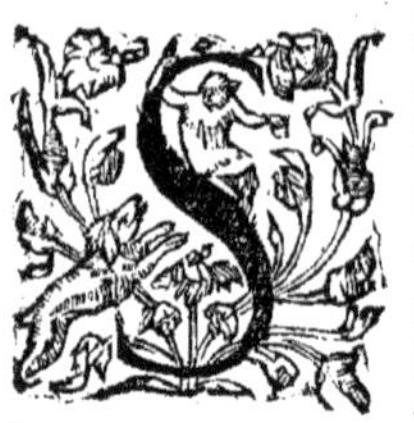

I vous voulez faire soufflets doubles, ils se feront tout de mesme, fors qu'il faut qu'il y ayt trois fusts, vn par le dessus, vn par le dessous, & l'autre au milieu, qui portera & tiendra la teste des deux autres, dans lequel vous mettrez vne soupape, comme à celuy de dessous, & le dessus sera adiusté dans la teste où sera adiusté le canon, auec des charnieres, & cercles comme le soufflet simple : & celuy de dessous tout de mesme, reserué qu'il n'a point de canon pour passer le vent, parce qu'il entre dans celuy de dessus, par la soupape qui est dans le fust du milieu. Ces soufflets doubles sont fort aysez, faciles à chauffer, & tiennent fort peu de place, mesmes qu'on les peut facilement mettre, & monter hors de la boutique, s'il n'y a place pour les loger, comme dans les hautes chambres, greniers, ou caues, sans incommoder la boutique : Et souffleront, & donneront presque autant de vent, comme s'ils estoient proches du feu.

Pour ce faire vous aurez vne piece de bois pour seruir de porte-vent, de quatre ou cinq poulces de diametre, que vous percerez auec vne tariere, d'vn poulce & demy ou deux poulces de diametre, qui prendra depuis le lieu où vous voudrez mettre le soufflet, iusques à la tuyere de la forge : dans lequel porte-vent sera mis le bout du canon du soufflet, qui sera ouuert par le deuant, de deux ou trois poulces de diametre, pour faire entrer le vent auec plus de facilité dans le porte-vent, & à l'autre bout il y aura vn canon de deux poulces de diametre par le bout qui entrera dans le porte-vent, l'autre bout dudit canon sera en appointant à dix lignes de diametre, qui entrera dans la tuyere de la forge.

Pour faire iouër & chauffer sesdits soufflets, estans ainsi esloignez de la forge, vous les monterez, & arresterez sur deux pieces de bois, & auec vne bascule vous les ferez leuer tout ainsi que s'ils estoient montez dans la boutique, comme l'on faict d'ordinaire. Ceux dont ie me sers sont montez dans la chambre haute de dessus la boutique, auec lesquels i'ay fait d'aussi grosses pieces que l'on puisse faire de nostre Art : reserué des enclumes, & ancres de mer, & aussi promptement que s'ils estoient montez contre la forge.

Si vous les voulez mettre dans la caue, à faute de n'auoir pas espace ailleurs, ou bien contre le plancher de la chambre haute, ou greniers, il faudra mettre vne bascule au plancher de la haute chambre, ou boutique, qui se tirera auec vne corde, ou chaisnette de fer, par contre la forge.

Vous pourrez encores faire d'autres soufflets, comme l'on fait pour les Orgues, lesquels sont faits auec fueillets de bois, de quatre ou cinq poulces de large par le bout de derriere où est la soupape, en appointant & la teste de deux lignes & demie, ou trois lignes d'espaisseur : lesquels fueillets sont assemblez en anglet par le derriere, ioincts & recouuerts auec du cuir de mouton, qui est collé par dessus les angles d'iceux fueillets, faut y coller des pieces de cuir couppées en oualle, & d'autres pieces couppées presque comme vn fer de cheual, qu'il faut coller par le dehors des fueillets sur les angles. Lors que les fusts sont faits auec les soupapes, & fueillets adiustez dedans, on les ouure de ce qu'on veut qu'ils ayent d'ouuerture, puis on met vn moulle coché de la largeur d'iceux fueillets, que l'on met dedans pour coller le cuir sur les angles, & sur les fusts. En apres on les ferme auec des ficelles, pour les plyer iustement suyuant lesdits fueillets, qui sont arrestez, & tenus les vns auec les autres par cinq ou six endroits, & par la teste. I'eusse amplement traicté la façon de les faire si on s'en seruoit aux forges. Si on s'en veut seruir à la forge, on les pourra faire de telle grandeur que l'on voudra. Il faut qu'ils soient quarrez par le derriere, & presque aussi larges d'vn bout que d'autre. Ils ont beaucoup de vent, & vallent mieux que ceux de quoy on se sert aux forges.

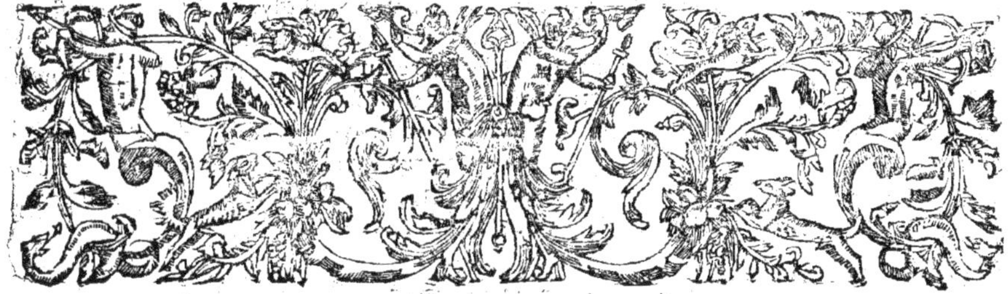

CHAPITRE LXIV.

La maniere de cognoistre le fer doux, & malleable à froid.

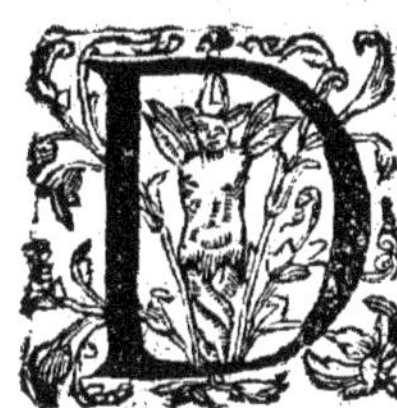

D'AVTANT que l'Art suppose la matiere, & qu'il ne suffit pas à l'ouurier d'estre bien versé en son art pour faire quelque chose de merite, & de recommandation, s'il n'a vne estoffe & matiere propre à faire ce qu'il entreprend. I'ay iugé estre du tout necessaire de coucher en ce lieu le moyen de cognoistre le fer, bon, & mauuais, à fin que le forgeron estant asseuré de sa matiere, il puisse en toute seureté & confiance y exercer & appliquer son art.

Pour choisir le fer doux, il faut premierement sçauoir de quelle forge il est, & si la mine est douce, ou cassante, encores qu'il peut arriuer qu'en mesme forge,& de pareille mine le fer se trouue doux, & quelquesfois cassant, & d'vne mesme gluze: qui sont grandes pieces de fer, de dix ou douze pieds de long, pesant quinze, ou dixhuict cens liures ou dauantage, faites en forme triangulaire, que l'on meine à la forge apres qu'elles sont coullées, la premiere fois sur du sable: en apres on leur met le bout dans la grande forge, où l'affineur le fait chauffer tant qu'il commence à fondre: mais il ne coulle plus comme à la premiere fois. Lors qu'il y a vn bout bien chaud, comme à l'estimation de cinquante ou soixante liures, ou dauantage: l'affineur le casse, & fait tomber dans le fond de la forge, & le fait chauffer, le tournant dans le feu, iette dessus du sable sec pour empescher qu'il ne brusle. Lors qu'il est bien chaud on le tire du feu, puis on le porte sous le gros marteau qui frappe dessus doucement au commencement pour le couroyer, souder, & estirer en barre, de deux, ou trois pieds de long: puis on le laisse refroidir. Cependant qu'on l'estire la forge chauffe tousiours, & ladite gluze s'aduance d'elle-mesme peu à peu dans le feu, à cause qu'elle a l'autre bout plus haut que la forge. Ces affineurs iettent quelquesfois de petits morceaux de fer comme en pouldre, qui n'est encores du tout affiné, sur le fer, en sortant de la forge, lors qu'il se trouue par trop chaud & boüillant. Ie croy que c'est cela, ou le sable qu'on iette dessus, qui engendrent les grains dans le fer, qui sont si durs que l'on est quelquesfois contrainct de les emporter auec vn ciseau ou burin. Apres que vous serez informé de quelle mine sera le fer, vous pourrez le recognoistre par ce moyen sans le casser.

Prenez des barres de fer où vous verrez de petites veines noires qui aillent au long,& qu'icelles barres soient souples sous la main en les maniant, & sans pailleures, s'il s'en trouue: & sur tout qu'il n'y ait point de serseures sur les barres, qui sont de petites decouppeures qui vont du trauers: s'il y en a c'est vn signe euident que le fer est rouuelin, c'est à dire cassant à chaud, & que l'on aura de la peine à le forger. Et pour mieux cognoistre s'il est doux & plyant à froid, faut le ietter tout à plat rudement sur le paué de la ruë ou ailleurs, s'il ne casse, il est plyant. Et pour en estre encores plus certain, prenez vn ciseau de bon acier, auec lequel on couppe le fer à froid, & d'iceluy vous entaillerez vn peu la barre du trauers, par le lieu où vous voudrez le casser : puis vous le mettrez dans vn cassouër, ou dans vn trou fait expres dans vne piece de bois, ou dans quelque pierre, ou sur vn pillier de bois, sur lequel on met deux bouts de barre de fer, six poulces pres l'vne de l'autre, puis on met la barre par l'endroit où l'on la veut casser, & on frappe dessus auec la panne d'vn gros marteau, & à deffaut de ces cassoüers vous la casserez sur l'enclume.

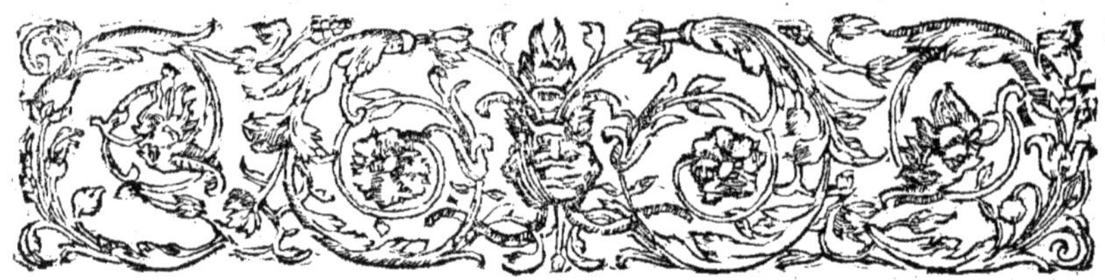

Pour cognoistre le fer bon, ou mauuais, apres qu'il est cassé.

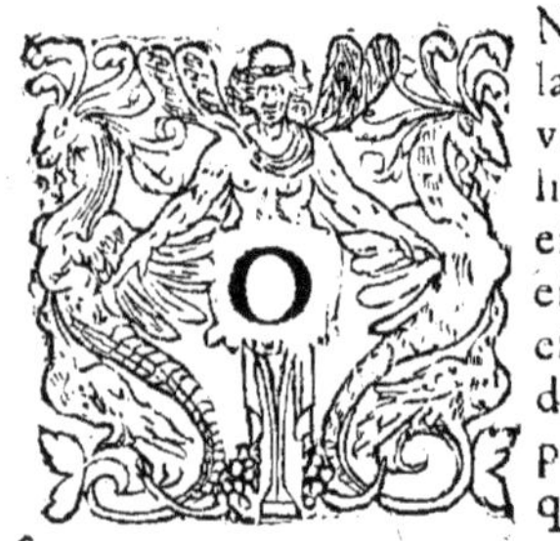

ON cognoistra si le fer est doux, à la couleur qu'il aura par la casseure, s'il est noir tout au trauers de la barre, c'est vn signe asseuré qu'il est bon & malleable à froid, & à la lime : car la couleur la plus noire à la casse, monstre qu'il est plus doux à la lime, & le plus plyant : mais est subiect à estre cendreux, c'est à dire, pas clair ny luysant apres qu'il est poly, se trouuant des taches dessus, comme s'il y auoit des cendres grises meslées auec : ce qui le rend difficile à polir, & mettre en bon lustre : non pas que ie vueille dire que cela arriue à toutes barres ainsi noires, mais le plus souuent.

Il y a aussi d'autres barres de fer qui se monstrent à la casse gris, noir, tirant sur le blanc. Le fer de telle couleur est beaucoup plus dur, & royde que le precedent, en le plyant : il est tres-bon pour les Mareschaux pour ferrer cheuaux, & faire œuure blanche pour les Taillandiers, & aussi pour les Grossiers d'œuure noire : mais pour la lime, il est subiect à y auoir des grains, & endroits que l'on ne peut emporter auec les limes. Et s'il s'en trouue dans la tige d'vne clef qu'il faille forrer ou percer, cela empesche le foret d'aller droict, & fait creuer la clef.

Il y a d'autre fer qui est meslé à la casse, ayant vne partie blanche, & l'autre grise, noire, & qui a le grain vn peu plus gros que celuy que i'ay dit cy-dessus : celuy-la est souuent le meilleur, se forge mieux, & n'est pas subiect à estre cendreux, ny a auoir des grains, & se polist mieux. Ie croy que c'est le meilleur, soit pour la forge, ou pour la lime, & pour se bien polir : car il s'affine en forgeant, & deuient tout noir à la casse, estant mis en œuure.

Il y en a encores d'autres barres qui ont le grain fort petit, comme de l'acier, & qui est plyant à froid : celuy-la est difficile à limer, & boüillant à la forge. Tellement qu'il est difficile à employer à la forge, & à la lime : il est tres-bon pour les Mareschaux qui trauaillent pour la terre.

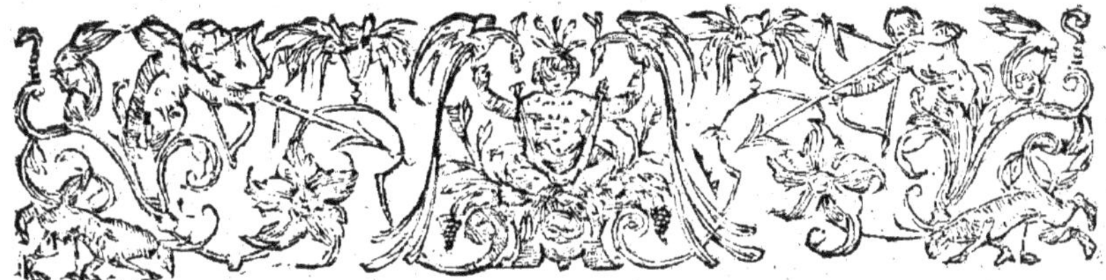

Pour cognoistre le fer cassant à froid.

IL y à d'autre fer qui a le grain gros, & clair à la casse comme estain de glace, ou comme du talc : ce fer ne vaut gueres, car il est cassant à froid, & tendre au feu, ne pouuant endurer grande chaleur sans se brusler, aussi vous trouuerez en maniant les barres, qu'il sera rude à la main, & les iettans sur le paué, comme i'ay dit, il cassera par trois ou quatre endroits à la fois. Tellement que ce fer ne se peut dresser ny manier à froid : mesmes il y en a qui deuient encores plus cassant en le forgeant, par menuës pieces qu'il n'estoit auant que d'estre reforgé, qui est vn signe euident que la mine en est cassante, ou qu'il a esté fondu & affiné auec du charbon fait de fraiz, sortant du fourneau.

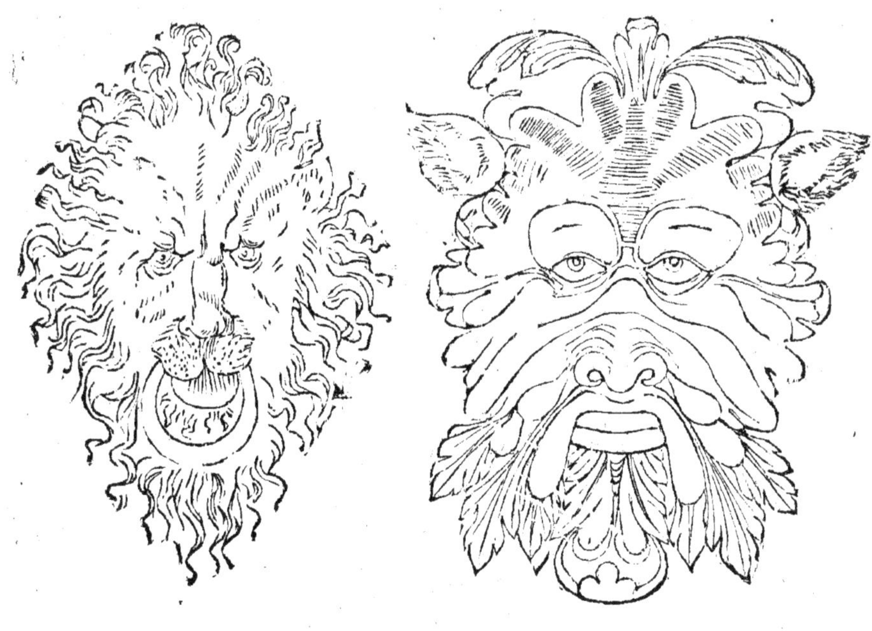

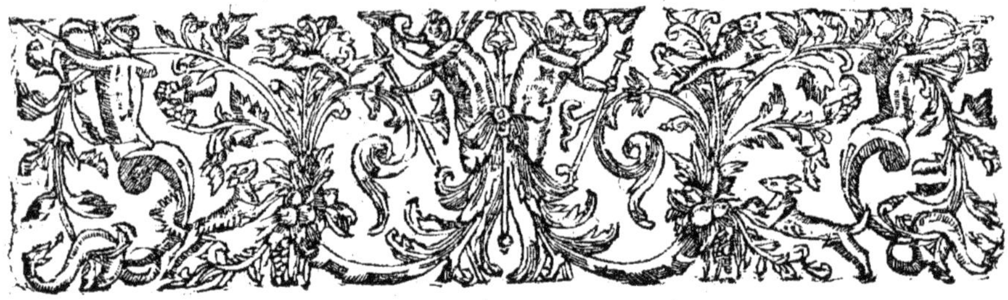

CHAPITRE LXV.

Pour cognoiſtre le fer rouuelin, caſſant à chaud.

ON le cognoiſt lors qu'il y a des ſerſeures ou decoupeures qui vont au trauers des quarrez des barres. Ce fer eſt ſubiect à eſtre plyant, & malleable à froid L'autre ſigne qu'il eſt caſſant à chaud, c'eſt qu'en le forgeant il ſent le ſoulfre, & ſort de dedans en frappant deſſus, de petites eſtincelles, comme de petites flammes ou eſtoilles de feu, lors qu'il vient en ſa mauuaiſe couleur, qui eſt d'ordinaire vn peu plus blanche que couleur de cerize rouge, il caſſe à chaud, quelquesfois preſque tout au trauers de la piece, ſi vous frappez deſſus, ou le plyez lors qu'il eſt en ceſte maligne couleur, il deuiendra tout pailleux: voyla le fer que l'on appelle rouuelin.

Celuy d'Eſpagne eſt fort ſubiect à eſtre de ceſte qualité, & à auoir en ſoy des grains qu'on ne peut limer qu'auec difficulté.

Tout le vieil fer que i'ay employé qui a eſté long-temps à l'air, ou au ſerain, c'eſt troué rouuelin.

Il n'y a point de doute que cela ſe doit referer à quelque qualité corroſiue & mordicante qui eſt dans la roſée, comme le teſmoigne l'experience: car il eſt certain que ſi vous trempez quelque partie du corps dans la roſée, elle vous demangera, & deuient meſmes quelquesfois galleuſe: ce qui ne peut proceder que de quelque qualité mordicante qui racle le cuir. Donc il ne faut pas trouuer eſtrange, ſi le fer expoſé à la roſée, ſe change & altere, & ſe trouue (comme i'ay dit) rouuelin.

Nous auons en France de tres-bonnes mines de fer, ſi elles eſtoient bien choiſies, & nettoyées, & laiſſées quelque eſpace de temps à lair apres eſtre bechées, & ſi elles eſtoient fondües, & affinées auec du charbon fait de ieune bois, & qui euſt eſté fait vn ou deux ans auparauant, & tenu en lieu ſec, auant que de fondre, & affiner le fer, parce que le charbon fait de fraiz, & de vieil bois, rend ce fer caſſant, & le charbon ne dure gueres au feu.

Il y a auſſi en France d'autres mines deſquelles on ne ſe ſert qu'a faire du fer, leſquelles neantmoins (ſi elles eſtoient bien conduites & trauaillées) fourniroient de bon acier. Ie croy que c'eſt pluſtoſt faute de trauail, que de bonté: & que les maiſtres des mines & forges, ne prennent pas la peine de faire chercher & trauailler gens capables, & expers pour bien fondre, & affiner leſdites mines, & pour recognoiſtre le charbon qui y eſt propre: car le charbon y fait beaucoup, comme ie diray ailleurs.

Il y en a

Il y en a encores d'autres, lesquelles si elles estoient bien cherchées, conduites & affinées par gens expers, se trouueroient de tres-grande valleur, si la negligence n'esmoussoit le desir de trouuer des merueilles, que l'on pourroit gouster auec beaucoup de contement, si les curieux poursuyuoient leur pointe, & recherchoient ce que la mere nature produit secrettement peu à peu dans ses entrailles: ce que neantmoins merite d'estre recherché auec peine, puis que les choses de valeur ne s'achettent qu'auec le trauail.

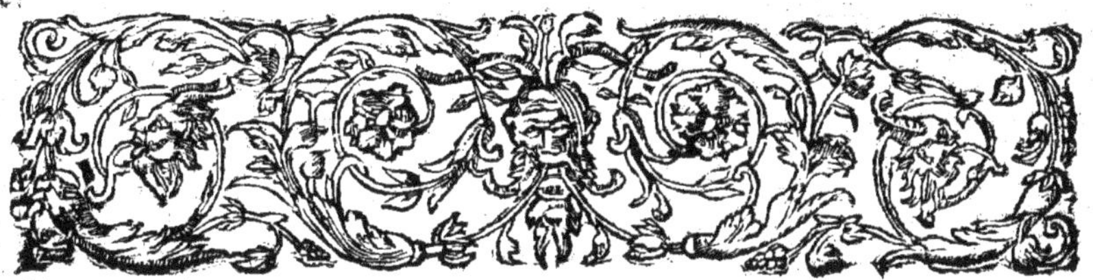

CHAPITRE LXVI.

Pour cognoistre l'acier bon, & mauuais.

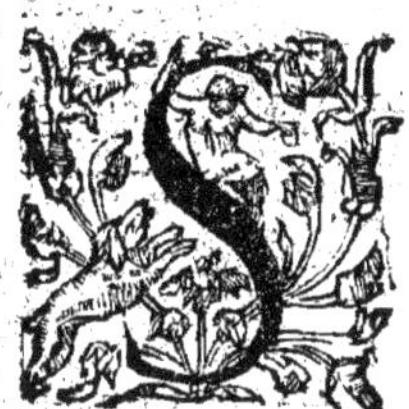

S'IL y a chose où (non seulement le Serrurier, mais tout autre qui se vueille mesler de la forge, & du fer) doiuent se monstrer soigneux & diligent, c'est particulierement à bien eslire, & choisir l'acier. Car en vain auez vous de bon fer, le sçauez-vous manier, & forger, si quand & quand ne le sçauez bien, & parfaictement acerer: car ne se pouuant rien faire sans outils, lesquels ne peuuent seruir en aucune façon, s'ils ne sont faits de bon acier, & bien choisi, il est manifeste que sans l'acier, & la cognoissance d'iceluy, il est impossible de faire chose aucune de seruice, fidelle & profitable.

Pour donc bien choisir du petit acier commun, qu'on appelle Soret, Clamesi, ou Limosin, qui est le moindre en prix qui se vende en France, qui est par petits quarreaux, de trois poulces de long ou enuiron. Il faut voir premierement si les quarreaux sont pailleux, ou surchauffez, & si en la casse on void des veines noires, ou pailles: tous ces signes monstrent qu'il n'est pas bon. Mais si les quarreaux sont nets, sans pailles, ny surchauffeures, & qu'en la casse que l'on fait d'iceux par le bout, l'acier se monstre net, & le grain blanc & delié, c'est signe que l'acier est bon.

Il y a encores d'autres quarreaux qui sont plus gros, & plus pesans d'vne moitié, qui sont de la mesme mine que le petit: on l'appelle Clamesi, faut le choisir comme i'ay dit. Cest acier & le petit Soret sont bons à seruir à la terre, & gros ouurages noirs.

Acier de Piedmont.

L'Acier de Piedmont est par quarreaux vn peu plus gros que le Clamesi, le quarreau pese   il se vend trois sols six deniers le quarreau. Pour le choisir faut voir s'ils sont nets, sans pailles, ny surchauffeures, que l'on cognoist lors qu'il y a des endroits qui se monstrent grumeleux, decouppez du trauers, & rudes sous la main, qui demonstre que l'acier est difficile à employer, & souder. Voyez aussi à la casse s'il n'y a point quelque tache tirant sur le iaune, ceste couleur demonstre encores qu'il est difficile à souder, & allier auec le fer, ou autre acier,

Mais s'il est clair & net, & qu'il ayt le grain net, menu & blanc, sans y auoir veines noires, & qu'il casse facilement par le bout qui est trempé, en frappant contre quelque piece de fer, ou contre vn autre quarreau d'acier : c'est vn signe asseuré que l'acier est bon, propre à faire les outils qui seruent à coupper pain, chair, corne, bois, papier, & autres choses semblables, apres qu'il sera couroyé cõme ie diray cy-apres.

Autre acier de Piedmont.

IL y en a de deux façons, l'vn artificiel, & l'autre naturel & de bõne mine, & d'autre qui a le plus souuent pailles, & surchauffeures, le grain gros, & de couleur blafarde, qui est tres-difficile à souder. Cest acier est le plus souuent artificiel, fait de menuës pieces de fer, que l'on met auec du charbon de bois pillé, & fait expres, mis lict sur lict dans vn grand creuset, ou pot de terre fait expres, & qui puisse endurer le feu, auec vn couuercle par dessus, & couuert en façon qu'il n'en puisse sortir aucune fumée. En apres on met ledit pot dans vn fourneau à cuire de la chaux, ou à cuire de la tuille, brique, ou pots de terre, ou pour le mieux, dans vn fourneau fait expres, & qui ne serue à autre chose.

Cest acier est bon, pourueu qu'il soit affiné par deux fois, & que le charbon auec lequel il est affiné soit fait de fraiz, & peu auparauant que d'estre employé. Notez que tout charbon n'y est pas bon, à fin de ne vous y tromper pas : faut qu'il soit deux iours & deux nuicts au feu violent, le plus sera le meilleur, pourueu que le creuset ne prenne vent. Cest acier est bon à mettre à la terre, & à acerer marteaux, & autres ouurages, de quoy on trauaille auec force & violence : & quelques fois bon à faire des outils taillans, lors qu'il est bien affiné, & trempé comme il faut.

Acier d'Allemagne.

CEst acier est par petites barres quarrées de sept à huict pieds de long, qui est tres-bon à faire des ressorts de serrures, arcs d'arbalestres, espées, ressorts d'harquebuses, & autres ressorts. Pour estre bon faut qu'il soit net, sans pailles, surchauffeures, ny veines noires, ny fourreures de fer : ce qu'on pourra cognoistre en le cassant.

Acier de Carmes, ou à la Rose.

ON nous apporte en France de cest acier, que l'on ameine des Allemagnes, & de Hongrie, qui est aussi tres-bon à faire ciseaux à coupper fer à froid, & faire burins, ciselets, faux à coupper herbes, pierres, corne, papier, bois, & autres outils dont on se sert. Cestuy-cy & le precedent sont des meilleurs que nous employons en France. Il se cognoist aussi, s'il est tout au long des barres souple à la main, sans pailles, ny surchauffeures : & si à la casse il s'y void dans le milieu vne tache presque noire, tirant sur le violet, ayant le grain fort delié, & sans pailles, ny apparence de fer, & qu'icelle tache trauerse presque toute la barre de tous costez : c'est vn signe asseuré que l'acier est bon. Au contraire si les barres sont pailleuses, surchauffées, auec quelques veines entremeslées dans la casse, il n'est pas bon.

Acier d'Espagne.

ON nous ameine de grosses barres quarrées, de cinq, six, ou sept pieds de long, & de dix-huict, ou vingt lignes en quarré : il se doit choisir comme les precedents. Cest acier est propre à accerer enclumes, bigornes, gros marteaux, & autres gros ouurages, lors qu'il est bien choisi.

Autre acier d'Espagne appellé acier de grain.

NOvs auons encores d'autres sortes d'acier qu'on ameine d'Espagne, que l'on appelle acier de Grain : autrement acier de Motte, ou de Mon-dragon. Cest acier est par grosses masses, en forme de grands pains plats, quelques fois de 18. poulces ou dauantage de diametre, & de 2. 3. 4 ou 5. poulces d'espaisseur. Cest acier est aussi bon à faire ciseaux pour coupper fer à froid, & pour acerer les fers de moulins, marteaux, & autres gros ouurages qui doiuent estre durs & qui endurent beaucoup de peine: & a coupper choses dures, comme pierre, marbre, & autres choses semblables, lors qu'il est bien choisi, & bien affiné.

Pour cognoistre s'il est bon, faut qu'il ayt le grain delié à la casse, & qu'il soit presque tout iaune, sans veines noires, ny apparence de fer, & ne prendre que le moins que l'on pourra de la crouste, & que la piece soit du mitan de la motte. Si vous luy voyez le grain gros, clair, auec veines noires, sans tirer sur la couleur iaune, ou qu'en preniez des orées : cest acier sera subiect à ne valloir gueres. Et pour l'employer & couroyer, il faut premierement le mettre dans le feu de charbon de bois, ou de terre: mais celuy de bois est le meilleur, tant pour employer celuy-cy, que les autres cy-dessus, dont i'ay parlé : parce que le charbon de terre est plus violent, & chaud, que celuy de bois: qui fait qu'on ne peut pas si bien cognoistre le fer & acier lors qu'il est chaud à cause de la flame qui passe par dessus, comme i'ay dit cy-deuant Ie l'ay voulu repeter pour le soulagement du lecteur.

Apres que vous aurez mis vostre acier dans le feu, & chauffé quelque espace de temps, vous les laisserez vn peu reposer, & boüillir dans le feu, iettant du sable delié ou terre franche en pouldre par dessus, pour le refroidir, & pour l'empescher de bruler. Apres que vous l'aurez laissé vn peu boüillir dans le feu, vous l'osterez & frapperez dessus, le plus promptement & legerement que faire se pourra, & l'applatirez, & estirerez par petites barres plattes, de l'espaisseur de deux lignes ou dauantage : puis vous le ferez rougir en couleur de cerise rouge, & le mettrez dans l'eau : puis apres vous le casserez par petites pieces, que vous mettrez l'vne sur l'autre, sur vne lame de fer de deux ou trois lignes d'espaisseur, que vous couurirez de terre franche, détrempée auec de l'eau, & mettrez chauffer l'acier ainsi en charge sur vostre lame de fer, & le ferez chauffer doucement: puis le tirerez du feu souplement, frappant promptement & legerement dessus, comme à la premiere fois. Apres qu'il sera bien soudé vous l'estirerez de telle grosseur que bon vous semblera. Vous pourrez couroyer & affiner le petit acier, Soret, Clamesy, Piedmont, & autres : mesmes les mesler & couroyer l'vn auec l'autre, comme font quelques fois les Couteliers, & autres bons maistres, qui sçauent bien employer l'acier.

Pour celuy d'Espagne, & d'Allemagne, en barres, de Carmes, à la Rose, & de Hongrie, & autre acier qui est en barre: on ne les couroye pas si souuent comme celuy qui est par carreaux, parce qu'on ne les employe pas communement à faire des taillans, comme celuy de Piedmont, & autres qu'on vend par quarreaux.

Encores que tout l'acier dont i'ay parlé cy-dessus, soit bon, & bien choisy, il est necessaire de le bien gouuerner au feu, se prendre garde de le brusler, ny surchauffer au feu : ce que pourrez faire de la façon que i'ay enseigné.

Ce n'est pas la principalle chose au Forgeron de bien forger son fer & acier, il faut qu'il sçache bien les trempes qui sont necessaires pour chaque sorte d'acier : & aussi qu'il considere l'ouurage qu'il a à faire, sçauoir s'il trouuera de l'acier qui soit bon pour faire ce qu'il entreprend : car tout acier n'est pas bon pour faire toutes sortes d'ouurages.

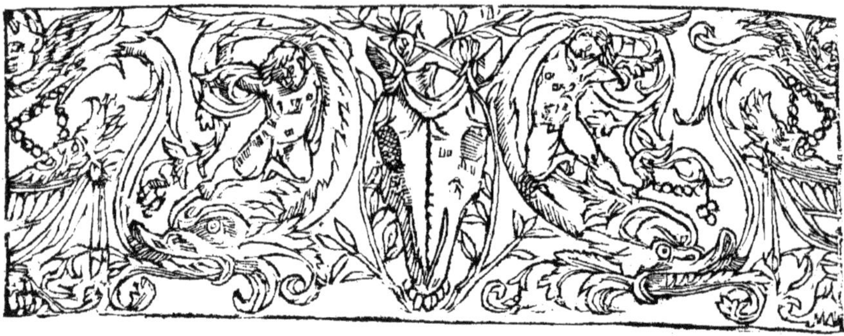

CHAPITRE LXVII.

Où est traicté de diuerses sortes de trempes pour l'acier.

NOus venons doncques à ce en quoy consiste le couronnemēt & accomplissement de l'œuure (i'entēds aux diuerses trēpes de fer & d'acier) lesquelles i'espere ne deuoir estre pas moins plaisantes, & agreables à tous forgerons, qu'vtiles & profitables à vn chacun. Et c'est icy où il sēble que consiste vne principalle partie de l'art: car bien qu'il soit extremement requis de bien choisir la matiere, bien forger, & limer, neantmoins tout cela ne seruira de rien, ou fort peu, si vous venez à manquer à la trempe. C'est dōcques à faire au Serrurier, & forgeron adroit, & expert d'y apporter vn particulier esgard, & choisir les eaux qui y sont propres, & d'y apporter tout l'artifice requis. I'espere que ceux qui entendront & se seruiront de ce que i'en couche dans ce petit traicté, en receuront vn singulier contentement.

Pour tremper le petit acier Limosin, Clamesy, & artificiel.

APRES que vous aurez forgé, aceré, & dressé vos pieces, vous les ferez rougir dans le feu, vn peu plus rouge que la couleur de cerise, puis vous la tremperez dans de l'eau de fontaine, ou de puits, la plus froide sera la meilleure. Quelques vns mettent du verre dans la forge, auant que d'y chauffer l'acier, & le font fondre & attacher tout à l'entour de leur ouurage, puis le trempent estant bien chaud. Ie croy que cela ne sert de gueres.

Autres prennent du sel commun, le pillent & en mettent dessus l'acier lors qu'il est chaud, & prest à tremper. Ie croy que cela rend l'acier plus dur, & n'esclatte pas si tost: c'est pourquoy ie fay cela aux marteaux dont ie me sers, & aux autres pieces semblables, pour les rendre plus dures, & qu'elles puissent mieux resister aux coups, & efforts qu'on leur fait.

Apres que vous aurez chauffé vostre acier, & mis du sel dessus, vous les mettrez incontinent dans de l'eau fraische, comme i'ay dit, l'y tenant iusques à ce qu'il soit froid, & luy donnant apres vn peu de recuit, si bon vous semble.

Pour tremper acier de Piedmont.

SI c'est que vous ayez fait des outils trenchans, pour coupper pain, chair, bois, corne, papier, ou autre chose semblable, il se doit tremper en couleur de cerise, en luy donnant le recuit par apres, en façon que passant vn bois sec comme manche de marteau, ou autre, par dessus le quarre ou taillant, la racleure ou poussiere qui en sortira se brusle incontinent sur la piece: alors il sera assez recuit. Et notez que tout acier se corrompt si on le trempe trop chaud, & ne s'endurcit pas dauantage: ce qui est contre l'opinion de plusieurs. Si vous le trempez trop chaud, il ne vaudra iamais rien si vous manquez à le faire bon à la premiere trempe.

Si vous ne l'auez trempé trop chaud, & que l'outil ne se trouue bon, vous le pourrez rettemper de rechef, & le faire meilleur qu'à la premiere trempe, pour auoir recogneu le deffaut, & le recuit qu'il luy faut donner: & pareillement toutes sortes d'acier, qu'il faut recognoistre auant que pouuoir estre asseuré de la trempe & recuit qu'il luy faut donner.

Pour tremper ressorts d'acier d'Allemagne.

LA meilleure & plus naturelle de toutes les eaux, c'est la rosée du mois de May, recueillie ou serrée au matin, au leuer du soleil, en quelque lieu esleué sur bled ou autres herbes: d'autant que pour lors elle est moins terrestre, plus subtile, & beaucoup plus actiue, pour auoir esté tirée & exprimée, lors que toutes plantes, racines & herbes sont au fort de leur vigueur: & speciallement sortira-elle son effect, si vous la cueillez ou serrez lors que le vent vient du Nort, ou Bize; car par la froideur d'iceluy, elle est renduë plus penetrante, & ainsi l'acier trempé en icelle, en demeure plus roide, & fait mieux son effect.

Vous prendrez donc de ceste eau six, sept, huict, ou neuf fois autant pesant que vostre acier, que mettrez dans vn vaisseau, puis vous ferez chauffer doucement l'acier, tant qu'il vienne en couleur de cerise rouge, & prendrez garde qu'il chauffe tout par tout esgallement, & qu'il ne prenne escaille, & ne chauffe trop promptement: puis vous le mettrez dans ladite eau, si profond, qu'il ne puisse prendre vent ny air, & l'y laisserez refroidir. En apres vous l'osterez & le nettoyerez auec sable, ou fraisil, tant qu'il soit blanc, & toute l'escaille ostée de dessus.

Lors que vostre ressort sera trempé & nettoyé, vous le remettrez sur le feu, & luy laisserez prendre le recuit doucement, incontinent il viendra en couleur iaune, sanguin, viollet, couleur d'eau, gris-noir. Lors qu'il sera en ceste couleur, faudra l'oster de dessus le feu, & passer vn bois sec par dessus, comme i'ay dit à l'acier de Piedmont. Lors que la pouldre ou racleure du bois bruslera dessus, vous prendrez vne corne de mouton, cheure, bouc, bœuf, ou autre corne grasse, que vous passerez & frotterez par dessus ledit ressort, oubien y passerez vne plume, huille, suif de chandelle, ou autre graisse. Puis vous les remettrez vn peu sur le feu: si vous mettez dessus huille, ou graisse, il là faut laisser flamber & brusler dessus, & voir de rechef si le bois bruslera: alors il le faut laisser refroidir, & sera fait

On peut bien tremper les ressorts en eau de forge, ou riuiere, oubien en eau de puits, ou fontaine: mais si vous les trempez en eau de fontaine, ou puits, qui soit par trop froide, vous la mettrez dans quelque vaisseau où vous la puissiez battre, & agiter auec quelque bois, ou auec la main: & par ce moyen vous amollirez l'eau, tant dure qu'elle puisse estre.

Si vous trempez les ressorts, ou autre chose semblable, dans de l'eau de puits ou de fontaine, sans la battre, les ressorts seront subiects à se casser, quelquesfois en les trempant si l'acier est rude, oubien se casseront en les plyant.

Pour tremper acier de Carmes, ou acier à la Rose.

FAICTES chauffer vostre acier en couleur de cerise seulement auec charbon de bois, & le trempez en eau de fontaine ou de puits, la plus froide & ferme sera la meilleure. Si c'est ciseau, ou autre chose torue, cest acier est subiect à se fendre & casser dans l'eau Pour euiter à ce danger, mettez le gros bout ou le moins chaud, de quoy on ne se veut seruir le premier dans l'eau, l'enfonçant iusques au fond du vaisseau où sera l'eau, oubien mettez de la graisse fonduë, suif, ou autre graisse sur l'eau: lors que la piece que voudrez tremper sera chaude, vous la passerez au trauers de ceste graisse, qui flotera sur l'eau, & empeschera vostre outil de casser. Apres qu'il sera trempé faut le recuire & nettoyer comme i'ay dit, à fin de voir mieux le reçuit que vous luy voudrez donner.

Si c'est pour faire outils à coupper fer, comme burins, ciselets, ciseaux, ou autre chose semblable: vous leur donnerez le recuit en couleur iaune, quelque peu tirant sur le rouge, puis le laisserez refroidir. Que si vos outils s'esclattent ou rompent en trauaillant, vous les remettrez vn peu sur le feu, ou sur quelque gros fer chaud pour leur donner du recuit dauantage: comme tirant vn peu en couleur de violet iusques à ce qu'ils soient comme vous desirez: par ce moyen vous les ferez durs ou mols, comme vous voudrez, pourueu que l'acier soit bon.

L'acier de Carmes, & de Hongrie sont encores tres-bons à faire faux à coupper l'herbe ou chaume, & à faire autres outils. Apres que cesdites faux sont faites & dressées comme il faut, on les trempe dans vne petite auge, ou autre vaisseau de la longueur de la faux, & profond que lesdits outils y soient tous couuerts. On emplist ladite auge de suif de bœuf ou autre graisse, dans laquelle graisse quelques-vns y mettent vn peu de sublimé, arsenic, sang de dragon, coupperose, verd de gris, antimoyne, & allun de roche: mais ie croy que ce qu'on adiouste auec ladite graisse n'y sert de rien. On les trempe en couleur de cerise rouge: puis on leur donne le recuit violet, ou gris, selon la bonté de l'acier.

Aucuns trempent leurs faux dans de la rosée dont i'ay parlé cy-dessus, & y meslent de la Ruë, & plusieurs drogues, & herbes fortes, qui n'y seruent de gueres. Ladite eau est capable de faire les outils bons, pourueu que l'acier & le recuit soit bon, qui doit estre comme i'ay dit des ressorts, & n'en faut point chercher d'autre.

Pour tremper acier d'Espagne.

L'Acier d'Espagne qui est par grosses barres se doit tremper comme le Soret, Clamesy, ou Limosin Si ce sont grosses pieces, comme enclumes, bigornes, marteaux, ou autres choses semblables: on ne leur donne point de recuit, les trempant en leur force dans de l'eau de fontaine ou de puits, la plus froide & ferme y vaut là mieux.

Pour l'autre acier d'Espagne qui est en motte, il se doit tremper & recuire comme l'acier de Carmes, à la Rose, il a les mesmes qualitez.

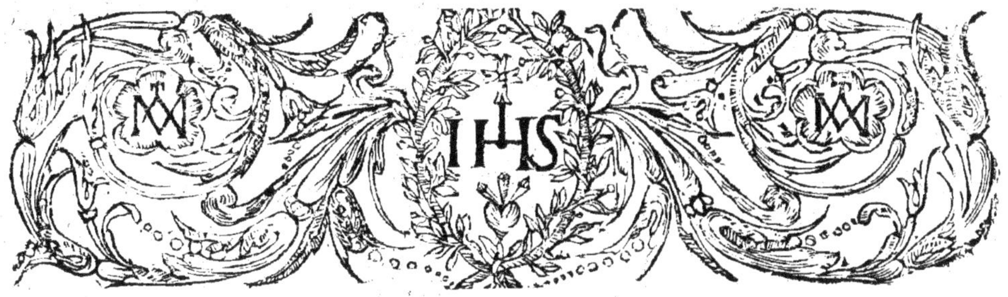

CHAPITRE LXVIII.

Pour tremper limes, & autres outils, que l'on fait de fer ou d'acier.

LA meilleure & plus assurée trempe pour les limes, & autres pieces que l'on fait de fer, est celle qui se fait d'ordinaire, auec de la suye de cheminée: mais faut bien regarder a prendre ceste grosse suye qui est attachée contre la cheminée, la plus dure & seche qui se pourra trouuer, se donnant garde de mesler de la terre auec la suye, qu'il faut bien piller & mettre en poudre, pour la passer auec vn tamis, & la détremper auec vrine, & vinaigre, y adioustant vn peu de sel commun, ou saulmure, qui est sel fondu, & détremper tout ensemble, se prenant garde d'y mettre trop d'vrine, & vinaigre, l'y mettant peu à peu, & tousiours mesler & broyer fort, & par ce moyen il n'y en entrera que fort peu pour détremper vostre suye: car tant plus vous meslerez & broyerez, & plus la suye deuiendra liquide, & n'y faudra gueres de vinaigre, ny vrine à la détremper, faut qu'elle soit liquide comme moustarde.

Apres que vous aurez ainsi détrempé vostre suye, vous prendrez du vinaigre, & sel meslé, auec lequel vous frotterez & ecurerez vos limes, auec la main, ou liage, pour en oster la graisse que l'on met dessus pour les tailler: estant bien desgraissées & frottées auec vostredit vinaigre & sel, vous les frotterez en apres auec vostre suye ainsi détrempée, & la ferez entrer en toutes les tailles des limes, & les en couurirez: en apres vous les mettrez dans vn pacquet de fer, tuilles creuses, ou autre chose, à faute de pacquet, on en pourra faire de terre franche battuë, comme pour brazer, & mettrez lesdites limes dans vostre pacquet auec la suye, lict sur lict, y mettant au milieu du pacquet vn canon de fer, ou de papier, de la longueur desdites limes, auec vne esprouuette, qui est vne petite verge de fer qui entre dans ledit canon, que vous tirerez alors que vous iugerez que vos limes seront à peu pres chaudes, & mettrez ainsi toutes vos limes dans le pacquet, les couurant auec vostre suye. Lors qu'elles seront toutes mises dans le pacquet auec la suye vous les serrerez ferme auec vn linge, qu'il faut mettre dans ledit pacquet auant que d'y mettre les limes, à fin que vous puissiez aysement serrer toutes lesdites limes auec la suye, les serrant auec vne ficelle par dessus. Estant bien liées & serrées, vous couurirez le tout de bonne terre franche, battuë comme pour braser, en façon qu'icelles limes ne puissent prendre vent. Puis les mettrez chauffer auec du charbon de bois, dans vn fourneau à vent, fait de tuffeau, brique, ou autre chose semblable: les laissant tant chauffer qu'elles soient de couleur de cerise rouge, & vn peu dauantage: comme ſi vous vouliez tremper de l'acier, & faire ferremens à trauailler à la terre : ce que pourrez ſçauoir par le moyen de voſtre verge de fer, ou eſprouuette, en la tirant doucement du canon.

Les limes menuës faictes de fer, ſe doiuent chauffer, & tremper plus chaudes que ſi elles eſtoient vieilles, ou retaillées pour la ſeconde ou troiſieſme fois, ou que ſi elles eſtoient faictes d'acier.

Lors que vous verrez qu'elles ſeront aſſez chaudes, vous les ietterez dans quelque vaiſſeau plein d'eau de fontaine, ou de puits, la plus froide y vaut la mieux. Si les limes ſe courbent à la trempe, vous les pourrez redreſſer les plyant doucement dan l'eau, auparauant qu'elles ſoient du tout froides, & auant que de les en oſter. Si vous attendez à les redreſſer apres qu'elles ſeront ſeiches, vous les caſſerez en les redreſſant.

Apres qu'elles ſeront froides vous les nettoyerez, & ecurerez auec charbon de bois, ou liage, pour en oſter la craſſe, & ſuye qui demeure dans la taille. Eſtant ainſi nettoyées, vous les mettrez ſecher deuant le feu, tant qu'elles ſoient bien chaudes, & que toute l'humidité ſoit euaporée. Puis vous les mettrez en quelque caſſe, ou coffre, auec du ſon de fourment, lict ſur lict, pour les garder de la roüille.

Si ce ſont limes douces, faudra les enuelopper ou entourer auec du papier huillé, de peur que la fleur qui eſt dans le ſon, n'entre dans les tailles d'icelles.

Autre trempe pour les petites limes, tarraux, ou fillieres.

SI vous voulez tremper petites limes, tarraux, fillieres, ou autre choſe ſemblable, n'eſtant pas neceſſaire d'eſtre ſi dures & roides que les precedentes.

Prenez vieilles ſauattes, ou ſoulliers, que vous lauerez & nettoyerez, pour en oſter la terre : puis vous les ferez bruſler dans le feu, & pillerez promptement, autrement elles deuiendroient incontinent en cendre : eſtant reduites en pouldre, vous la paſſerez par vn tamy, & la détremperez auec vinaigre, ou vrine, ou des deux enſemble : y adiouſtant vn peu de ſuye de laquelle i'ay parlé. Puis vous mettrez vos limes en pacquet, en façon qu'elles ne puiſſent prendre vent : puis les ferez chauffer, & ietterez dans de l'eau froide, comme les precedentes. Que ſi elles ſe gauchiſſent, ou enuoillent à la trempe, vous les redreſſerez tout de meſme.

Notez que ſi vous les battez bien à froid auant que de les tailler, ny tremper, elles s'en redreſſeront encores mieux : principallement les limes à fendre.

On fait encores des trempes de pluſieurs & diuerſes ſortes, que ie n'ay voulu enſeigner, pour n'eſtre ſi aſſeurées & faciles à faire, & auec peu de fraiz comme celles-cy.

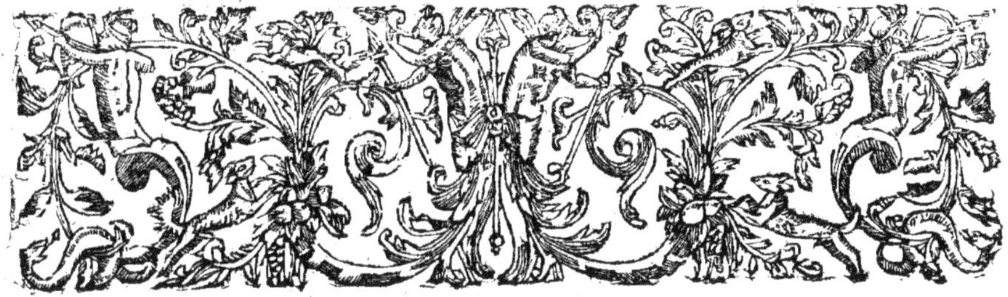

CHAPITRE LXIX.

Machine à tailler limes, respondant à la figure 65.

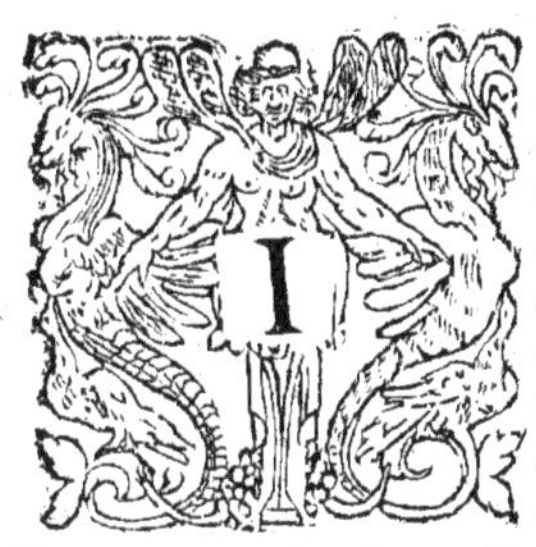

VSQVES icy il me semble auoir à peu pres mis en auant les principalles pieces dépendantes de nostre Art, & concernans l'apprentissage d'iceluy : mais i'eusse creu ne m'estre entierement acquitté de mon deuoir à l'endroit des apprentifs, & desireux de cest art, lesquels i'ay entrepris d'enseigner, & instruire en ce traicté (si apres leur auoir monstré à forger, limer, & tremper plusieurs choses) i'eusse manqué à leur communiquer vne machine, aussi gentille, qu'vtile, & commode à tailler des limes, & ce beaucoup mieux, plus proptement, & sans comparaison, auec moins de coust, & de trauail.

Or pour faire ceste machine, il faut premierement sçauoir, qu'en cecy il n'est question que de faire leuer le marteau, & faire (à mesure qu'il frappe) aduancer la lime petit à petit, pour estre taillee par le ciseau, qui fait ressort au dessous du marteau, cela se fait en ceste façon.

Faictes vne casse de bois assez grande, & quarrée, neantmoins plus longue que large, ainsi qu'elle se void fermée en A. B. & ouuerte en C. D. & percée par les deux bouts C. D. Vous ferez passer vne cramaillere de fer C. D. à laquelle y ayt de petits crans, à fin que la rouë E. venant à tourner, elle puisse aduancer. Or la roüe E. se tourne en ceste façon, il y aura premierement par le dehors de la casse, au bout de l'essieu de la roüe E. vne autre, qui se void par le dehors F. laquelle vous ferez tourner par le moyen de la maniuelle mise à l'autre bout de la casse. L'arbre de ceste maniuelle sera percé dans le bout en plusieurs endroits, tousiours en esloignant du centre, à fin de prendre vne, ou plusieurs dents, selon les limes que taillez douces, ou rudes, perçant tous ces trous au costé du centre, & que le folliot qui se void par dehors en S, puisse accrocher, & esloigner par son mouuement: & ainsi faire tousiours la rouë F. aduancer d'vne, deux, ou trois dẽts, selon que le folliot sera reculé du centre de l'essieu, & quand & quand la rouë de dedãs la casse E. tournera quelque peu, & par ce moyen s'aduancera tant soit peu la cramaillere C. D. laquelle a dans le bout vne tenaille à vis, où doit estre mise la lime M. qui s'aduancera petit à petit, comme la cramaillere, & pour tenir la rouë de dehors F. asseurée, il y aura des deux costez d'icelle, deux autres folliots ou gachettes I. N. qui l'empescheront de retourner, & la retiendront en raison.

Iusques icy i'ay enseigné le moyen de faire aduancer la lime sous le marteau, mais pour le faire leuer, vous y procederez en ceste façon. Il y aura à vostre casse deux posteaux O. P. par lesquels vn essieu passant, tiendra vostre marteau en balance : tellement qu'il ne restera qu'a faire leuer le marteau en ceste façon. Au fond de la casse il y aura vne bande de fer Q. R. au bout de laquelle Q sera vne corde, ou couroye, pour venir prendre la queuë du marteau S en sorte que la croysée T. qui est dans l'essieu de la manivelle G venant à tourner, passera de chacun de ses bras sur la bande Q R. & ainsi tirera quand & soy la queuë du marteau, & le fera leuer. Et par ce que le poids du marteau ne seroit assez pesant, vous aurez au fond de la casse vne autre bande X. Y. qui aura vne corde dans le bout, qui se viendra attacher au manche du marteau en V. à fin que faisant ressort, elle puisse faire tomber le marteau auec plus grande roideur sur le ciseau Z.

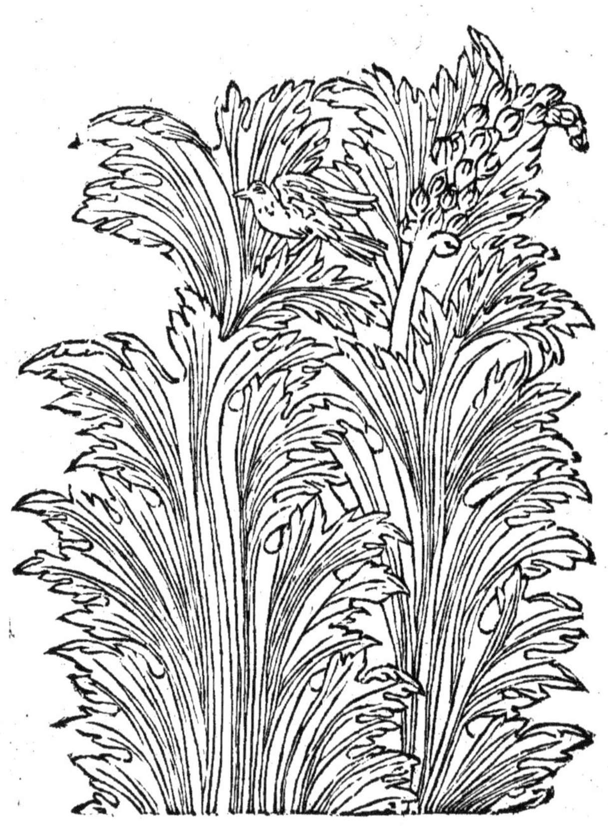

LXV. FIGVRE. *Machine à tailler limes.*

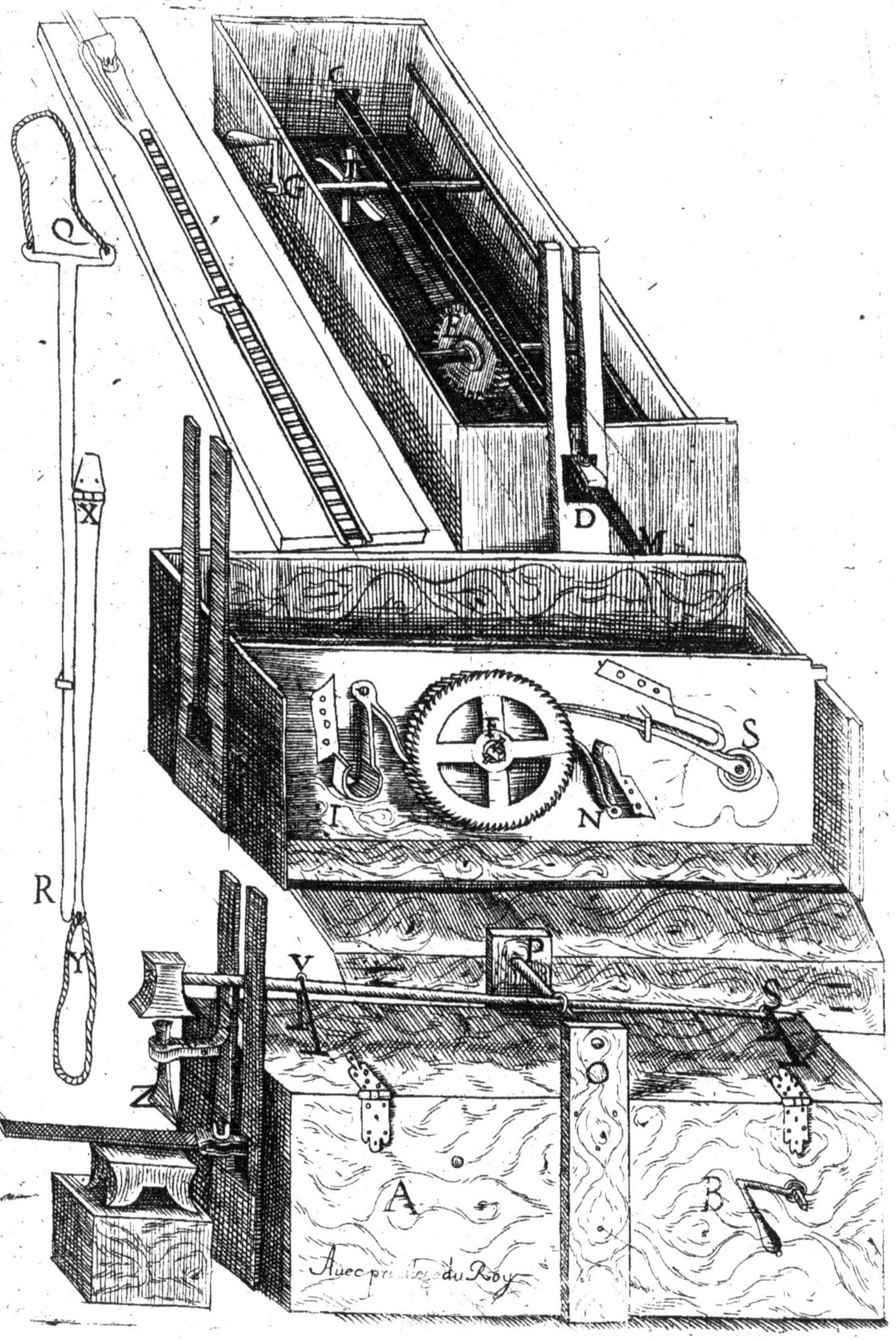

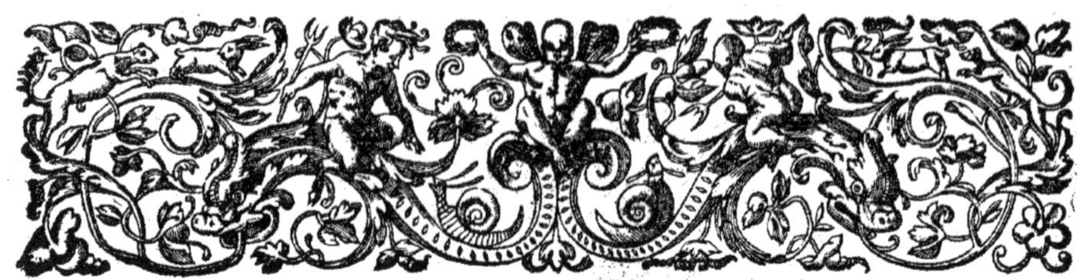

AVX LECTEVRS
ET COMPAGNONS SERRVRIERS.

VOYLA, Messieurs, nuëment, simplement & sans fard, ce que i'auois à vous communiquer touchant la methode de proceder à l'apprentissage de nostre Art. Car pour vne infinité d'autres pieces qui en dépendent, i'eusse esté démesurement long, si ie les eusse voulu toutes exprimer. Outre qu'il m'a semblé plus à propos de les supprimer, tant par ce que ie suis asseuré, que quiconque fera bien celles que i'ay monstrées, viendra facilement à bout des autres, les plus difficiles : que par ce que d'icelles s'en pourra inuenter vne infinité d'autres, toutes diuerses, selon l'industrie du Serrurier experimenté. I'ay icy procedé auec toute sincerité, poussé du seul desir de vous ayder & soulager : & bien que ce discours ne soit enflé, & fardé de circuits, & ornemens de paroles curieusement recherchées : neantmoins cognoissant bien que vous n'gnorez pas, que ce n'est pas aussi ce que ie pretends en ce traicté : ains seulement faire entendre, le moins mal qu'il m'est possible, ce que ie vous communique : ie me promets de vostre candeur, que vous approuuerez aussi fauorablement le trauail que i'ay suby pour vostre soulagement, que de bon cœur, & de bonne volonté ie l'ay entrepris.

FIN.

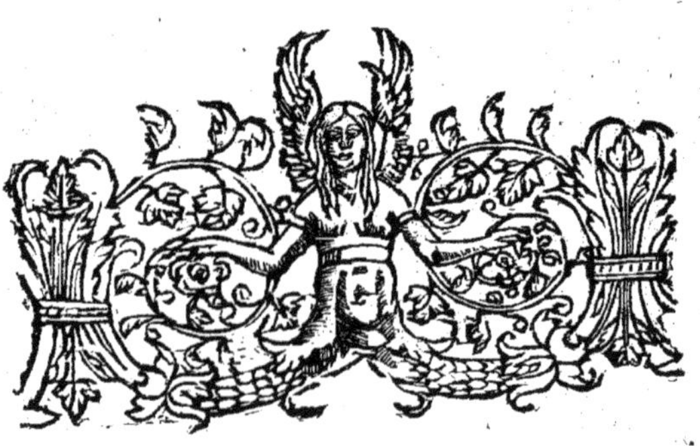